Allgäuer Geschichtsfreund

Zeitschrift für historische Forschung und Heimatpflege

Band 124 · 2024

Herausgegeben vom
Heimatverein Kempten e. V.

LIKIAS

Gefördert durch

BEZIRK SCHWABEN

Das Titelbild zeigt Oberbürgermeister Otto Merkt 1937 im Rathaus.
Stadtarchiv Kempten, Sammlung Merkt, Foto: Wolfgang Petz, Kempten.

Bibliografische Information der Deutschen Nationalbibliothek:
Die Deutsche Nationalbibliothek verzeichnet diese Publikation in der Deutschen Nationalbibliografie; detaillierte bibliografische Daten sind im Internet über http://dnb.dnb.de abrufbar.

Redaktionsausschuss: Markus Naumann, Dr. Wolfgang Petz und Dr. Werner Scharrer
Geschäftsstelle: Heimatverein Kempten e.V., Schützenstraße 7, 87435 Kempten

Satz und Layout: Likias Verlag
Druck und Bindung: AZ Druck und Datentechnik GmbH

ISBN 978-3-949257-18-6

Inhalt

Anke Sczesny

Neue Perspektiven auf das Sonthofener Heilig-Geist-Spital im Alten Reich

Das seit mehr als 500 Jahren bestehende Spital ist immer noch eine zentrale Einrichtung der Betreuung und Pflege von Senioren in Sonthofen. Vor allem seine Rechnungsbücher vermitteln uns einen Einblick in viele Aspekte des Alltagslebens seiner Bewohner. Dabei wird zudem deutlich, wie das Spital seit seiner Gründung wesentlich zur Entwicklung des Ortes Sonthofen beigetragen hat.

Hospitäler sind in Raum und Zeit nicht wegzudenken. Sie erfüllen seit dem frühen Mittelalter verschiedenste Aufgaben, angefangen mit der Beherbergung von Pilgern über die Aufnahme und Pflege von alten und kranken Menschen bis hin zur heutigen medizinischen Fachpflege. Mag der Impetus zur Gründung dieser multifunktionalen Institutionen im Laufe der Jahrhunderte auch einem Wandel unterworfen sein, so sind und waren Spitäler ein Ort für Schutz- und Hilfsbedürftige jedweder Art.

Definitorisch ist ein Spital oder Hospital „eine Einrichtung mit unterschiedlichen sozialkaritativen Zielsetzungen. Es diente der Unterbringung, Verpflegung und Versorgung von Alten, Armen, Kranken, Pilgern, Fremden, Waisen- und Findelkindern. Seine Entwicklung unterlag einer Vielzahl geistiger und geistlicher Einflüsse, die seine jeweilige konkrete Ausgestaltung durch die Jahrhunderte hindurch in wechselnder Intensität bestimmten und veränderten."[1] Wurden Hospitäler zunächst von Klöstern und Kirchen gegründet, so fundierten seit dem Hochmittelalter zunehmend Bürger diese Fürsorgeanstalten in den Städten, bis seit dem späten 15. Jahrhundert auch Landesherren nachzogen und in Kleinstädten und Märkten Spitäler für Arme und Bedürftige stifteten. Nicht nur die Initiatoren veränderten sich über die Jahrhunderte, sondern auch die Aufgaben und Zielsetzungen der Anstalten. Vom reinen Pilgerhaus und späteren Spital bis zu speziellen Siechen- oder Leprosenhäusern differenzierten sich diese Institutionen aus, ein Vorgang, der zeitlich und räumlich ganz unterschiedlich verlaufen konnte.

1 Peter Kolb, Spitalwesen. In: Historisches Lexikon Bayerns (publiziert am 29.07.2015). www.historisches-lexikon-bayerns.de/Lexikon/Spitalwesen [01.03.2024].

Die früh- und hochmittelalterlichen (Kloster-)Spitäler entsprangen dem Geist der Caritas – der christlichen Nächstenliebe für unverschuldet in Not geratene Menschen –, um sowohl dem christlich-ethischen Ideal als auch dem Gehorsam gegenüber der Bibel, dem Evangelium und Christus Genüge zu leisten.[2] Zwar sind auch die frühneuzeitlichen Fürsorgeinstitutionen immer noch diesem Ansatz verpflichtet, doch gesellten sich angesichts von wachsender Bevölkerung und zunehmender Boden- und Arbeitsknappheit ordnungspolitische Vorstellungen hinzu, um der ansteigenden Armut Herr zu werden, die nicht zuletzt in den Städten in den bürgerlichen Stiftungen ihren Ausdruck fanden.[3] Den Prozess der Spitalgründungen schlossen ab dem Ende des 15. Jahrhunderts schließlich die herrschaftlich initiierten Institutionen auf dem Land in kleinen Städten und Märkten ab, wobei die Territorialisierungsbestrebungen der Landesherren dabei eine nicht unwichtige Rolle spielten, wie noch zu zeigen sein wird.

Zu letzteren, den herrschaftlich initiierten Einrichtungen zählt das 1497 gegründete Heilig-Geist-Spital in Sonthofen im Gebiet des Augsburger Hochstifts, das sich wiederum in eine ganze Reihe von Spitalgründungen im ländlichen Raum einfügt. Zwischen dem Ende des 15. und der Mitte des 18. Jahrhunderts lassen sich bislang 18 Spitäler in Schwaben nachweisen, die vornehmlich von Territorialherren gestiftet wurden und den Raum zwischen den Reichsstädten Nördlingen, Ulm, Augsburg und über Kaufbeuren und Kempten bis nach Lindau erschließen.[4] Dabei sind die Trennlinien zwischen bürgerlichen und herrschaftlichen Stiftern nicht immer scharf, doch haben alle diese Spitäler die relativ späte, in der Frühneuzeit zu verortenden Fundation gemeinsam.

Von Interesse sind diese ländlich-herrschaftlichen Fürsorgeeinrichtungen,[5] weil sie in der Forschung zwar keine Leerstelle, so doch eine Marginalie in der Untersuchung von Spitälern bilden. Richtet sich der Blick meist auf die »großen« Spitäler in Städten wie Augsburg,

2 Vgl. Marie-Luise Windemuth, Das Hospital als Träger der Armenfürsorge im Mittelalter (Sudhoffs Archiv. Zeitschrift für Wissenschaftsgeschichte. Beihefte 36). Stuttgart 1997, bes. S. 17–44.

3 Rolf Kiessling, Bürgerliche Gesellschaft und Kirche im Augsburg im Spätmittelalter. Ein Beitrag zur Strukturanalyse der oberdeutschen Reichsstadt (Abhandlungen zur Geschichte der Stadt Augsburg. Schriftenreihe des Stadtarchivs Augsburg19). Augsburg 1971, bes. S. 159–180 und 215–240.

4 Derzeit wird von der Autorin eine Karte zu den Spitälern für den Historischen Atlas von Bayerisch-Schwaben (7. Lieferung), hg. von Gerhard Hetzer und Michael Ritter, erarbeitet. Die 18 Spitäler sind (in Klammern: Gründungsjahr): Grönenbach (1479); Immenstadt (1495/1661); Sonthofen (1497); Nesselwang (1503); Hochaltingen (1523); Zusmarshausen (1534); Illertissen (1537); Waltenhausen (1548); Ziemetshausen (1550); Legau (1565); Dinkelscherben (1601); Türkheim (1683); Kempten (1702); Oettingen (1720); Untermeitingen (1733/1737); Härtnagel (1751); Göggingen (1761); Hausen (1776). Nach: Gert Paul Tröger, Geschichte der Anstalten der geschlossenen Fürsorge im bayerischen Regierungsbezirk Schwaben insbesondere während des 19. Jahrhunderts (Miscellanea Bavarica Monacensia 88; Neue Schriftenreihe des Stadtarchivs München 109). München 1979, S. 32 f.

5 Ländlich meint hier und nachfolgend die Abgrenzung zu den sehr viel früher gegründeten Spitälern in den Städten. Zwar wurden ländliche Spitäler auch in Märkten oder Kleinstädten angesiedelt, doch war ihre Ausgangsposition eine andere als die der klösterlichen oder städtischen Spitalgründungen, die sich oftmals auf umfangreiche Ländereien stützen konnten und infolgedessen ökonomisch anders aufgestellt waren. Vgl. Oliver Landolt, Finanzielle und wirtschaftliche Aspekte der Sozialpolitik spätmittelalterlicher Spitäler. In: Neithard Bulst/Karl-Heinz Spiess (Hg.), Sozialgeschichte mittelalterlicher Hospitäler (Vorträge und Forschungen 65). Ostfildern 2007, S. 273–299.

Ulm oder Memmingen, so fristen die ländlichen Institutionen immer noch ein Schattendasein, obgleich ihnen ein nicht zu unterschätzender Stellenwert in der Versorgung von Alten, Kranken und Bedürftigen auf dem Land zukam. Mögen auch Gründungsjahr, Stifterpersönlichkeiten, der Besitz oder auch die Zahl der aufgenommenen Personen bekannt sein, so liegen oftmals das Wirtschaften, das Alltagsleben oder die Kranken- bzw. Altenversorgung im Dunkeln. Freilich sind die Quellen und das Informationsmaterial dieser Spitäler nicht so dicht wie in den großen, häufig mit eigenen Archiven ausgestatteten Häusern, wodurch eine in die Tiefe gehende oder gar vergleichende Analyse erschwert wird, doch lassen sich aus der Untersuchung der ländlichen Spitäler Erkenntnisse zu ihren Funktionen wie auch im Umgang mit dem Klientel erzielen, die neue Einsichten in der Fürsorge für bedürftige Menschen auf dem Land erkennen lassen.

Das Spital Sonthofen eignet sich für solch eingehendere Betrachtungen, weil seine Quellenlage Rechnungen, Inventare und Speisepläne enthält, die Auskunft über Alltagsleben und Versorgung der Aufnahmewilligen geben. So werden in einem ersten Schritt – nach einem kurzen Abriss zur Gründung des Spitals und des Spitalklientels – die zwar zahlenmäßig nicht üppigen, aber sehr aussagekräftigen Rechnungen des 16. und 18. Jahrhunderts vorgestellt, um anschließend die Inventare auf die Ausstattung des Spitals zu befragen. Die noch vorhandenen Speisepläne illustrieren die Kost, die die Insassen und Insassinnen genießen durften (oder auch nicht).

Die Gründung des Heilig-Geist-Spitals in Sonthofen 1497[6]

Der um 1430 geborene Immenstädter Bürger Konrad Wenger, promovierter Jurist und päpstlicher Lizentiat, zunächst Kanoniker zu Chur in der Schweiz, dann ab 1477 bis zu seinem Tod im Jahr 1501 Domherr in Brixen,[7] wollte im Jahr 1491 ursprünglich in Immenstadt ein Spital stiften. Allerdings erhielt er weder vom Bischof von Konstanz noch von den Grafen Montfort Unterstützung, so dass er sich 1496 an den Augsburger Fürstbischof Graf Friedrich von Zollern wandte. Mit dessen Hilfe konnte das Spital in Sonthofen 1497 fundiert werden, wenn man die Bestätigungsurkunde des Augsburger Bischofs vom 30. Januar diesen Jahres als Gründungsakt festlegt.

6 Nachfolgendes nach Richard HIPPER/Aegidius KOLB OSB, Sonthofen im Wandel der Geschichte. Kempten 1978, S. 329–334.

7 Eine detaillierte Biographie zu Konrad Wenger von Rudolf VOGEL, Konrad Wenger. In: DERS., Immenstadt im Allgäu. Landschaft, Geschichte, Gesellschaft, Wirtschaft, kulturelles und religiöses Leben im Lauf der Jahrhunderte. Immenstadt im Allgäu 1996, S. 547 f. Wenger war ein ambivalenter, auch gewalttätiger Charakter. So musste er sein Studium in Leipzig möglicherweise nicht nur wegen Ungehorsam und Exzessen verlassen, ebd., S. 547, sondern wohl auch, weil er dort 1442 Laurentius Schaller, den späteren Berater des Rats in Nürnberg und Kanzler bei Landgraf Ludwig II., verwundete. Siehe Suse ANDRESEN, In fürstlichem Auftrag. Die gelehrten Räte der Kurfürsten von Brandenburg aus dem Hause Hohenzollern im 15. Jahrhundert (Schriftenreihe der Historischen Kommission bei der Bayerischen Akademie der Wissenschaften 97). Göttingen 2017, S. 511. Ich danke Herrn Gerhard Klein für diesen Hinweis.

Abb. 1 Heilig-Geist-Spital (links) und Spitalkirche (Mitte) in Sonthofen im Jahr 1937.

Während Wengers Stiftung in dieses Spital 1.000 fl. betrug, erwarb der Fürstbischof nicht nur ein Grundstück für den Spitalbau in Sonthofen, sondern auch die Zehnten, die an den Meierhof in Sonthofen sowie in Hindelang kamen – ein Gesamtwert von 2.250 fl., weit mehr, als Wenger einbringen konnte. Im Laufe der Jahre stifteten noch die Nachfolger von Bischof Friedrich, Bischof Christoph von Stadion und Bischof Marquard von Berg, sowie der Domprobst Wolfgang Andreas von Kötz verschiedene Geldsummen,[8] so dass das Spital Sonthofen um 1580 über ein überwiegend fest angelegtes Vermögen von ca. 30.000 fl. verfügte.

Das ursprünglich aus möglicherweise zwei Häusern bestehende Spital, zu dem Bischof Friedrich auf Wunsch Wengers noch die Kapelle Heilig Kreuz und St. Helena stiftete und 1501 weihte, wurde 1592/93 und nochmals 1790 umgebaut und dürfte nach Ausweis der Rechnungen gegen Ende des 16. Jahrhunderts für 26 Pfründner Platz gehabt haben,[9] wobei sich mehrere Aufgenommene ein Zimmer zu teilen hatten.[10]

Verwaltet und geführt wurde das Spital laut Rechnungsbuch von 1596 neben dem Landammann, der die Rechnungen führte, vom Spitalmeister und seiner Frau, dem Ober- und Unterknecht, der Köchin sowie der Ober- und Untermagd, die dafür zusammen jährlich 96 fl. erhielten.[11] Wie genau die Aufgabenverteilung aussah, kann wegen fehlender Spital-

8 Hipper/Kolb, Sonthofen (wie Anm. 6), S. 331 f. Auch: StAAu (= Staatsarchiv Augsburg), Hst (= Hochstift) Augsburg, NA 6946, Vidimierte Abschrift vom 29.12.1736. Nachfolgend wird wegen der besseren Lesbarkeit bevorzugt das generische Maskulinum verwendet.

9 StAAu, Augsburger Pflegämter, 5011, Spitalrechnungen Sonthofen 1596.

10 So Hipper/Kolb, Sonthofen (wie Anm. 6), S. 332.

11 StAAu, Augsburger Pflegämter, 5011, Spitalrechnungen Sonthofen 1596.

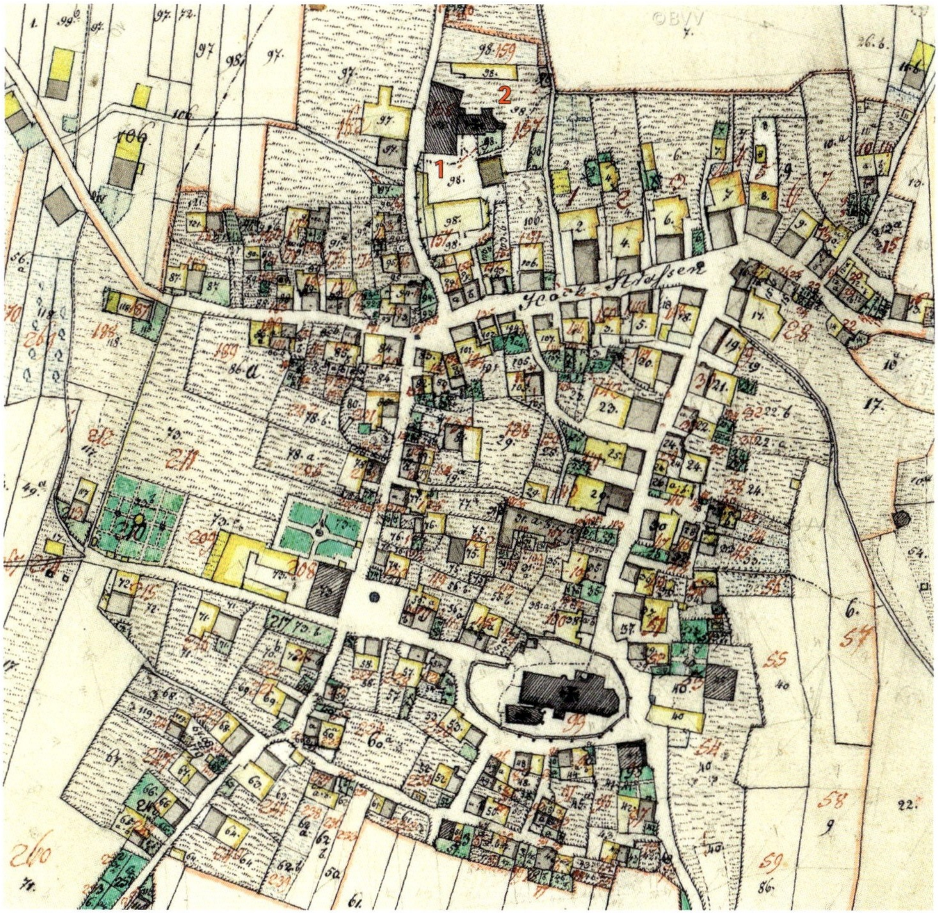

Abb. 2 Heilig-Geist-Spital (1) und Spitalkirche (2) in Sonthofen auf dem Ortsblatt der Uraufnahme von 1818.

ordnungen nicht eruiert werden, doch legt man Hausordnungen anderer Spitäler zugrunde, beispielsweise jene des 1534 von Bischof Christoph von Stadion in Zusmarshausen gegründeten Spitals, so oblag dem Landammann als Verwalter des Spitals die Oberaufsicht über den ordnungsgemäßen Alltag der Spitalbewohner und die Rechnungsführung. Das Spitalmeisterpaar dürfte die inneren Angelegenheiten des Spitals beaufsichtigt haben, denen im landwirtschaftlichen und haushälterischen Bereich die Knechte und Mägde zur Seite standen.[12]

12 Vgl. Anke Sczesny, Das hochstiftische Heilig-Geist-Spital in Zusmarshausen. In: Zeitschrift des Historischen Vereins für Schwaben 112 (2020), S. 97–120.

Das Klientel im Spital Sonthofen

Eine Spitalordnung, die das Gefüge in der Institution regelte und vorgab, wer Einlass in das Spital erhielt, liegt – wie gesagt – nicht vor, doch kann anhand anderer Quellen nachvollzogen werden, dass Arme, Alte und Gebrechliche in das Spital aufgenommen werden sollten. Das erschließt sich aus einigen wenigen Aufnahmegesuchen von Supplikanten und Supplikantinnen, die jedoch meist nicht selbst nachfragten, sondern dies dem Pfleger oder dem Landschreiber überließen, sicher auch, weil die Vermittler des Schreibens mächtig waren. Wahrscheinlich spielte auch der Pfarrer eines Ortes eine Rolle, der über die Armut oder Krankheit eines Gemeindemitglieds Bescheid wusste und dies an die Spitalstiftung weitergeben konnte. Erst 1788 liegt ein amtliches Schreiben vor, das die Voraussetzungen für eine Aufnahme benannte: *die wahre Armuth* [solle] *von denen Ämtern bezeugt, die Leibsgebrechlichkeit aber von den Heil- oder Wundärzten durch glaubwürdige Attestata ganz nach Vorschrift* nachgewiesen werden.[13]

Beispielsweise bat 1787 die Witwe des Georg Reutscher aus dem Markt Sonthofen um einen Zuschuss. Ihr *an händ und füssen krippelhafter, elend und erbarmungswirdiger Sohn* sei *ganz contract* und könne nicht arbeiten, weswegen er trotz seiner *24 bis 25 Jahre* noch immer bei ihr lebe. Maria Josepha Schererin dagegen, die von Franz Joseph Schmid geschiedene *Ehewürthin*, 67 Jahre alt, suchte um eine Spitalpfründe nach, *weilen sie mittellooß und alters halber nimmer arbeiten könne*[;] *Viel weniger aber wäre sie zu Verrichtung schwerer Arbeit aus Abgang der Kräften tauglich.*[14] Diese beiden Supplikationen zeigen noch ein Merkmal ländlicher Spitäler auf, denn Arme bzw. Gebrechliche wurden sowohl direkt in das Haus aufgenommen als auch außerhalb des Spitals unterstützt.[15] Das Krankheitsspektrum der Aufnahmebittenden ist breit und reicht von Verkrüppelungen, Lungenkrankheiten, allgemeiner Schwäche bis hin zu Blind- oder Taubheit.[16] Die vielen Schicksale, die hinter den Aufnahmebegründungen stehen, werden meist in den Aufnahmegesuchen nur recht kurz dargestellt.

Etwas anders sieht die Sachlage bei Maria Malterin aus Burgberg aus, deren Gesuch vom 17. Januar 1790 von Hofrath Luger verfasst worden sein dürfte.[17] Weil sie sich *vor 4 Jahren*

13 StAAu, Hst Augsburg, NA Akt 6972, Pfründeverleihungen: Pensionen und Pfründe-Expectanden, Spital Sonthofen, 1787–1799, Extract vom 12.2.1788, Beschreibung der Supplicanten, die um eine *Spitalpfriendt* anhalten.

14 StAAu, Hst Augsburg NA Akt 6972, Pfründeverleihungen: Pensionen und Pfründe-Expectanden, Spital Sonthofen, 1787–1799.

15 Vgl. zu dieser doppelten Unterstützung Sczesny, Zusmarshausen (wie Anm. 12), S. 116; beispielsweise auch StAAu, Spitalarchiv Dinkelscherben (Depot), Rechnungen der Hospitalstiftung Dinkelscherben Nr. 911, 1750/51, S. 92–97; vgl. auch Anke Sczesny, Spitäler im Augsburger Umland: Gründung, Aufgaben, Innenleben. In: Schiersner, Dietmar (Hg.), Augsburg – Stadt der Medizin. Historische Forschungen und Perspektiven. Regensburg 2021, S. 386–400, hier S. 392.

16 StAAu, Hst Augsburg NA Akt 6972, Pfründeverleihungen: Pensionen und Pfründe-Expectanden, Spital Sonthofen, 1787–1799.

17 StAAu, Hst Augsburg NA Akt 6972, Pfründeverleihungen: Pensionen und Pfründe-Expectanden, Spital Sonthofen, 1787–1799, Brief der Maria Malterin vom 17.1.1790.

Leider! In pcto. Sexti vergangen habe, werde sie mit ihrem armen Waisen von einer Herberge zu anderen geschickt, könne aber den *jährl. Haußzins* nicht aufbringen und habe infolgedessen kein Dach über dem Kopf. Gerade aber durch das Kind könne sie auch nicht arbeiten, um Geld für den Hauszins zu erwerben. So werfe sie sich, v*on äusserster Noth gedrungen* [...] *samt meinem armen vaterlosen Waisen vor höchstdero Füssen, unterthänigst-kniefälligste Bittende höchstdieselbe geruhen mir das Pfründgeld aus denen sonthofischen Milden Stiftungsmitteln angedeihen zu lassen. Diese anhoffende höchste Gnad werde* [ich] *zeitlebens benebst meinem armen Kind mittelst unwürdigen Gebett zu verdanken nicht außer achtlassen.*[18]

Ob die Malterin eine Unterstützung bekam oder nicht, muss offen bleiben, doch ist einerseits die Dringlichkeit der Bitte (auch unter Abzug all der schwülstig scheinenden Redewendungen) deutlich wie andererseits, dass – und hier ist die Malterin tatsächlich nicht die einzige – es etliche ledige Mütter gab, die um Unterstützung baten. Dass die Beihilfe für die Bedürftigen sowohl außerhalb als auch innerhalb des Spitals einer der größten Ausgabeposten in der Finanzierung des Spitals war, zeigt sich nachfolgend in der Auswertung der Rechnungsbücher.

Die Rechnungsbücher des Sonthofer Spitals

Rechnungsbücher sind einerseits die niedergeschriebenen Zahlen von Einnahmen und Ausgaben, sie sind andererseits aber auch die Verschriftlichung desjenigen, was eingenommen und ausgegeben wurde – sie sind also mehr als nur die Reproduktion von Soll und Haben.[19] Nicht zuletzt „spiegeln sie die finanzielle Leistungskraft [..., sowie] die Verwaltungstätigkeit dieser Institutionen unmittelbar wider".[20] Aus den Rechnungsbüchern des Spitals von Sonthofen, von denen allerdings nur zwölf vorliegen – fünf zwischen 1596 und 1639 und sieben zwischen 1775 und 1799[21] – ist beispielsweise der Getreideverkauf, die Zinseinnahmen aus vergebenen Krediten sowie deren Tilgungen, Einzahlungen von Pfründnern, das Erbe verstorbener Insassen oder der Verkauf von Immobilien ablesbar. Dem stehen auf der Ausgabenseite vergebene Stiftungsgelder, Einkäufe von Tuch und Medikamenten für die Spitalbewohner, Holzkauf, Handwerkerausgaben usw. und eben die Aufwendungen für die Pfründner gegenüber.

In nachstehender Tabelle 1 sind zunächst ganz klassisch Einnahmen und Ausgaben in Gulden (fl.) sowie deren Differenz bzw. der sog. Rest aufgelistet.[22]

18 StAAu, Hst Augsburg NA Akt 6972, Pfründeverleihungen: Pensionen und Pfründe-Expectanden, Spital Sonthofen, 1787–1799, Brief der Maria Malterin vom 17.1.1790.

19 Vgl. dazu Alexandra-Kathrin Stanislaw-Kemenah, Von Soll und Haben – Hospitalrechnungen als Zeugnisse materieller Kultur. In: Arthur Dirmeier/Daniel Drascek/Harriet Rudolph (Hg.), Spitalobjekte. Materielle Kulturen des Spitals in der Vormoderne (Studien zur Geschichte des Spital-, Wohlfahrts- und Gesundheitswesens; Schriftenreihe des Archivs des St. Katharinenspitals Regensburg 16). Regensburg 2023, S. 27–49.

20 Landolt, Finanzielle und wirtschaftliche Aspekte (wie Anm. 5), S. 273.

21 StAAu, Augsburger Pflegämter, Spitalrechnungen Sonthofen, Nr. 5011–5021, 1596–1799/1800.

22 StAAu, Augsburger Pflegämter, Spitalrechnungen Sonthofen, Nr. 5011–5021, 1596–1799/1800.

Jahr	Einnahmen	Ausgaben	Rest
1596	4.419	1.547	2.872
1598	5.804	3.390	2.414
1600	5.073	2.384	2.689
1638	2.529	4.510	-1.981
1639	2.367	3.876	-1.509
1775	5.946	5.128	818
1776	11.793	5.748	6.045
1789	9.053	8.563	490
1795	7.915	6.397	1.518
1797	7.457	7.660	-203
1798	8.449	8.929	-480
1799	6.129	8.183	-2.054

Tab. 1 Einnahmen, Ausgaben und Differenz zwischen 1596 und 1799.

Ohne Veränderungen des Guldenwertes infolge Inflation oder Deflation zu berücksichtigen, ist der Einschnitt des Dreißigjährigen Krieges eindeutig, der die Finanzen des Spitals in ein Minus von knapp 2.000 fl. trieb, während die Jahre von 1596 bis 1600 von einer ausgeglichenen Soll- und Habenseite zeugen. Sonthofen und damit auch das Spital wurden im Mai 1634 von den Schweden überfallen und aller Lebensmittel und des Viehs beraubt,[23] was dann wegen des Ersatzes des Geraubten zu erhöhten Ausgaben führte. Inwieweit sich das Spital bis zum Einsetzen der nächsten Rechnungsbücher wieder konsolidieren konnte, kann wegen fehlender Rechnungsbücher nicht nachvollzogen werden.

Die Einnahmen und Ausgaben ab 1775 jedenfalls sind deutlich unausgewogener. Die hohe Einnahmensumme von 11.793 fl. im Jahr 1776 ist dabei auf den Jahresüberschuss von 1775 in Höhe von 5.728 fl. zurückzuführen, der aber in der entsprechenden Rechnung in der Bilanz nicht ausgewiesen ist.[24] Möglicherweise geht dieser Überschuss auf geliehenes Geld des Landschreibers Anton Schmid in Höhe der genannten Summe zurück, der diese jedoch erst 1776/1777 getilgt hat, die Tilgung auf der Einnahmenseite also verbucht werden konnte.[25] Warum diese Summe jedoch vorher nicht auf der Ausgabenseite als Kredit verbucht wurde, kann nicht genauer ermittelt werden.

Die übrigen Jahre sind mit Ausnahme des Jahres 1799/1800 von relativ gleichbleibenden, jedoch geringer werdenden Summen gekennzeichnet. Dass das Spital Sonthofen im genannten Ausnahmejahr mit über 2.000 fl. ins Minus rutschte, liegt an fehlenden Einnahmen aus Kreditrückzahlungen, die im Vergleich zu den Vorjahren auf ein Fünftel sank. Damit dürfte

23 Hipper/Kolb, Sonthofen (wie Anm. 6), S. 333.

24 StAAu, Augsburger Pflegämter, Spitalrechnungen Sonthofen, Nr. 5016, 1775/1776, S. 95 f.

25 StAAu, Augsburger Pflegämter, Spitalrechnungen Sonthofen, Nr. 5016, 1775/1776, S. 1 f.

	Kapital in fl.	Zins in fl.
Rettenberg	3.833	192
Moosbach	1.784	89
Ottacker	1.131	57
Rettenberg	5.468	273
Meiselstein	3.717	186
Petertal	1.106	55
Versch. Stiftungen	7.350	358
Wertach	4.726	236
Mittelberg	3.741	187
Sonthofen	9.170	458
Hindelang	4.754	238
Obersdorf	1.006	50
Schellang	2.248	112
Altstätten	2.017	101
außerhalb der Herrschaft	13.250	663
an der Hochstrasse	450	23
Summe	65.751	3.288

Tab. 2 Kreditvergabe und Zinseinnahmen des Sonthofener Spitals in den einzelnen Pfarreien im Jahr 1775.

der Grund der »Verschuldung« des Spitals Sonthofen[26] weniger in einer Zunahme der Ausgabenseite liegen, sondern in nicht beglichenen Kreditabzahlungen, also fehlenden Einnahmen. Denn trotz einigen Erlösen aus der Landwirtschaft – aus den drei Spitalhöfen in Sigishofen, Schwabmünchen und Hitzleried und von einigen geringen Gülten, die zusammen nur 700 fl. einbrachten – waren die Haupteinnahmequelle des Sonthofener Spitals die Zinseinnahmen aus Krediten mit durchschnittlich 3.600 fl., auf die das Spital bauen konnte. Zudem lag der Durchschnitt von jährlich zurückbezahlten Krediten, den sogenannten getilgten Kapitalien, bei einem Wert von 1.600 fl., eben mit Ausnahme des Jahres 1799/1800.

In den Rechnungsbüchern sind die Kreditnehmer nach den Pfarreien geordnet, d. h. je Pfarrei ist jede Person namentlich mit seinem individuellen Kredit und den zu zahlenden Zinsen auf mehr als 50 Seiten akribisch aufgelistet. In der Zusammenfassung *aller Kapitalien und zinsen als in der Pfarrey*[27] sind dann nochmals die Summen in den Pfarreien zusammengerechnet, wie in der exemplarisch hier vorgestellten Liste von 1775 illustriert wird (Tab. 2[28]).

26 So Hipper/Kolb, Sonthofen (wie Anm. 6), S. 330.

27 StAAu, Augsburger Pflegämter, Spitalrechnungen Sonthofen, Nr. 5016, 1775/76, S. 75.

28 StAAu, Augsburger Pflegämter, Spitalrechnungen Sonthofen, Nr. 5016, 1775/76, S. 75. Was sich genau hinter den vier Stiftungen verbirgt, ist unklar und muss an anderer Stelle geklärt werden.

Offensichtlich war das Spital angesichts einer verliehenen Kreditsumme von 65.751 fl. ein wichtiger Kreditgeber in der Herrschaft Sonthofen. Beispielsweise hatte Johann Michael Weiß von Rettenberg 1775/76 einen Kredit über 150 fl. laufen, den er jährlich mit 7 fl. 30 kr. bedienen musste.[29] Die Witwe des Joseph Weiss musste im gleichen Jahrgang die aufgenommenen 30 fl. mit anderthalb Gulden tilgen, wobei nicht klar ist, ob sie Erbschulden abzahlen musste oder selbst einen Kredit aufgenommen hatte.[30] Bei den Geldvergaben »außerhalb der Herrschaft« handelte es sich um Darlehen von 3.350 fl. an die Hofkammer in Dillingen und 10.000 fl. an *Ihro hochfürstliche Durchlaucht zu Sulzbach,*[31] die nicht näher bestimmt werden können. Einzukalkulieren ist der Umstand, dass diese im Jahr 1775/76 niedergeschriebenen Summen der 653 Kreditnehmer sich nicht auf ein Jahr beziehen, sondern über die Jahre auflaufende Darlehensvergaben waren. Die Zinseinnahmen aus den Darlehensvergaben in Höhe von 3.287 fl. war eine recht stabile Größe in den Einnahmen des Spitals, da nur wenige Kredite getilgt wurden. Auf der Ausgabenseite wurden im gleichen Jahr 1775/76 1.413 fl. auf Zins verliehen, also als Kredite ausgegeben, was etwas mehr als ein Viertel der Gesamtausgaben von 5.128 fl. ist. Die Aufwendungen für die Pfründner des Spitals beliefen sich auf 1.382 fl.,[32] wobei es drei Arten der Unterstützung gab. Zum ersten gab es jene Versorgungsbedürftige, die *in dem Spital von dem Spitalmeister verpfleget und für iede wochentlich 40 kr. passiert worden*[33] – es handelte sich um sieben Männer –; zum zweiten, *welche sich selbsten verkösten und somit Statt der Kost das baare geld genüssen*[34] – das waren drei Frauen, darunter auch die Spitalmagd – und schließlich Ausgaben für *gnädigst bewilligte gnaden Pfründ auser dem Spital.*[35] In letzterer Sparte wurden 58 Personen in der ganzen Herrschaft mit knapp 430 fl. unterstützt.[36] Und zudem erhielten alle Pfründner Lodentuch, Leinwand und *andere Nothwendigkeiten*, die eine Ausgabe in Höhe von 133 fl. ergaben.[37]

Die Rechnungen könnten noch detaillierter analysiert werden, um festzustellen, ob sich beispielsweise das Verhältnis von innerhalb des Spitals lebenden Bewohnern und jenen, die außerhalb Unterstützung erhielten, über die Jahre veränderte, wie das Geschlechterverhältnis aussah und aus welchen Gründen sich das Verhältnis von Gesamteinnahmen und -ausgaben verschob – Faktoren, die die finanzielle Situation des Spitals beeinflussten.[38] Stellt

29 StAAu, Augsburger Pflegämter, Spitalrechnungen Sonthofen, Nr. 5016, S. 24.

30 StAAu, Augsburger Pflegämter, Spitalrechnungen Sonthofen, Nr. 5016, S. 25. Im Gegensatz zu ledigen und verheirateten Frauen konnten Witwen Geldgeschäfte tätigen und Kredite aufnehmen, vgl. Anke Sczesny, Geschichte von Illerzell bis zur Eingliederung in das moderne Bayern. In: Franz Helmschrott/Christoph Konrad/Ulrich Müller/Anke Sczesny/Theodor Span/ Peter und Jeanette Wischenbarth, Illerzell. Dorf im unteren Illertal, Stadtteil von Vöhringen, Weißenhorn 2018, S. 31–80, hier S. 37 f.

31 StAAu, Augsburger Pflegämter, Spitalrechnungen Sonthofen, Nr. 5016, S. 73. Möglicherweise handelt es sich um den pfalz-bayerischen Kurfürsten Karl Philipp Theodor (geb. 10.12.1724, gest. 16.2.1799) und ab 1777 Kurfürst von Bayern, vgl. https://de.wikipedia.org/wiki/Karl_Theodor_(Pfalz_und_Bayern) [16.03.2024].

32 StAAu, Augsburger Pflegämter, Spitalrechnungen Sonthofen, Nr. 5016, 1775/76.

33 StAAu, Augsburger Pflegämter, Spitalrechnungen Sonthofen, Nr. 5016, 1775/76, S. 101.

34 StAAu, Augsburger Pflegämter, Spitalrechnungen Sonthofen, Nr. 5016, 1775/76, S. 106.

35 StAAu, Augsburger Pflegämter, Spitalrechnungen Sonthofen, Nr. 5016, 1775/76, S. 107.

36 StAAu, Augsburger Pflegämter, Spitalrechnungen Sonthofen, Nr. 5016, 1775/76, S. 107–113.

37 StAAu, Augsburger Pflegämter, Spitalrechnungen Sonthofen, Nr. 5016, 1775/76, S. 114–117.

38 Solche Analysen würden den Rahmen dieses Aufsatzes sprengen.

man jedoch nochmal das Soll und Haben gegenüber, so mag zwar in einigen Jahrgängen eine Negativbilanz aufscheinen und das Spital Sonthofen als restlos verschuldet eingestuft werden,[39] doch dürfte diese Aussage nur bedingt richtig sein. Unter Berücksichtigung des Stammkapitals und der Außenstände ist von einem soliden finanziellen Sicherheitspolster für das Spital auszugehen, auch wenn dieses Kapital sicher nicht sofort hätte liquide gemacht werden können. Darüber hinaus zeigt sich nachdrücklich, dass das Sonthofener Spital wie die meisten Spitäler – städtische sowie ländliche[40] – als Bank für die umliegende Bevölkerung fungierte, ja, es finanzierte sich geradezu aus diesen Kreditvergaben und nicht aus Landwirtschaftseinnahmen, wie noch oftmals angenommen wird. Letzteres ist insofern schlüssig, als die meist erst im 16./17. Jahrhundert gegründeten Spitäler gar nicht die Möglichkeiten hatten, Ländereien zu akquirieren, weil der Territorialisierungsprozess weitgehend abgeschlossen und freiverfügbares Land nicht mehr vorhanden war.

Die Ausstattung des Spitals und seiner Bewohner

Inventare sind niedergeschriebene Verzeichnisse der Habe eines Menschen oder einer Institution und werden oft in Immobilien und Mobilien differenziert.[41] Im Falle des Spitals Sonthofen wurden in den Inventaren die Mobilien verzeichnet, und zwar entweder in eigenen Inventarverzeichnissen oder auch am Ende eines Rechnungsbuches, da die Mobilien pekuniäre Werte darstellten, die es zu »berechnen« galt. Inventare mögen zwingend bei Amtsübergabe vorgeschrieben gewesen sein, waren aber gleichzeitig auch eine Gedächtnisstütze, eine Art Übergabeverzeichnis. Und schließlich sind Inventare, so komplex sie auch sein mögen, mit „die beste Quelle für die historische Alltagskultur".[42]

Das früheste vorliegende Inventar *des Hailigen Gaists Spitals des Marktes Obern Sunthoffen von 1577*[43] gibt schon auf der ersten Seite Auskunft, warum es verfasst wurde: *Volgt hernach, was in Achtung Jacoben Wiedemans, gwessten Spitalmaisters, dem Spitale gehörig, von ime ~~vbergeb~~ hinderlaßen vnd Jacoben Freybergern, Newen Spitalmaistern vbergeben vnd einhändig gemacht worden, vff den 21 vnd 22 tag Januariy anno 77. Wie volgt inuentiert vnd beschrieben worden* […].[44] Die Übergabe an einen neuen Spitalmeister machte offensichtlich eine Bestandsaufnahme notwendig, die sich vom 21. bis 22. Januar hinzog und recht

39 So Hipper/Kolb, Sonthofen (wie Anm. 6), S. 330.

40 Vgl. Jens Aspelmeier, ‚Das beim haus nutz und kein unnutz geschehe' – Norm und Praxis der Wirtschaftsführung in kleinstädtischen Spitälern am Beispiel von Siegen und Meersburg. In: Sebastian Schmidt/Jens Aspelmeier (Hg.), Norm und Praxis der Armenfürsorge in Spätmittelalter und früher Neuzeit (VSWG Beihefte 189). Stuttgart 2006, S. 169–190.

41 https://de.wikipedia.org/wiki/Inventar#Geschichte [17.03.2024].

42 Martin Scheutz/Alfred Stefan Weiss, Spital als Lebensform 2. Österreichische Spitalordnungen und Spitalinstruktionen der Neuzeit (Quelleneditionen des Instituts für Österreichische Geschichtsforschung 15,2). Köln/Wien/Weimar 2015, S. 58.

43 StAAu, Hst Augsburg, NA Akt 6908, Mobiliar-Inventarien des Spitals in Sonthofen, 1577–1781, Inventar von 1577.

44 StAAu, Hst Augsburg, NA Akt 6908, Mobiliar-Inventarien des Spitals in Sonthofen, 1577–1781, Inventar von 1577.

aufwendig zu bewerkstelligen war. Dieses Inventar umfasst 32 Seiten[45] und enthält folgende Sparten: Mobilien, worunter der Viehbestand, die Stallausrüstung und sämtliche Gegenstände im Spital fallen, dann – extra notiert – das Zinn- und Kupfergeschirr, die einzelnen Stubenausstattungen, der Vorrat an Leinentuch, an Flachs und Werg, schließlich der Vorrat an Essen und Speise. Eine eigene Auflistung erfährt auf zwei Seiten das *Ornath zur Capellen gehörig*, in der es beispielsweise *blaue samether Dischlauff, Chorhemd, ein weißes Meßgewandt, ein langer beschlagener Cassten mit Schubladen* oder auch ein *schön verguldenes Creutz* gab.[46]

Das Inventar von 1612 beschreibt die Räume genauer als jenes von 1577, denn nun dienten die einzelnen Kammern, Gänge, Keller und Böden als Strukturmerkmal der Inventarisierung.[47] Im Stall befand sich das Vieh und die Ackergeräte; in der Rüstkammer war *allerlai alt gerimpl vom eisen vnnd anderm, so nit zuebeschreiben*. Genannt werden außerdem ein Abstellraum, eine Speisekammer, dreizehn Kammern für die Pfründner,[48] eine Kammer, *die nit bewohnt wird*, eine *Kuchlkammer*, das Spitalmeisterskämmerlein; eine Gesindestube und eine Magdkammer, die Schulmeisterskammer und eine vordere Pfründnerstube sowie eine Herrenstube, das untere Gewölbe, der Keller und die Sakristei. Wie diese Räume und Kammern angeordnet waren, muss offen bleiben, da keine zeitgenössischen Baupläne des Spitals existieren.

Die Kammern der Hospitalisierten waren – ebenfalls nach dem Inventar von 1612 – mit *angerichteten Bettstätten*, Kissen, in manchen Fällen noch mit einer Truhe oder einem *Kästlin* ausgestattet.[49] Das Mobiliar dürfte von unterschiedlicher Qualität gewesen sein, denn manche waren *gar schlecht* oder umgekehrt *wolangerichtet*. Bei einigen Zimmerinventaren ist zusätzlich vermerkt, ob es dem jeweiligen Zimmerbewohner oder -bewohnerin oder aber dem Spital gehörte. Die Gesindekammer war mit einer runden Tafel, zwei runden Stühlen – vermutlich Hockern – und einem *Bierfasskästlin* versehen. In der Magdkammer waren dagegen nur zwei Bettstätten sowie zwei Truhen neben einem alten *Schreinlein* zu finden. Angesichts der Ausstattung der Gesinde- und Magdkammer ist davon auszugehen, dass es zwei Knechte und zwei Mägde im Spital gab, die dem Spitalmeister als Hilfe zur Seite standen. In dessen Kammer gab es nur ein *Kästlin* an der Wand und einen Schrein, von einem

45 Es handelt sich um ein sogenanntes Schmalfolio, ein Format, das v.a. im Bereich des Rechnungswesens, bei laufenden Rechnungen oder bei Einnahmeregistern bis in das 16. Jahrhundert sehr geläufig war und dann von Folien- und Quart-Formaten abgelöst wurde. Ich danke Herrn Dr. Gerhard Hetzer für diese Auskunft.

46 StAAu, Hst Augsburg, NA Akt 6908, Mobiliar-Inventarien des Spitals in Sonthofen, 1577–1781, Inventar von 1577.

47 StAAu, Hst Augsburg, NA Akt 6908, Mobiliar-Inventarien des Spitals in Sonthofen, 1577–1781, Inventar von 1612.

48 *Das obere vordere kleine Stüble, in Jacob Schnizers Stüble und Cammer, Cammer der Anna Schnizerein und Anna Schönin, in Barbara Nickhon, Anna Wilhälmin und Ursula Stichin Cammer, in Lorenz Feustlins Cammer, inn des Hanns Steders Blinden, Staingaders und Michel von Oberdorff Kammer; in der hindersten Cammer, vor der Herrnstube herüber; eine Herrenstube und -kammer; Alois Cleeßenkammer; Maister Michel Schönwetter und Georg Hessen, in der hinteren Kammer uf der rechten Hand, Ott Breitten Kammer; in der Catharina von Dillingen und Reys Anna Cammer; Johann Vischers Stube.*

49 StAAu, Hst Augsburg, NA Akt 6908, Mobiliar-Inventarien des Spitals in Sonthofen, 1577–1781, Inventar von 1612.

Bett oder einer Bettstatt ist hier nicht die Rede. Zimmerübergreifend wurde noch das Bettgewand mit Bettlaken und Kissen, die sich zum Teil auf den Gängen befanden, registriert.

Von mehr Wert war das Zinn- und Kupfergeschirr, das unter einer eigenen Sparte inventarisiert wurde und von Zinnschüsseln über zwei *Salzbixlein* und Suppenschüsseln bis zu kupfernen Kochhäfen mit Füßen und einem eingemauerten Kessel in der Backstube reichte. Zu den Kupfersachen zählte auch *ein großer BadtKeßl in der Badtstuben*. Dies ist im Übrigen einer der ganz wenigen Anhaltspunkte, die sanitäre Anlagen im Spital betreffen, obgleich Reinlichkeit und Hygiene in einem Spital von nicht zu vernachlässigender Bedeutung gewesen sein dürften.[50]

Laut Inventar von 1612 war das Spital mit vier Pferden, zwei Milchkühen, einer tragenden Kuh, zwei Kälbern, einem Zickkalb (i. e. weibliches Kalb), vier dreijährigen Stieren, einem Farren (i. e. ein Zuchtstier), sechs Schafen, 16 Hennen und einem Hahn bestückt.[51] 1618 waren es nur noch zwei Pferde, aber acht Kühe, vier Stiere und der Zuchtstier, zehn Schafe, acht Lämmer, zehn Hennen und ein Hahn, ein Bestand, der auch noch 1635, also während des 30-jährigen Krieges so zu finden ist.[52] Offensichtlich hatte sich das Spital nach dem schon erwähnten Überfall durch die Schweden im Jahr 1634, bei dem wohl auch das Vieh gestohlen worden war, rasch erholt, was jedoch, wie gesehen, mit erheblichen Kosten verbunden war.[53] Im 18. Jahrhundert sind in den Inventaren überhaupt keine Viehbestände mehr aufgezeichnet, entweder eine Folge der Vergabe der landwirtschaftlichen Güter an einen Bestandsmann, der diese Ländereien auf vier Jahre zur Pacht erhielt,[54] oder der Viehbestand wurde nicht mehr registriert. Unklar bleibt auch, inwieweit das Vieh der Selbstversorgung und/oder dem Verkauf diente.

Über die Jahrzehnte sind verschiedene neue Inventare erstellt worden,[55] die sehr unterschiedlicher Qualität und Ausführlichkeit waren. Weil die *Spitahl Mobilien in Vunordnung und ohnrichtigkeit zerfallen*,[56] befahl Fürstbischof Joseph 1766 eine Neuerstellung des gesamten Mobiliars im Sonthofener Spital, das der Landschreiber Ignaz Kempfer zuwege zu

50 Vgl. zu den Badstuben und deren auch krankheitsvorsorgender Bedeutung Christina Vanja, Mittel zur Ausscheidung der *materia peccans* – Spitalbadestuben und Armenbäder, ihre Einrichtung und medizinische Bedeutung. In: Arthur Dirmeier/Daniel Drascek/Harriet Rudolph (Hg.), Spitalobjekte. Materielle Kulturen des Spitals in der Vormoderne (Studien zur Geschichte des Spital-, Wohlfahrts- und Gesundheitswesens; Schriftenreihe des Archivs des St. Katharinenspitals Regensburg 16). Regensburg 2023, S. 281–306. Vgl. auch unten zur Krankenbetreuung, bei der die Reinlichkeit erwähnt wird.

51 StAAu, Hst Augsburg, NA Akt 6908, Mobiliar-Inventarien des Spitals in Sonthofen, 1577–1781, Inventar von 1612.

52 StAAu, Hst Augsburg, NA Akt 6908, Mobiliar-Inventarien des Spitals in Sonthofen, 1577–1781, Inventare von 1618 und 1635.

53 Hipper/Kolb, Sonthofen (wie Anm. 6), S. 333.

54 Hipper/Kolb, Sonthofen (wie Anm. 6), S. 333.

55 Inventare liegen vor von 1577, 1612, 1618, 1635, 1659, 1671, 1715, 1733, 1737, 1753, 1760 und 1780, StAAu, Hst Augsburg, NA Akt 6908, Mobiliar-Inventarien des Spitals in Sonthofen, 1577–1781.

56 StAAu, Hst Augsburg, NA Akt 6908, Mobiliar-Inventarien des Spitals in Sonthofen, 1577–1781, Mandat von Fürstbischof Joseph vom 6.9.1766. Joseph Ignaz Philipp, Landgraf von Hessen-Darmstadt (*13.1.1699 Brüssel, †20.8.1768 Augsburg) wurde 1740 zum Fürstbischof von Augsburg gewählt. Vgl. „Hessen-Darmstadt, Joseph Ignaz Philipp Landgraf von". In: Hessische Biografie <https://www.lagis-hessen.de/pnd/100364853 [22.03.2024].

bringen hatte. Zwar liegt dieses Inventar nicht vor, doch ein Blick auf die nachfolgenden Inventare können noch einige Besonderheiten ans Licht bringen. So werden ab dem Jahr 1760 auch Nachtgeschirre genannt, wobei ein solches, wohl altes, im Spitalmeisterstüble *nit da ist*, dafür aber ein neues, das aber wiederum in das obere Zimmer gehören solle, und nicht zum Zimmer des Spitalmeisters. Ein weiteres Nachtgeschirr in der *Kuchl* sei auch *nit da.*[57] Wie das gesamte Spital bzw. deren Bewohner und Bewohnerinnen mit nur einem Nachtgeschirr auskommen konnten, ist schleierhaft und hier auch nicht weiter zu diskutieren. Doch scheint das Spital im Jahr 1760 insgesamt in einem nicht sehr guten Zustand gewesen zu sein, denn auffällig häufig steht bei den Beschreibungen der Mobilien, sie seien *alt, bös, zerbrochen, verbogen, vellig kaputt* oder *schlecht*. Auch fehlten Dinge, wie beispielsweise *ein wägele, vor die arme leuth zu führen, nit da.*[58] Das Kaplanzimmer scheint dagegen 1760 neu ausgestattet worden zu sein, denn dort gab es zwei neue Betten mit Kissen, Unter- und Oberbett, vier neue Fenstervorhänge aus Zitz, also feinem und buntem Baumwollstoff, vier Sessel sowie zwei neue Tische samt Teppich.[59]

1780 heißt es dann, dass in der Kammer des Spitalmeisters viel neues Geschirr vorhanden sei und ein *Gemälde, die Abbildung eines Spitalstifters* darauf, doch wessen Antlitz dargestellt wurde, ist ebenso unbekannt, wie die Illustrationen der *6 Mahlereien mit vergoldeten Rämlein* in einem oberen Zimmer, wo sogar noch ein *grosse*[r] *Spiegl mit schwarz und vergoldten Raamen* zu finden waren.[60] Zu erwähnen ist die (einmalige) Registrierung der umfangreichen Bibliothek im Zimmer *eines jeweilligen Herren Beneficiaten* [...], *welche theills schon ehevor dem Spittal gehörten, theills von dem erst kürzlich verstorbenen Hrn. Beneficiaten Carl Borromæ seel. hiehero sein vermachet worden.*[61] Dort befanden sich 30 Bücher in Folioformat, 32 in Oktav- und 80 in Kleinquartformat, die hier aber nicht detailliert gewürdigt werden können. Überwiegend handelte es sich um christliche Unterweisungsbücher, Predigtschriften für das ganze Jahr, Leichenpredigten, aber auch Abhandlungen zum Feldbau oder zum Recht. Die Mehrzahl der Bücher ist in lateinischer Sprache, eines in französischer (*La logique on l'art de penser contenant*). Im Bestand der Kleinquartformate ist beispielsweise ein Werk mit dem Titel *Figura Bibliæ clar. Doct. Thlgi. Ant. De Rampelogis genuensis, ord. Eremitarum divi Augustii de ao. 1501,*[62] das von Antonius Rampegolus ver-

57 StAAu, Hst Augsburg, NA Akt 6908, Mobiliar-Inventarien des Spitals in Sonthofen, 1577–1781, Inventar von 1760.

58 StAAu, Hst Augsburg, NA Akt 6908, Mobiliar-Inventarien des Spitals in Sonthofen, 1577–1781, Inventar von 1760.

59 StAAu, Hst Augsburg, NA Akt 6908, Mobiliar-Inventarien des Spitals in Sonthofen, 1577–1781, Inventar von 1760.

60 StAAu, Hst Augsburg, NA Akt 6908, Mobiliar-Inventarien des Spitals in Sonthofen, 1577–1781, Inventar von 1780.

61 StAAu, Hst Augsburg, NA Akt 6908, Mobiliar-Inventarien des Spitals in Sonthofen, 1577–1781. Die Inventur dieser Bibliothek ist nicht datiert, muss nach 1761 vorgenommen worden sein, da dies das jüngste Erscheinungsjahr eines Buches ist. Hier muss der Hinweis auf die Anzahl der Bücher genügen, eine Auswertung muss aus Raumgründen später erfolgen.

62 StAAu, Hst Augsburg, NA Akt 6908, Mobiliar-Inventarien des Spitals in Sonthofen, 1577–1781, verzeichnet unter Nummer 69 der Kleinquartformate.

fasst und um 1473 in Augsburg gedruckt worden war.[63] Die Ausgabe in der Spitalsbibliothek ist somit eine spätere Auflage und spricht für die Bedeutung des Werkes. Insgesamt dürfte die Bibliothek im Benefiziatenzimmer von nicht unerheblichem Wert gewesen sein, doch bleibt zu eruieren, was mit ihr geschah.

Damit sei der Gang durch die Spitalzimmer und die Jahrhunderte beendet, der freilich nur das Offensichtliche ans Licht brachte. Immerhin dürfte Fakt sein, dass das Spital so viele Pfründner beiderlei Geschlechts beherbergte, infolgedessen sich neben dem Spitalmeister (-paar) auch Mägde und Knechte um Haus und Menschen kümmern mussten. Zweitens ist festzuhalten, dass der Zustand der Mobilien nicht immer der beste war und dass Neuanschaffungen wohl aus finanziellen Gründen teilweise nicht sofort getätigt werden konnten. Darüber hinaus ist die Qualität der Inventare unterschiedlich, sonst hätte Fürstbischof Joseph nicht ein Mandat zur kompletten Neuregistrierung erlassen müssen. Auszugehen ist schließlich von einer sozialen Schichtung im Spital, nicht nur wegen des gut ausgestatteten Kaplanzimmers, sondern auch, weil zwischen Herrenstube und Pfründnerstuben, zwischen Einzel- und Mehrfachzimmern differenziert wurde. Trotz dieser hierarchischen Gliederung waren alle Bedürftigen mit Bett, Kleidung und einem Dach über dem Kopf versorgt.

Die Verköstigung im Spital Sonthofen

Nahrung zählt zu den Grundbedürfnissen des Menschen, weswegen die Existenzsicherung durch »Speis und Trank« die stärkste Motivation für die Supplikanten gewesen sein dürfte, um Aufnahme in das Spital zu bitten. Im Inventar von 1577, der ältesten Niederschrift, ist der Vorrat an Nahrungsmitteln verzeichnet: Genannt sind Schweinebacken, ein halber Ochse, gepökeltes Rind- und Schweinefleisch, gefüllte Krautfässer, ungefähr drei Zentner Schmalz, Ziegenmilch, Salz, Gültwein und einige Fässer Hering.[64] Was in dieser Bevorratung nicht auftaucht, sind die verschiedenen Getreidesorten wie Hafer, Dinkel und Gerste, die zermahlen und eingeweicht als Mus gegessen wurden.

Eine Speiseordnung aus diesen frühen Jahren liegt für das Spital Sonthofen leider nicht vor, doch kann auf eine Speiseordnung des gleichfalls hochstiftischen Spitals in Zusmarshausen zurückgegriffen werden, um zumindest eine Vorstellung davon zu erhalten, wie sich die Hospitalisierten ernährten. In den Quellen dieses 1534 von Bischof Christoph von Stadion gegründeten Spitals findet sich eine Speiseordnung aus dem Jahr 1613,[65] die folgendes, wie in der Tabelle 3 nachvollziehbar, vorgibt:

63 Hans Zotter, Die Inkunabeln der Universitätsbibliothek Graz. Universitätsbibliothek Graz, revidiert 2023, S. 254; https://unipub.uni-graz.at/download/pdf/9213084.pdf [31.03.2024]. Über Antonius Rampegolus konnte nichts in Erfahrung gebracht werden.

64 StAAu, Hst Augsburg, NA Akt 6908, Mobiliar-Inventarien des Spitals in Sonthofen, 1577–1781, Inventar von 1577.

65 Marktgemeindearchiv Zusmarshausen, A VIII, 4810/7, Spitalordnung 1613; vgl. auch Sczesny, Zusmarshausen (wie Anm. 12), S. 109–113.

Wochentag	Morgens	Mittags	Nachts
Sonntag		*Supen Flaisch, Kraut oder Rüeben, darunder Flaisch*	*Gesalzene Prüe, ain Leffel mit Schmalz darin, ein sotene Gersten oder Milch*
Montag	*Gesalzene Prüe, darein ein Leffel voll Schmalz*	*Gesalzene Prüe, darin ein Leffel voll Schmalz, Kraut oder Rüeben zuuor, an iezo aber für daß kraut ain*	
mueß.	*Gesalzene Brie, ein Leffel vol Schmalz darein, Gersten*		
Dienstag	*Gesalzene Prüe, darein ein Leffel voll Schmalz*	*Gsalzene Prüe, darein ein Leffel voll Schmalz, Kraut oder Rueben, darunder Flaisch*	*Suppenflaisch, gekhochte Gersten oder sieße Milch*
Mittwoch	*Gesalzene Prüe, darein ein Leffel voll Schmalz*	*Xalzene Prüe, darein ein Leffel vol Schmalz, ain Mueß, darnach man Milch haben kann oder nit*	*Xalzene Prüe, Gersten oder sieße Milch.*
Donnerstag	*Gesalzene Prüe, darein ein Leffel voll Schmalz*	*Xalzene Prüe, darein ein Leffel voll Schmalz, Kraut oder Rueben, darunder Flaisch.*	*Supen vnd Flaisch, Gersten oder sieße Milch*
Freitag	*Gesalzene Prüe, darein ein Leffel voll Schmalz*	*Xalzene Prüe, ain Mueß von Milch oder Heberin, an iezo für die prüe ain erbiß suppen*	*Xalzen Prüe Knöpflen, Schniz oder schmalzn Broth*
Samstag	*Gesalzene Prüe, darein ein Leffel voll Schmalz*	*Xalzene Prüe, darein ein Leffel vol Schmalz, ain Kraut oder Rueben, geschmalzen.*	*Gesalzene Prüe, darein ein Leffl vol Schmalz, gesotene Gersten, drey Pfanzelter*

Tab. 3 Speiseplan des Heilig-Geist-Spitals Zusmarshausen, 1613.

Sowohl die jeden Morgen gereichte Salzbrühe als auch die Mittagessen wurden mit Schmalz angereichert, da Fett sehr sättigend und ein Geschmacksträger war (und ist). Sonntags, dienstags und donnerstags gab es Fleisch zu dem jeweiligen Gemüse wie Kraut oder Rüben. Am Abend gab es wieder gesalzene Brühe mit Schmalz, dazu aber auch Gerstenmus oder Milch.[66] Auffallend ist in Zusmarshausen das Fehlen von Fisch, wohingegen die Vorratskammer in Sonthofen mit einigen Fässern Hering aufwarten konnte, die zusätzlich auf dem Sonthofener Speiseplan gestanden haben dürften.[67] Obgleich unbekannt ist, in welchen Mengen diese Speisen ausgegeben wurden, so ist doch festzuhalten, dass die Hospitalisierten eine relativ ausgewogene Nahrung zu sich nahmen, wofür auch die Vorräte im Spital Sonthofen sprechen.

66 *Heberin* konnte nicht ermittelt werden, doch möglicherweise handelt es sich um einen Hefeteig. *Pfanzelter* = in Schmalz gebackener Kuchen, Pfannkuchen, vgl. Hermann Fischer, Schwäbisches Wörterbuch, 7 Bde. Tübingen 1904–1924, Bd. I, Sp. 1013.

67 StAAu, Hst Augsburg, NA Akt 6908, Mobiliar-Inventarien des Spitals in Sonthofen, 1577–1781, Inventar von 1577.

Wochentag	Morgens	Mittags	Nachts
Sonntag	*eine Wasser- oder Milch-suppe, mit hinlängl. Brod eingeschnitten*	*eine Flaischsuppe, jeder ein leichtes Pfund Fleisch, Kraut und Knödl*	*eine Brenn- oder andere Suppe nebst einer Gersten, mit rindern schmalz geschmälzt*
Montag	*ein musmehlen – mit guter Milch gekochtes Haber Mus*	*ein Brod- oder Erbis Suppe, Kraut und bonen*	*eine Brenn- oder andere Suppe nebst Gersten, mit rindernen schmalz geschmälzt*
Dienstag	*wie am Montag*	*eine Suppe, Kraut und Nudeln von gutem mehl, geröstet oder in Milch aufgesotten*	*eine Schitl- oder Musmehl Suppe nebst Gersten, wie am Montag*
Mittwoch	*wie am Montag*	*dessgleichen, auser es fält ein Feirtag ein, wo Stadt der Bonen mit rindern schmalz geschmälzte Milch Knödl abgegeben werden*	*wie am Montag*
Donnerstag	*wie am Sontag*	*dessgleichen*	*desgleichen*
Freitag	*wie am Montag*	*desgleichen*	*desgleichen*
Samstag	*ein Musmehl mit guter Milch gekochtes Mus*	*Suppe, Kraut und Bonen*	*eine Gerste und jedem Pfründer 5 Bauern [K?, B?]uhl aus dem besten Kern- oder Semel Mehl, wozu eine eigne Kelle zu gebrauch und gleichem Teige zu füllen ist*

Tab. 4 Speiseplan des Heilig-Geist-Spitals Sonthofen, 1790.

Ob sich die Vorratshaltung im Sonthofener Spital über die Jahrhunderte änderte, kann zwar nicht festgestellt werden, doch einen Einblick in die Essgewohnheiten Ende des 18. Jahrhunderts gewinnt man aus einer *Verpflegungs Tabelle der in dem fürstl. ausgburg. Spital Sonthofen eingepfrünten Pensionisten* vom Jahre 1790, die unter Fürstbischof Clemens Wenzeslaus verfasst wurde.[68] Diese Verpflegungstabelle Tab. 4 inkludiert nicht nur einen Speiseplan, sondern auch die Ausstattung der Wohnungen, die Kleidung, das Bettgewand, die Krankenpflege und die Begräbniskosten.

Während der Tag mit einer wohl recht nahrhaften Speise aus Milch und Mus begann, sind die Mittag- und Abendessen aus Gemüse, Nudeln und Knödeln sowie Rinderschmalz beschaffen, außer die etwas üppiger ausfallende Mahlzeit am Samstagabend.[69] Fleisch wurde

68 StAAu Hochstift Augsburg NA 6892, Verordnungen, S. 53; im Original hat diese Tabelle ca. die Maße DIN A2, sie ist mehrmals gefaltet und die Tinte leicht verblasst, so dass sie, obgleich hochspannend, hier nicht abgebildet werden kann.

69 Bei den *Bauern* [K?, B?]*uhl* könnte es sich um eine Brot- oder Mehlspeise handeln; unter den entsprechenden Lemmata in Fischer, Schwäbisches Wörterbuch (wie Anm. 66) konnte keine Entsprechung gefunden werden.

nur am Sonntagmittag gereicht, Fisch stand gar nicht mehr auf dem Plan, obgleich die Vorratshaltung des 16. Jahrhunderts noch Heringsfässer verzeichnet hatte. Beides ist insofern erstaunlich, als für das Regensburger St. Katharinenspital eine Zunahme der Fleischtage im 18. Jahrhundert festgestellt werden konnte[70] und Fisch „das klassische Fastengericht" war.[71] Ob hier finanzielle Gründe eine Rolle spielten, die den Genuss von Fleisch und Fisch zu kostenaufwendig gestalteten, oder ob die wie oben schon beschriebene fehlende Viehhaltung im Spital den Fleischkonsum reduzierte, muss weiteren Forschungen obliegen. Dass Fisch resp. Hering nicht zu den Fastenspeisen zählte, dürfte am Preis dieses Meerfisches und den damit verbundenen pekuniären Aufwendungen zusammenhängen.[72] Darüber hinaus war Hering nicht unbedingt eine Delikatesse, die beispielsweise in Zusmarshausen, wo er in der Fastenzeit verzehrt werden sollte, durch einen Kreuzer ersetzt werden konnte.[73]

An Sonderverköstigung standen den Spitalbewohner und -bewohnerinnen in Sonthofen *täglich, sowohl Mittag als nachts eine ziemliche Schnitte Brot, 1,5 Pfund im Gewicht schwer* zu, an den Feiertagen *eine halbe Maß Wein, dann am grünen Donnerstag, St. Martinstag und in der Fasnacht ein viertel Maß*. Zudem war ihnen gestattet, *was* [sie] *hiervon selbst nicht genießet, nach Willkür verkaufen und verwenden* können.[74]

Eben weil die Lebensmittelversorgung im Spital die Grundbedürfnisse der Bedürftigen befriedigen sollte, gab es hier zahlreiche Anlässe zu Konflikten. Schon 1620 wurde ein *Außzug der jehnig Clagpunkten, so die Pfriendner wider den Spitalmaister eingebracht,* niedergeschrieben.[75] Die Pfründner beschwerten sich, dass sie die ihnen versprochenen Leistungen wie Wein und Gebackenes nicht erhielten und vor allem *die kindischen, schlechten und ainfeltigen* Pründner benachteiligt würden. Auch würden sie, die Spitalbewohner, Brot nur für einen Schilling statt für 15 kr. erhalten, was somit einer Halbierung der zustehenden Menge an Brot gleichkommt.[76]

Ein weiterer Anwurf betraf das Verhalten des Spitalmeisters. Er würde mit seinen sieben erwachsenen Kindern *und großen Anhangs* das Spital überladen und *mit seinen söhnen, döchtern vnnd dochtermännern vnd ihren befreundten* große Kosten *mit Kochen und überflüssigem Zechen* verursachen, sodass *sichs mehr einer Würtschafft dan einem Spital vergleichen thue.* Da der Spitalmeister sich das gar nicht leisten könne, müsse das alles auf eine

70 Andreas Kühne, Essen und Trinken in Süddeutschland. Das Regensburger St. Katharinenspital in der Frühen Neuzeit (Studien zur Geschichte des Spital-, Wohlfahrts- und Gesundheitswesens; Schriftenreihe des Archivs des St. Katharinenspitals Regensburg 8). Regensburg 2006, S. 188 f.

71 Kühne, Essen und Trinken (wie Anm. 70), S. 203.

72 Kühne, Essen und Trinken (wie Anm. 70), S. 206; vgl. auch Barbara Krug-Richter, Von Stockfisch, Hering und andren Delikatessen – Anmerkungen zur Ernährung in nordwestdeutschen Hospitälern in der Frühen Neuzeit. In: Arthur Dirmeier (Hg.), Leben im Spital. Pfründner und ihr Alltag 1500–1800 (Studien zur Geschichte des Spital-, Wohlfahrts- und Gesundheitswesens; Schriftenreihe des Archivs des St. Katharinenspitals Regensburg 12). Regensburg 2018, S. 205–229, die freilich an nordwestdeutschen Spitälern einen Rückgang im Fischverzehr vom 16.–17. Jahrhundert feststellen kann, ebd., S. 219.

73 Sczesny, Zusmarshausen (wie Anm. 12), S. 113.

74 StAAu Hochstift Augsburg NA 6892, Verordnungen, S. 53.

75 StAAu, Hochstift Augsburg NA, Akten 6912: Klage gegen die Spitalmeister von Sonthofen wegen Kostschmälerung und Übertretung der Hausordnung, 1585–1701, hier 1620.

76 60 Kreuzer= 8 Schilling, 15 Kreuzer = 2 Schilling, vgl. Kühne, Essen und Trinken (wie Anm. 70), S. 332.

Kostschmälerung der Pfründner hinauslaufen. Moniert wurde schließlich das schlechte Essen, das oft ungesalzen, ohne Schmalz und verbrannt sei sowie kein Fleisch enthalte.[77]

Mit ihren Klagepunkten standen die Pfründner und Pfründnerinnen nicht allein, dann schon 1605 sah sich auch der der Kaplan des Spitals Sonthofen beeinträchtigt. Der dem Gottesdienst fernbleibende Spitalmeister halte die Pfründner vom Gottesdienstbesuch durch Arbeit ab und mische den Messwein mit zu viel Wasser. Auch der Kaplan beklagte, dass der Spitalmeister an Fasttagen mit seiner Familie Fleisch, das den Pfründnern vorenthalten werde, esse und sich an Sonntagen der Völlerei und der Trunkenheit ergäbe. Ihm, dem Kaplan, werde nur schlecht gekochtes und viel zu wenig an Speise gegeben, abgesehen von den unlauteren Widerworten vor allem der Spitalmeisterin.[78]

Diese Beschwerden, seien sie von den Pfründnern und Pfründnerinnen oder vom Kaplan, reißen trotz obrigkeitlicher Ermahnungen bis um 1620 nicht ab; dann schweigen die Quellen. Gleichwohl zeigen diese Anschuldigungen, dass die Hospitaliten sich wehrten und um ihre Rechte wissend diese auch einklagten. Zwar steht bei diesen Klageschriften kein Adressat dabei – grundsätzlich wäre ja der Spitalmeister zuständig für Konfliktregulierungen gewesen, was in diesem Fall nicht möglich war, da er selbst der Streiturheber war – doch steht zu vermuten, dass die nächst höhere Instanz, also der Landamman, als Mittler fungieren musste.

Wohnung, Kleidung, Krankheit und Tod

Bischof Clemens Wenzeslaus subsumierte unter Verpflegung nicht nur die Kost, sondern, wie schon gesagt, auch die Unterbringung der Bedürftigen. Er bestimmte, dass die sich im unteren Stockwerk aufhaltenden Spitalbewohner zwei Stuben inkl. eiserner Öfen im mittleren Stockwerk für je zwei Männer und Frauen erhalten sollten. Dafür hatten diese Pfründner und Pfründnerinnen nicht *nur aus Pflicht, sondern viel mehr aus innerstem Selbstgefühl die heisseste*[n] *Segenswünsche für das ohnbegränzte Wohl ihres durchlauchtigsten Schützers und Nährers zu opfern.*[79] Dies ist ein Topos aller Stiftungen, dass nämlich die Unterstützten unermüdlich für die Wohltäter beten sollten, einerseits damit diese im Jenseits nicht ganz so lange im Fegefeuer schmoren müssten, zum anderen, damit die Unterstützer nicht vergessen würden. Die Memoria- und Heilsfunktion durchzieht fast alle Stifterbriefe, Hausordnungen und sonstige Normen, nicht nur in Sonthofen, sondern in den meisten Fürsorgeinstitutionen.[80]

77 StAAu, Hochstift Augsburg NA, Akten 6912: Klage gegen die Spitalmeister von Sonthofen wegen Kostschmälerung und Übertretung der Hausordnung, 1585–1701, hier 1620.

78 StAAu, Hochstift Augsburg NA, Akten 6912: Klage gegen die Spitalmeister von Sonthofen wegen Kostschmälerung und Übertretung der Hausordnung, 1585–1701, Extract der Clagpunkte […] des Kaplan im Sommer 1605.

79 StAAu Hochstift Augsburg NA 6892, Verordnungen, S. 53.

80 Vgl. etwa Benjamin SCHELLER, Memoria an der Zeitenwende. Die Stiftungen Jakob Fuggers des Reichen vor und während der Reformation (ca. 1505–1555) (Veröff. d. SFG 4/28; Studien zur Fuggergeschichte 37; Stiftungsgeschichten 3). Berlin 2004, S. 17 f.; Michael BORGOLTE, Stiftungen. In: LMA 8 (2002), Sp. 178–180,

Die Kleidung betreffend sollte *jeder Spitalpfründer* […] *durch den Spitalmeister, dem die disfällige Beschaffung obliegt, seine durchgängig nöthige Kleidung, also zwar daß hiebey eine mögliche Gleichheit beybehalten, das abgängige jedesmal wiederum ausgebessert* [… und] *für jeden Pfründer ein eigener Kleiderkasten mit Nummer bezeichnet in dem Hausgang eingerichtet* [werde], *worin er samtlich seine Kleidungsstücke verwahren und einschliessen* können sollte. Die Magd hatte ihr Augenmerk besonders auf die Reinlichkeit und Pflege der Kleidung zu richten und bei etwaigen Verstößen den Spitalmeister zu informieren.[81]

Sollten die Pfründner und Pfründnerinnen krank sein oder werden, seien sie in den eigens eingerichteten zwei Krankenzimmern von der Spitalmagd zu pflegen und sollten *ihren Umständen angemessene bessere Kost* erhalten. Zudem sei *ein besonderer Spital-Chirurgus mit jährl. 10 fl. Wartgeld aufgestelt* [werden], *welcher die Pfründer nicht nur mit Barbieren, schrepfen und Aderlassen bedient, sondern auch in ihren krank- oder presthaften Angelegenheiten auf Stiftungskosten mit zweckmässigen Medikamenten zu versehen hat. In gefährlichen Krankheiten hingegen werden die benachbarten Medici von Kempten oder Immenstat zu Rathe gezochen.*[82] Diese Anordnung ist bemerkenswert, denn die dauerhafte Einbindung eines Arztes in die Krankenpflege sowie die Konsultation von Ärzten anderer Städte gehörten auch noch gegen Ende des 18. Jahrhunderts nicht zu den Standards eines Pfründnerlebens. Im domkapitlischen Spital des Marktes Dinkelscherben beispielsweise, das 1604 gegründet wurde, wurde zwar die Anstellung eines spitaleigenen Arztes sowie die Einrichtung einer Apotheke angedacht, doch aus Kostengründen und weil man die dortigen Spitalinsassen fast allesamt für Hypochonder hielt, nicht umgesetzt.[83]

Zum letzten Akt des Lebens, dem Sterben und dem Tod, liegen für ländliche Spitäler kaum Forschungen vor.[84] Allgemein waren Sterben und Tod in der Frühen Neuzeit eng an Religiosität und an das Leben im Jenseits geknüpft.[85] Der Tod war kein endgültiges Ende, sondern ein Übergang in entweder die Hölle oder den Himmel. Damit verbanden sich bestimmte Rituale noch während des Sterbens, um dem Sterbenden den Übertritt in das

hier 179; DERS., Stiftungen – eine Geschichte von Zeit und Raum. In: Rottenburger Jb. f. Kirchengeschichte 29 (2010), S. 39–56, hier S. 41.

81 StAAu Hochstift Augsburg NA 6892, Verordnungen, S. 53.

82 StAAu Hochstift Augsburg NA 6892, Verordnungen, S. 53. Vgl. zur Krankenversorgung in ländlichen Spitälern Tobias BLASER, Ein Ort der Wohlfahrt und der Pflege. Das Hospital der Fugger in Waltenhausen. In: Dietmar SCHIERSNER, (Hg.), Augsburg – Stadt der Medizin. Historische Forschungen und Perspektiven. Regensburg 2021, S. 293–305, bes. S. 298–301.

83 SCZESNY, Spitäler im Augsburger Umland (wie Anm. 15), S. 395 f.

84 Romedio SCHMITZ-ESSER, Sterben und Tod im Spital im Spiegel der materiellen Kultur des Mittelalters. In: Arthur DIRMEIER/Daniel DRASCEK/Harriet RUDOLPH (Hg.), Spitalobjekte. Materielle Kulturen des Spitals in der Vormoderne (Studien zur Geschichte des Spital-, Wohlfahrts- und Gesundheitswesens; Schriftenreihe des Archivs des St. Katharinenspitals Regensburg 16). Regensburg 2023, S. 263–280, der darauf hinweist, dass trotz „der überbordenden Literatur zum Spital des Mittelalters […] Sterben und Tod im Hospital […] ein bislang doch nur wenig beleuchtetes Forschungsgebiet ist." Ebd., S. 263. Vgl. auch DERS., Der Leichnam im Mittelalter. Einbalsamierung, Verbrennung und die kulturelle Konstruktion des toten Körpers (Mittelalter-Forschungen 48). Ostfildern 2014.

85 Nachfolgendes nach Richard van DÜLMEN, Kultur und Alltag in der Frühen Neuzeit 1. Das Haus und seine Menschen 16.–18. Jahrhundert. München1990, S. 215–228; Paul MÜNCH, Lebensformen in der Frühen Neuzeit, 1500 bis 1800. Frankfurt a. M. 1992, S. 480–485.

Jenseits zu erleichtern. Das Besprengen mit Weihwasser und das Anzünden einer Kerze gehörten ebenso dazu wie die letzte Ölung und das Beten der Anwesenden. Diese Öffentlichkeit des Sterbens drückte sich in dem Dabeisein von Verwandten, Nachbarn und der Hausgemeinschaft aus. Nach dem Eintritt des Todes wurde die Sterbeglocke geläutet, der Tote gewaschen und angekleidet bzw. in ein Tuch eingeschlagen. Anschließend wurde er auf einem Brett oder in einem Sarg – je nach Stand und Vermögen – auf dem Friedhof beigesetzt. Die Leichenpredigt hielt meist der Pfarrer, der auch die letzte Ölung vorgenommen hatte. Anschließend ging es zur Trauerfeier, zum gegenseitigen Trost und zum Gedenken an der Toten.

Inwieweit dieser hier nur sehr verkürzte Ablauf von Sterben und Tod in der Frühen Neuzeit auch für die Spitalinsassen galt, kann als noch kaum untersuchtes Forschungsfeld nur angerissen werden. Ein wesentlicher Hinweis zum Umgang mit Verstorbenen im Spital kann der *Verpflegungstabelle* des Fürstbischofs entnommen werden: *Die verstorbne Pfründner werden insgesamt in dem außer dem Markt befindlichen ordinari Gottesacker beygesetzt und das Leichbegängnis von dem Ortspfarrer auf Kosten der Stiftung besorget. Die übrigen Pfründer nebst dem Spitalmeister begleithen die Leiche und Totenopfer, wobey sie von der Stiftung mit dem erforderlichen Opfergeld versehen werden.*[86]

Dass darüber hinaus für die Verstorbenen eine Messe gelesen wurde und dass das Spital die Begräbniskosten übernahm, kann in manchen Fällen Rechnungen entnommen werden. Laut einer Rechnung des Spitals Zusmarshausen kostete beispielsweise die Beerdigung der am 17. November 1753 verstorbenen Anna Erhardtin knapp acht Gulden: Für die letzte Ölung, die Jahrmesse, die Totengräber, für Wachs und Gottesdienst und die Toteneinnäherin sowie für die *4 weibsbilder, so die Verstorbene zu grab getragen* haben.[87] In einer Rechnung des Spitals Sonthofen von 1789 heißt es in Bezug auf den verstorbenen Johannes Jörg, dass Kosten für den Pfarrer, den Mesner, für das Grabgeld, für die Totengräber und Leichenträger in Höhe von 6 fl. 27 kr. angefallen seien.[88] Im Übrigen beinhaltet die oben genannte Bibliothek des Spitals ein Werk mit dem Titel *Ars bono Mortis*,[89] ein Hinweis auf die Befassung und dem Umgang mit Sterben und Tod im Spital.

Diese Quellenaussagen können als schwache Wegmarkierungen gelesen werden, wie in der Frühneuzeit mit Sterbenden und Toten eines Spitals umgegangen wurde. Zum einen wurden in Sonthofen die Toten auf dem Friedhof beigesetzt, der, wie die meisten Friedhöfe seit dem 15. Jahrhundert und vor allem seit der Reformation, außerhalb der Ortschaft lag.[90] Ob die Bestattung auf dem *ordinari Gottesacker* in Sonthofen eine Ausnahme darstellt, weil es keinen spitaleigenen Friedhof gab, oder ob die Beisetzung auf dem kirchlichen

86 StAAu Hochstift Augsburg NA 6892, Verordnungen, S. 53.

87 StAAu, Hochstift Augsburg, Pflegamt Zusmarshausen, Rechnungen 5374, S. 26.

88 StAAu, Augsburger Pflegämter, Spitalrechnungen Sonthofen, Nr. 5030, 1789, S. 80.

89 StAAu, Hst Augsburg, NA Akt 6908, Mobiliar-Inventarien des Spitals in Sonthofen, 1577–1781.

90 Hinter der Verlegung von Friedhöfen außerhalb der Stadtmauern stand vordergründig die Angst vor Ansteckung in epidemischen Zeiten, vgl. Craig Koslofsky, ‚Pest–‚Gift'–‚Ketzerei'. Konkurrierende Konzepte von Gemeinschaft und die Verlegung der Friedhöfe (Leipzig 1536). In: Ders./Bernhard Jussen (Hg.), Kulturelle Reformation. Sinnformationen im Umbruch 1400–1600 (Veröffentlichungen des Max-Planck-Instituts für Geschichte 145). Göttingen 1999, S. 193–208.

Friedhof die Regel war, muss offenbleiben. Folgern lässt sich daraus, dass die verstorbenen Spitalbewohner nicht Ausgeschlossene aus dem Dorf oder dem Markt waren, sondern trotz der ehemaligen Spitalangehörigkeit Teil der dörflichen Gesellschaft waren. Dass sowohl der Spitalmeister als auch die Spitalinsassen den Toten zu begleiten hatten, lässt das Spital als Hausgemeinschaft erkennen, die die „leibliche Familie der Toten“ ersetzen sollte.[91] Sie waren vermutlich auch beim Weg des Sterbens dabei, hatten gebetet und den Todgeweihten nicht allein gelassen. Die *Toteneinnäherin* in Zusmarshausen legt nahe, dass Pfründner in ein Bahrtuch eingenäht wurden, was einerseits finanzielle Gründe gehabt haben könnte – eine Bestattung auf einem Brett oder gar ein Sarg verursachten sicher Mehrkosten – andererseits auch auf die soziale Stellung der verstorbenen Spitalbewohner hinweisen könnte, die eben nicht dem eines ökonomisch bessergestellten Toten glich. Das Zugrabetragen der Zusmarshauserin Anna Erhardtin durch vier *Weibsbilder* offenbart ein mögliches geschlechterspezifisches Begräbnisritual, das freilich weiteren Forschungen harrt. Diese bislang nur dürftigen Hinweise auf Sterben und Tod in ländlichen Spitälern weiter zu interpretieren, wäre spekulativ, doch dass es dieses Feld weiter zu beackern gilt, dürfte auf der Hand liegen, will man das Gesamtbild ländlicher Spitäler schärfen.

Ergebnisse und offene Fragen

Das Spital von Sonthofen reiht sich in die Serie der herrschaftlichen Spitalgründungen in Schwaben im Verlauf der Frühen Neuzeit nahtlos ein. Diese ländlich-herrschaftlichen Spitäler sind Ausdruck für die von den Herrschaftsträgern nunmehr wahrgenommene Fürsorgepflicht für ihre alten, gebrechlichen und kranken Untertanen einerseits, andererseits aber auch der Memoria für die Wohltäter durch die von den Unterstützten zu leistenden Gebete. Neben diesem christlichen Heilsversprechen für ein nur kurzzeitiges Verweilen im Fegefeuer steht hinter diesen beiden vordergründigen Initiativen der Spitalstiftungen eine weitere, komplexere Motivation. Die frühe Neuzeit ist geprägt von der Herrschaftsintensivierung seitens der Territorialherren, die den abgeschlossenen Urbanisierungsprozessen der Städte[92] nacheiferten. Diese territoriale Herrschaftsverdichtung lässt sich anhand der Errichtung von Schulen und von Repräsentationsbauten, der Einrichtung von gewerblichen Mittelpunkten wie Marktgründungen mit seinen Kontrollfunktionen, der Installierung von Handwerkerzünften[93] und nicht zuletzt eben von Spitalgründungen festmachen. Diese

91 Schmitz-Esser, Sterben und Tod (wie Anm. 84), S. 272.

92 Vgl. Rolf Kiessling, Kleine Geschichte Schwabens. Regensburg 2009, S. 47–50.

93 Vgl. zu diesen Vorgängen in Auswahl Helmut Flachenecker/Rolf Kiessling (Hg.), Schullandschaften in Altbayern, Franken und Schwaben. Untersuchungen zur Ausbreitung und Typologie des Bildungswesens in Spätmittelalter und Früher Neuzeit (ZBLG Beiheft 26, Reihe B). München 2005; Rolf Kiessling, Der Wandel ökonomischer und politischer Beziehungen zwischen Dörfern und Städten vom Spätmittelalter bis zur Frühen Neuzeit. In: Clemens Zimmermann (Hg.), Dorf und Stadt. Ihre Beziehungen vom Mittelalter bis zur Gegenwart. Frankfurt am Main 2001, S. 67–84; Ders., Die Märkte – Kristallisationspunkte für eine Urbanisierung des Landes. In: Walter Pötzl (Hg.), Bauern – Handwerker – Arbeiter. Beiträge zur Wirtschafts-, Sozial- und Bildungsgeschichte (Der Landkreis Augsburg 5). Augsburg 2001, S. 188–227; Anke Sczesny, Die

Funktionen wurden von den Städten abgezogen und auf dem Land entfaltet, um die eigene, d. h. territoriale Position zu stärken und sich sowohl gegen die Städte als auch gegen die Nachbarn zu behaupten.

Das 1429 zum Marktort erhobene Sonthofen und die damit verbundenen Marktprivilegien sowie das 1472 vom Augsburger Bischof Johannes Graf von Werdenberg[94] eingerichtete Rathaus waren die ersten Schritte auf dem Weg zur Herrschaftsverdichtung.[95] Die Stiftung des Spitals 1497 und schließlich mehrere Zunftgründungen ab dem Jahr 1663[96] weisen in dieselbe Richtung, zumal Sonthofen innerhalb des Herrschaftsgefüges des Hochstiftes Augsburg keine singuläre Entwicklung durchlief, wie die, wenn auch zeitlich versetzten, Spitalgründungen in den hochstiftischen Territorien Zusmarshausen (1534) oder Nesselwang (vermutlich 1497 oder 1528) zeigen.[97]

Im Hinblick auf die wirtschaftliche Rolle des Sonthofener Spitals hatte es drei Funktionen: Einerseits war das Spital Arbeitgeber für die Handwerker des Umfeldes, wie die Rechnungen in der Sparte »Handwerkerausgaben« illustrieren; zum anderen nahm es Hilfsbedürftige zum Großteil nur aus seinem hochstiftischen Territorium auf und zum dritten vergab es Kredite fast ohne Ausnahme an Personen in den Pfarreien der Herrschaft Sonthofen. Das Spital band dadurch die Untertanen seiner Herrschaft an sich. Darüber hinaus finanzierte sich das Spital in der Hauptsache durch diese Kreditvergaben bzw. deren Verzinsung. Insofern war Sonthofen damit eine Bank für die Bevölkerung der Herrschaft, die auf Kredite im Bedarfsfall hoffen durfte. Die jährliche detailreiche Auflistung der Kreditnehmer zeichnet das Spital auch als verwaltungstechnisch fortgeschrittene Institution aus, da die Verwalter ein hohes Maß an Wissen über ein einfaches Rechnungswesen verfügten. Das gilt sowohl für das 16. als auch das 18. Jahrhundert, d. h. Wissen wurde über die Jahrhunderte transportiert, vielleicht verfeinert, nicht aber im Wesentlichen verändert.

Die zumeist akkurate Registrierung des Inventars war nicht nur eine Gedächtnisstütze und ein Übergabeverzeichnis, sondern erlaubt detaillierte Einblicke in das Hab und Gut sowohl des Spitals als auch der Pfründner. Jeder Pfründner hatte zumindest Anspruch auf ein Bett mit Zudecke und auf eine Truhe für die persönlichen Habseligkeiten. Wenn auch meist ein Zimmer nicht allein bewohnt werden konnte, so war doch das Notwendige vorhanden, ein Dach über dem Kopf war gesichert. Die Pfründner wurden ferner im Krankheitsfall mit Medikamenten und reicherer Kost unterstützt und konnten sich überdies in der Badstube auch der Reinlichkeit widmen.

ländlichen Zünfte Ostschwabens und ihre wirtschaftliche, gesellschaftliche und kulturgeschichtliche Bedeutung – Eine Projektskizze. In: Rolf Kiessling (Hg.), Stadt und Land in der Geschichte Ostschwabens (Augsburger Beiträge zur Landesgeschichte Bayerisch-Schwabens 10). Augsburg 2005, S. 325–350.

94 Geb. um 1430, gest. 23. Februar 1486 in Frankfurt am Main, Bischof von Augsburg von 1469–1486, https://de.wikipedia.org/wiki/Johann_II._von_Werdenberg [01.04.2024].

95 Rudolf Vogel, Sonthofen. In: Hans-Michael Körner/Alois Schmid (Hg.), Handbuch der Historischen Stätten. Bayern I: Altbayern und Schwaben. Stuttgart 2006, S. 782 f.

96 Johannes Mordstein, Die ländlichen Zunftordnungen in Ostschwaben während der Frühen Neuzeit – Dokumentation. In: Rolf Kiessling (Hg.), Stadt und Land in der Geschichte Ostschwabens (Augsburger Beiträge zur Landesgeschichte Bayerisch-Schwabens 10). Augsburg 2005, S. 351–412, hier S. 362–365.

97 Wilhelm Liebhart, Das Heilig-Geist-Spital. In: Ders. (Hg.), Nesselwang. Ein historischer Markt im Allgäu. Sigmaringen 1990, S. 217–229, hier S. 217.

Der Speiseplan schließlich illustriert die zwar eintönige, aber eben auch gesicherte Nahrung für die Spitalbewohner. Da Hunger eines der gravierendsten Probleme in der Frühen Neuzeit war, war die Versorgung mit Speise und Trank der wesentlichste Faktor und auch das wesentlichste Argument, wenn Kranke, Arme und Bedürftige um Aufnahme in das Spital baten. Konflikte um ausreichendes und »gutes« Essen sind infolgedessen nicht nur Verteilungskämpfe, sondern Auseinandersetzungen um ein lebensnotwendiges und zu schützendes Gut, wofür die Pfründner auch mit Verve eintraten.

Die Fürsorge und Hilfe im Spital wurde abgeschlossen durch die Begleitung beim Sterben und Tod. Wenn auch die Aussagen zum Ende des Lebens noch recht vage sind, so lassen die wenigen Hinweise doch den Schluss zu, dass die Spitalbewohner und -bewohnerinnen als Ersatzfamilie dem Sterbenden sowohl beim Übergang in das Jenseits halfen als auch dem Verstorbenen beim Begräbnis ihre Ehre erwiesen. Noch völlig unklar ist, welche Rituale hinter diesem Akt standen, ob „Züge monastischer und bürgerlicher Sterbekultur“[98] oder aber bäuerlich-ländliche Sterberituale im Spital Eingang fanden.

Nicht allein zum Lebensende der Hospitalisierten stellen sich Fragen. Wie sah ihr Tagesablauf jenseits der Speisepläne und des Betens aus? Hatten sie bestimmte Aufgaben innerhalb des Spitals zu übernehmen, entsprechend ihrem Alter und ihren körperlichen Kräften? Wie verstanden sich die Frauen und Männer des Spitals untereinander? Wie geschlossen war das Spital in Sonthofen, welchen Austausch gab es mit Nicht-Spitalangehörigen?

Über die Spitalbewohner- und bewohnerinnen hinaus ist zu fragen, welche Bedeutung das Spital innerhalb der Herrschaft hatte. Wenn für spätmittelalterliche Städte „die wirtschaftliche, versorgungs- und territorialpolitische Bedeutung von Spitälern [...] ein wichtiger Faktor“ war,[99] dann müsste dies nach den obigen Ausführungen auch für die ländlichen Spitäler gelten. Damit wären sie nicht nur Imitatoren städtischer Urbanisierungsprozesse, sondern unabhängige Gestalter in ihren Territorien. Bedenkt man schließlich die im 16. bis zum 18. Jahrhundert laufenden Spitalgründungen in den schwäbischen Herrschaften, so entsteht eine Spitallandschaft, die einerseits die Versorgungslücken der Städte schließt und andererseits die hierarchische Gliederung zwischen Stadt und Land nivelliert.

Abbildungsnachweis

Abb. 1 GTEV Edelweiß e. V./Deidl.
Abb. 2 Bayerische Vermessungsverwaltung.

98 Schmitz-Esser, Sterben und Tod (wie Anm. 84), S. 280.
99 Landolt, Finanzielle und wirtschaftliche Aspekte (wie Anm. 5), S. 281.

Wolfgang Wüst

Mit behörigen eÿffer vnd dilligenz …

Die Karriere des Kardinals Bernhard Gustav von Baden-Durlach (1631–1677), Fürstabt zu Fulda und Kempten

Markgraf Bernhard Gustav von Baden-Durlach bekleidete am Ende des 17. Jahrhunderts nach einer Konversion zum römisch-katholischen Glauben das Amt des Fürstabts in den Benediktinerfürstabteien Fulda und Kempten sowie des Koadjutors in der Reichsabtei Siegburg. 1672 wurde er zudem zum Kardinal erhoben. In seiner Person zeigt sich einerseits der Ämter und Pfründe kumulierende Vertreter des adeligen Reichskirchensystems und andererseits der sich um ein solides Regiment in seinem Verantwortungsbereich bemühende Klostervorstand und Landesherr.

Auftakt

Kardinal und Fürstabt Bernhard Gustav von Baden-Durlach, dessen Physiognomie nur in wenigen bildlichen Darstellungen (Abb. 1) wie einem Kupferstich aus der Zeit um 1672 – dort ziert ihn bereits das Kardinalsbirett – überliefert ist, ist in der Forschung kein Unbekannter. Die ausführlichsten Biographien[1] zu seiner Vita vor und nach seinem Eintritt in den Benediktinerorden in der Schweizer Abtei Rheinau[2] (Abb. 2) – ihr ging am 24. September 1660 in Rom die Konversion zum *allein selig machenden und rechten* Glauben[3] voraus

1 An weiteren biographischen Darstellungen vgl.: Friedrich Wilhelm BAUTZ, Bernhard Gustav, Markgraf von Baden-Durlach. In: Biographisch-Bibliographisches Kirchenlexikon, Bd. 1 (1975, 2. unveränderte Aufl. 1990), Sp. 538; Anton Philipp BRÜCK, Bernhard Gustav. In: Neue Deutsche Biographie, Bd. 2 (1955), S. 110; Arthur KLEINSCHMIDT, Gustav Adolph, Markgraf von Baden. In: Allgemeine Deutsche Biographie, Bd. 10 (1879), S. 186 f.; kritische Sicht bei Josef LEINWEBER, Die Fuldaer Äbte und Bischöfe. Frankfurt am Main 1989, S. 135–139. – Siehe auch Brigitte KLINGMANN, Die Porträtgalerie der Fürstäbte des Fürststifts Kempten (Allgäuer Forschungen zur Archäologie und Geschichte 4). Friedberg 2019, S. 182–194.

2 Die heutige Klostergemeinde Rheinau liegt im Kanton Zürich. Maurus PFAFF, Das alte Hochrheinstift Rheinau und das neue Beuron. 778 Rheinau-Jubiläum 1978. Beuron 1979.

3 Wolfgang WÜST, Konfessionalisierungsparadigma in der fränkischen Ritterschaft. Patriarchalische Politik und herrschaftliche Innovation. In: Helmut Baier/Erik Soder von Güldenstubbe (Hg.), „Bei dem Text des Heiligen

Abb. 1 Kardinal und Fürstabt Bernhard Gustav von Baden-Durlach (1631–1677), Kupferstich mit Kardinalsbirett, um 1672.

– stammen aus der Feder des Pfarrers Augustin Rübsam[4] – er war von 1905 bis 1923 in Petersberg bei Fulda als Pfarrer tätig – und von dem Einsiedler Benediktiner P. Odilo Ringholz (1852–1929)[5], der 1893 in den Studien und Mitteilungen zur Geschichte des Benedikti-

Evangelii wollen wir bleiben". Reformation und katholische Reform in Franken (Einzelarbeiten aus der Kirchengeschichte Bayerns 82). Neustadt a.d. Aisch 2004, S. 112–145. Ders., Konfessionszwang und Kirchenzucht nach dem Religionsfrieden von 1555. Religiöse Unfreiheit im Heiligen Römischen Reichs Deutscher Nation im Spiegel von Kirchen-, Policey- und Strafordnungen. In: Bulletin der Polnischen Historischen Mission/Biuletyn Polskiej Misji Historycznej 19 (2024), im Druck.

4 Augustin Rübsam, Kardinal Bernhard Gustav, Markgraf von Baden-Durlach, Fürstabt von Fulda 1671–1677 (Quellen und Abhandlungen zur Geschichte der Abtei und der Diözese Fulda 12). Fulda 1923. Gewidmet war die Arbeit seinem älteren Bruder, dem fürstlich Thurn und Taxis'schen Geheimen Archivrat Dr. Josef (Joseph) Rübsam (1854–1927).

5 Odilo Ringholz, Bernhard Gustav Kardinal von Baden, Fürstabt von Kempten, und die Schweizer Benediktinerkongregation. In: Studien und Mittheilungen aus dem Benedictiner- und dem Cisterzienser-Orden 14 (1893), S. 167–181, S. 319–333 und S. 491–510.

Abb. 2 Die ehemalige, um 778 begründete und auf einer Rheininsel gelegene Benediktinerabtei Rheinau im heutigen Schweizer Kanton Zürich wurde 1862 als Kloster aufgehoben, Aufnahme 2018.

nerordens eine quellenbasierte Trilogie zum Markgrafen Gustav Adolf von Baden-Durlach vorlegte, der nach seinem Ordenseintritt den Namen Bernhard Gustav annahm. Trotz dieser relativ frühen Beschäftigung mit der schillernden Persönlichkeit Bernhard Gustavs blieben Forschungsdesiderate, die Markus Naumann benannte, der sich im Rahmen seiner 1996 in Würzburg abgeschlossenen Zulassungsarbeit für das Lehramt an Gymnasien erstmals ausführlich mit den innerklösterlichen Reformen des Fürstabts von Fulda und Kempten beschäftigte.

Nach Naumann[6] bestand für das Fürststift Kempten zu dieser Zeit im Kontext nachtridentinischer Erneuerung Nachholbedarf vor allem bei der Neubewertung der Quellen, die die Beziehungsgeflechte unter Einschluss der gut überlieferten Verwaltungs- und Rechtsgeschichte nach 1668/69 offenlegen.

Bernhard Gustav agierte im Allgäu seit 1668 als Koadjutor und seit 1673 als Fürstabt der vom Adel dominierten Benediktinerabtei in dem konfessionell seit der Reformation

6 Markus Naumann, Erneuerungsbemühungen in den adeligen Benediktinerabteien Kempten und Fulda unter den Fürstäbten Roman Giel von Gielsberg, Joachim von Gravenegg und Bernhard Gustav von Baden-Durlach, insbesondere zu den Beziehungen untereinander und zur Einflußnahme von Klöstern der schweizerischen Benediktinerkongregation. In: Allgäuer Geschichtsfreund 97 (1997), S. 11–68, hier S. 15.

Abb. 3 Erzherzog Leopold Wilhelm von Österreich, Fürstabt von Murbach, Bischof von Straßburg und Passau, Öl auf Leinwand von David Teniers (1610–1690), um 1652.

gespaltenen Kempten[7]. In meinem Beitrag komme ich dem berechtigten Einwand Naumanns insofern nach, als die vom Fürstabt am 11. August erlassene Hofrats- und Taxordnung von 1677[8] – sie ist als Edition der Analyse beigegeben – eine herausgehobene Rolle

7 Vgl. dazu insbesondere Wolfgang PETZ, Zweimal Kempten – Geschichte einer *Doppelstadt* (1694–1836) (Schriften der Philosophischen Fakultäten der Universität Augsburg 54). München 1998.

8 Staatsarchiv Augsburg, Fürststift Kempten Archiv, Akten 2690. Zur Kemptener Überlieferung vgl. insbesondere Gerhard IMMLER, Staatsarchiv Augsburg: Fürststift Kempten Archiv (Bayerische Archivinventare 51), 2 Bde. München 2002, Inventar-Nr. 108, 165, 373, 435–448, 450, 452, 457, 827, 862, 992–994, 5817, 6156 und 6896.

spielen wird. Sie steht pars pro toto für die veränderte Sicht, dass Adelsabteien wie Fulda und Kempten oder wie Murbach im Elsass unter dem hochadeligen Fürstabt Leopold Wilhelm von Österreich (1626–1662)[9] (Abb. 3) sowie Corvey in Westfalen – letztere standen außerhalb des Wirkungskreises von Bernhard Gustav – zwar in erster Linie dem adeligen Reichskirchensystem verpflichtet waren, dass sie aber dennoch reformfähig blieben und zumindest abschnittsweise sich dem tridentinischen Erneuerungsschub in der Römischen Kirche verpflichteten.[10] Eine Korrektur am verkrusteten Bild des saturierten reformunwilligen Kirchen- und Stiftsadels hatten für Kempten bereits Walter Brandmüller,[11] Gerhard Immler[12] und Thomas Eser[13] angebracht. In diesen Kontext ist auch die administrative Leitlinie des Konvertiten Bernhard Gustav einzuordnen, als er 1677 eine Maxime im Sinne »guter« Policey für die Kemptener Stiftskanzlei ausgab. Er erließ die Hofrats- und Steuerordnung, damit *nicht allein die verrichtung ihren gebüehrendten fürgang gewünnen, vnnd mithin vnnsere vnd besagt vnnsers fürst*[lichen] *stüfftes dienste böst möglichst befürdet werden, sondern auch in all anderen für sie, vnnser canzleÿ gehörigen sachen guethe ordnung gehallten, vnd hingegen alle vnanständige missbräuch, saumseeligkeith oder vnfleis verhüetet werden mögen!*[14]

Der Wille, in seinen beiden Stiftsterritorien Fulda und Kempten sowie in Siegburg[15] trotz konsequent verfolgter Karrierechancen in der Römischen Kurie, der Berufung durch Papst Clemens X. im August 1671 in das Kardinalskollegium und einer damit zwangsläufig verbundenen ausgedehnten Reisetätigkeit gute Ordnung zu halten, hatte Gründe. Vielleicht lagen diese in zurückliegenden strategischen Erfahrungen als Generalmajor im schwedischen Militärdienst, der tägliche Disziplin erforderte. Sie forderte er 1677 auch von seinen Hofräten in Kempten ein: *So ordnen vnd befehlen wür hiemit ernstlich, daß vnnsere hoffräthe sommerszeit, daß ist: von Ostern bis Allerheÿligen zue morgens vmb 7 vhr, wünters zeit aber lengistens vmb 8 vhr – wo nicht ein vnd ander vnpässligkeith oder ander hochwichtige*

9 Leopold Wilhelm, dem eine mit Bernhard Gustav vergleichbare Karriere zu eigen war, war Feldherr, Statthalter der Spanischen Niederlande sowie Bischof von Straßburg und Passau. Zur Murbacher Klostergeschichte bis zum Beginn des 16. Jahrhunderts vgl. Georges Bischoff, Recherches sur la puissance temporelle de l'abbaye de Murbach, 1229–1525 (Publications de la Société Savant d'Alsace et des Régions de l'Est. Série recherches et documents XXII). Strasbourg 1975.

10 Markus Naumann, Monastische Reformbemühungen und adelig-ständische Beharrungstendenzen in der Fürstabtei Fulda im 17. Jahrhundert. Unter besonderer Berücksichtigung von Kontakten zu Schweizer Klöstern und zur Fürstabtei Kempten. In: Archiv für mittelrheinische Kirchengeschichte 49 (1997), S. 99–131.

11 Walter Brandmüller, Geistiges Leben im Kempten des 17. und 18. Jahrhunderts. In: Zeitschrift für bayerische Landesgeschichte 43 (1980), S. 613–631.

12 Gerhard Immler, Die Finanz- und Wirtschaftspolitik der Fürstabtei Kempten in 18. Jahrhundert. In: Dietmar Schiersner/Hedwig Röckelein (Hg.), Weltliche Herrschaft in geistlicher Hand (Studien zur Germania Sacra NF 6). Berlin/Boston 2018, S. 329–363. Ders., Der Augsburger Religionsfriede und das Fürststift Kempten. In: Wolfgang Wüst/Georg Kreuzer/Nicola Schümann (Hg.), Der Augsburger Religionsfriede 1555: Ein Epochenereignis und seine regionale Verankerung (Zeitschrift des Historischen Vereins für Schwaben 98). Augsburg 2005, S. 239–246.

13 Thomas Eser, Das Fürststift Kempten unter Abt Roman Giel von Gielsberg (1639 bis 1673). In: Allgäuer Geschichtsfreund 91 (1991), S. 5–32.

14 Staatsarchiv Augsburg, Fürststift Kempten Archiv, Akten 2690.

15 1671 wurde Bernhard Gustav als Koadjutor in Siegburg bestätigt.

vrsachen halber verhündert were – in der canzleÿ oder hofrathsstuben würckh[lich] *beÿsammen sein sollen.*[16] Vielleicht lagen die Gründe für sein rigides Regiment aber auch in der, zunächst sicher ungewohnten Orientierung an der Regula Benedicti, erstmals im Konvent des Klosters Rheinau erprobt. Hans Gurski sah jedenfalls im „Triumph geringfügig geläuterter Traditionen" 1996 aus der Kemptener Perspektive eine zeitkonforme Mischung aus Standesbewusstsein und Ordensdisziplin, die sicher nicht nur das Handeln des seit 1639 vorangegangenen Kemptener Fürstabts Roman Giel von Gielsberg (1612–1673), sondern auch die Politik Kardinals Bernhard Gustav bestimmte.[17]

Die Geschichte benediktinischen Lebens im Fürststift Fulda war zu jener Zeit, als Naumann 1997 Forschungsdesiderate für die zweite Hälfte des 17. Jahrhunderts beklagte, noch nicht geschrieben. Es fehlte für die dortige Amtszeit des Kardinals mit standesgemäßer Wappenführung (Abb. 4) eine substantielle Darstellung seiner Kirchenherrschaft, die auf älteren Ansätzen der beiden genannten Biographen Ringholz und Rübsam aufbaute.[18] Mittlerweile wurde hier insbesondere durch die Würzburger Dissertation von Christian Peter zur Staatsbildung, Hof- und Residenzentwicklung im geistlichen Fürstentum Fulda Abhilfe geschaffen.[19]

Ordnungsliebe und handlungsorientierte Effektivität entstehen ferner meist bereits in Kindes- und Jugendjahren. Über diese frühe Schlüsselzeit des Sohnes aus der Ehe des Markgrafen Friedrich V. von Baden-Durlach (1594–1659) und dessen zweiter, mit 27 Jahren früh verstorbener Frau Eleonore zu Solms-Laubach (1605–1633) wissen wir allerdings wenig. Laut Augustin Rübsam erhielt Bernhard Gustav trotz des frühen Tods seiner Mutter – der Sohn war damals erst achtzehn Monate alt – eine standesgemäße und sorgsame Erziehung. Der Heranwachsende war lernbegierig, sodass er – sehr von Nutzen für seine spätere Karriere – Latein, Französisch und Italienisch fast wie seine Muttersprache beherrschte.[20] Trotzdem bleibt Vieles ungewiss. Wie prägend war für das Patenkind des schwedischen Königs Gustav II. Adolf (1594–1632), dem selbsternannten Retter des protestantischen Abendlandes,[21] die Erziehung zum lutherischen Glauben gewesen, von dem es sich später trennte? Erfolgte die Konversion aus kirchenpolitischem Kalkül oder aus religiöser Überzeugung? Beide Varianten setzen jedenfalls rationales Handeln voraus und den durch die Erziehung vorgegebenen Mut, mit liebgewordenen Traditionen zu brechen.

16 Staatsarchiv Augsburg, Fürststift Kempten Archiv, Akten 2690.

17 Hans Gurski, Die Reformbemühungen des Kemptener Fürstabts Roman Giel von Gielsberg und die „Historia Monasterii Campidonensis" des Kemptener Stiftskapitulars Bonifacius von Danketschweil. In: Allgäuer Geschichtsfreund 96 (1996), S. 5–68; Naumann, Erneuerungsbemühungen (wie Anm. 6), S. 54.

18 Naumann, Erneuerungsbemühungen (wie Anm. 6), S. 16.

19 Christian Peter, Staatsbildung und Residenzausbau. Höfische Repräsentation, adlige Netzwerke und zeremonielle Selbstbehauptung im geistlichen Fürstentum Fulda, ca. 1670–1802 (Veröffentlichung des Fuldaer Geschichtsvereins 69). Fulda 2010.

20 Rübsam, Kardinal Bernhard Gustav (wie Anm. 4), S. 3.

21 Wolfgang Wüst, Die Reichsstädte Nürnberg, Nördlingen und Dinkelsbühl im Schwedenkrieg 1630-1635. In: Inken Schmidt-Voges/Nils Jörn (Hg.), Mit Schweden verbündet – von Schweden besetzt. Akteure, Praktiken und Wahrnehmungen schwedischer Herrschaft im Alten Reich während des Dreißigjährigen Krieges (Schriftenreihe der David-Mevius-Gesellschaft 10). Hamburg 2016, S. 289–306.

Abb. 4 Kardinalswappen von Bernhard Gustav von Baden-Durlach, Fürstabt von Fulda 1671–1677, Fürstabt von Kempten 1673-1677.

Biographie

Greifen wir aus der Biographie des am Weihnachtstag des Jahres 1631 zwischen 10 und 11 Uhr nachts in der markgräflichen Residenz Karlsburg (Abb. 5) im Oberamtsbezirk[22] Durlach geborenen nachmaligen Fürstabts von Fulda und Kempten und Kardinals Bernhard Gustav einige Stationen seines Lebenslaufs heraus, die für das Verständnis seiner atemberaubenden Karriere im Ordensgewand der Benediktiner von tragender Bedeutung sein werden. Die erste Station wird die Konversion zum katholischen Glauben sein, wie sie in Rom beziehungsweise im Franziskanerkloster zu Hermolsheim im Unterelsass am

22 Das Baden-Durlacher Territorium setzte sich zu dieser Zeit aus den Oberämtern Pforzheim, Durlach und Karlsruhe (mit den früheren Ämtern Mühlburg, Staffort und Graben) sowie dem Amt Stein/Langensteinbach zusammen.

Abb. 5 Die Durlacher Residenz. Hofansicht von Johann Jacob Arhardt (1613–1674), 1652.

24. August 1660 seitens des Patenkinds des schwedischen Königs Gustav II. Adolf, dem zunächst gleichnamigen markgräflichen Prinzen Gustav Adolf, der als treuer Offizier viele Jahre im Militärdienst Schwedens und Venedigs gestanden hatte, vollzogen wurde.

Die Konversion

Nach dem Ende des Kriegs gegen Friedrich von Dänemark und dem Tod des schwedischen Königs Karl X. Gustav (reg. 1654–1660) im Februar 1660 führten die Wege des Prinzen Gustav Adolf, der zuletzt als Generalmajor ein schwedisches Reiterregiment angeführt hatte, nach Süden. Über Tirol und Florenz kommend, verweilte der lutherisch getaufte Offizier Gustav Adolf zum zweiten Mal längere Zeit in Rom. Dort besuchte der Markgraf im Alter von 29 Jahren im Frühsommer 1660 ungezählte Kirchen und Kapellen, studierte noch ungewohnte Mess- und Kirchenzeremonien, lernte Formen der Marien- und Heiligenverehrung kennen, besuchte das von Jesuiten geführte Collegium Germanicum als den Ort, an dem er erneut Anschluss fand an die Netzwerke des katholischen europäischen Adels. Manche Kontakte waren sicher auch über das Straßburger Domkapitel, wo er früh ein Kanonikat erhalten hatte, und während der Feldzüge im Soldaten- und Offiziersstand geknüpft worden. Unmittelbar nach Rom folgte dann im Unterelsass der offizielle Übertritt zur römisch-katholischen Kirche und die Firmung unter dem neuen Namen Bernhard Gustav.

In einer Glaubens- und Denkschrift an Abt Hilarion von Hl. Kreuz in Jerusalem, datiert vom 8. Januar 1663, erläuterte Bernhard Gustav seine vorausgegangene Konversionsentscheidung. Er nannte das Studium der Hl. Schrift, des »Syntagma breve theologicum«, Ausgabe 1616, von Matthaeus Gothus (1580–1626)[23] und die Lektüre der »Nachfolge Christi« (»De imitatione Christi«) des Augustinermönchs Thomas von Kempen als, modern gesprochen, Game Changer. Äußere Impulse blieben aber gepaart mit der individuellen Gewissensentscheidung, genährt aus privatem oder eigenem Geist. Im Egodokument des Verfassers klingt das dann wie folgt: *Wiewohl in dem Lutherischen Glauben erzogen*, habe er seit längerer Zeit *eine Lust und Neigung zu dem römisch-catholischen Kirchen-Felsen gespührt und vermerkt.*[24] Die Frage nach dem konkreten Anlass – Augustin Rübsam, der Biograph, sprach von einem plötzlichen Bekehrungserlebnis – zur Konversion lässt sich nicht leicht beantworten, doch verwies Klaus P. Oesterle in einem Beitrag über den „Kardinal aus Durlach" auf frühe konfessionskritische Äußerungen des Markgrafen im Zusammenhang mit einem Interesse an kirchlichen Pfründen. Anlässlich eines Besuchs Gustav Adolfs im Jesuitenkolleg zu Pruntrut (Porrentruy) – am Ort befand sich in den Jahren 1582 bis 1792 auch die Residenz der Baseler Fürstbischöfe[25] – berichten die Annalen der Jesuiten 1653: *Es besuchte uns und das Collegium auch der Markgraf von Durlach.* [...] *Obwohl selbst nicht katholisch, verfluchte und verwünschte er während der Mahlzeit offen Luther, Calvin und die anderen Sektierer. Unter den Übeln, die durch die neuen Lehren über die Welt hereinbrachen, betonte er besonders das eine, dass ihre Anhänger von den kirchlichen Ehrenstellen ausgeschlossen bleiben müssen.*[26] So bleibt die Frage, ob auch diese Konversion[27] eher einem standes- und karriereförderlichen Modell zuzuordnen war oder innerer Überzeugung entsprach, die sich im geeigneten Moment vollzieht.

Leben im Kloster – Rheinau und Petersberg bei Fulda

Odilo Ringholz leitete nach Auswertung einschlägiger ungedruckter Kongregationsquellen[28] in Kloster Einsiedeln die Aufnahme Bernhard Gustavs zu Rheinau in den Benediktinerorden kenntnisreich ein. Nach der Zustimmung des Abtes traf der junge Markgraf von Baden-Durlach am 11. Dezember 1665 in Rheinau ein. Dort wollte er „unbekannt bleiben

23 Bei Rübsam als Matthäus Sotus verzeichnet! Vgl. Rübsam, Kardinal Bernhard Gustav (wie Anm. 4), S. 7.

24 Zitiert nach Rübsam, Kardinal Bernhard Gustav (wie Anm. 4), S. 7.

25 Georg Boner, Das Bistum Basel: Ein Überblick von den Anfängen bis zur Neuordnung 1828. In: Freiburger Diözesan-Archiv 88 (1968), S. 5–101.

26 Zitiert nach Klaus P. Oesterle, Ein Kardinal aus Durlach. Konfession und Karriere in der frühen Neuzeit. In: Badische Heimat 89 (2009), S. 215–222, hier S. 217.

27 Cornel Zwierlein, *„Convertire tutta l'Alemagna"* – Fürstenkonversionen in den Strategiedenkrahmen der römischen Europapolitik um 1600: Zum Verhältnis von „Machiavellismus" und „Konfessionalismus". In: Ute Lotz-Heumann/Matthias Pohlig/Jan-Frieder Mißfelder (Hg.), Konversion und Konfession in der frühen Neuzeit (Schriften des Vereins für Reformationsgeschichte 205). Gütersloh 2007, S. 63–105.

28 Der Autor bezeichnet die Unterlagen mit der Provenienz der Schweizer Benediktinerkongregation für die Biografie Bernhard Gustavs als „überraschend reich".

und bediente sich daher des Pseudonyms Bernhard von Schlieben, während sein wahrer Name nur dem Abte bekannt war."[29] Als Vorbereitung für ein benediktinisches Leben, das er regelkonform als Angehöriger des europäischen Hochadels mit weitreichenden Netzwerken nicht führen wird, nannte der Kandidat die vier niederen Weihen, die er als Domkanonikus zu Straßburg und Köln – später kam auch Lüttich hinzu – empfangen hatte. Spezifisches erfahren wir zu seiner Person. Er war kurzsichtig und bediente sich einer Brille. Seine Sprachkenntnisse lagen auf den neueren Sprachen, während er Latein verstand, aber nur selten schrieb. Im Rheinauer Konvent begnügte er sich in einer Mönchszelle mit dem Strohsack als Nachtlager und er nahm täglich am Hochamt, an Vesper und Komplet teil. Er wollte ein *rechter Pfaff* werden und erfreute Abt und Prior zu Beginn des Jahres 1666 mit ausführlichen Neujahrswünschen in Gedichtform. Als Bernhard Gustav im Sommer 1666 – es war der 3. Juli – die Abtei in Begleitung zweier Patres in Richtung Straßburg wieder verließ, wurde abgerechnet. Für eine Woche im Kloster berechnete man drei Taler Kostgeld; das entsprach offenbar dem Regelsatz ohne luxuriöse Abweichungen. Seine klösterlichen Erfahrungen resümierend äußerte sich der nicht regierende Markgraf von Baden-Durlach am 14. Januar 1667 in einem Dankesschreiben an den Abt von Rheinau, Bernhard I. von Freyburg-Rheinau (1642–1682). Bernhard Gustav schrieb: *Es muss ein grosser Segen in E. Hochwürden anvertrautem Gotteshause sein, dann ich mein Lebtage an Leib und Seel' nie besser gewesen, und ich kann mit Gott bezeugen, dass alle meine Anverwandten, katholisch und unkatholisch, sich verwundert* [...], *was die Mönche doch mit mir gemacht, dass ich so frisch, gesund, wohlzufrieden und wohlgezogen aus dem Kloster wieder kommen. Das sind des alten Herrn Markgrafen* [Friedrich V. von Baden-Durlach] *Formalien: E. Liebden sind recht wohl gezogen aus dem Kloster kommen und ganz fein worden; man muss E. Liebden Herrn Bruder*[30] *auch hinein schicken, dass ihn die Mönche besser mores lehren, er ist ein wenig zu muthwillig.*"[31]

Die Ordensgelübde legte Bernhard Gustav allerdings noch nicht auf der Rheinauer Klosterinsel ab, da er erst nach seiner Aufnahme in das Adelsstift Fulda und der Übertragung der dortigen Koadjutorie »*cum iure successionis*« am 5. Oktober 1667 das vorgeschriebene Noviziat antrat. Der Schritt erfolgte in Petersberg bei Fulda. Dort bestand auf den westlichen Ausläufern der Rhön ein altes, im 17. Jahrhundert vom Fuldaer Kapitel noch weitgehend unabhängiges Benediktinerkloster, das als Propsteiamt allerdings in die Fuldaer Regierungs- und Territorialtätigkeit integriert war. Im März 1668 erhielt Bernhard Gustav dann in Mainz am Sitz des Erzbischofs und Erzkanzlers noch vor dem Ende seines Noviziats die Priesterweihe, wozu Glückwünsche aus Rheinau eingingen. Abt Basilius Iten (reg. 1682–1697) von Unterägeri teilte er mit, dass die Primiz aber erst nach dem Noviziat

29 Ringholz, Bernhard Gustav Kardinal von Baden, Fürstabt von Kempten, und die Schweizer Benediktinerkongregation (wie Anm. 5), S. 168.

30 Es handelt sich wahrscheinlich um den ältesten Sohn aus der ersten Ehe des Markgrafen, den später regierenden Markgrafen Friedrich VI. (1617–1677).

31 Zitiert nach Ringholz, Bernhard Gustav Kardinal von Baden, Fürstabt von Kempten, und die Schweizer Benediktinerkongregation (wie Anm. 5), S. 171 f.

in der Markgrafschaft Baden-Durlach gefeiert werden solle und er den Abt um Beteiligung (*pro assistente*) ersuchen werde.[32] Am 7. Oktober 1668 beendete Bernhard Gustav das Noviziat und legte als Kapitular in der Stiftskirche zu Fulda Profess ab.[33]

Einzug in die Fürstabteien Fulda und Kempten

Fulda

Bernhard Gustav wurde zunächst 1666 in Fulda zum Koadjutor mit Nachfolgerecht im Fürstenamt bestimmt. Schließlich wählte ihn 1671 das Kapitel der traditionsreichen Fürstabtei, die 1752 durch Papst Benedikt XIV. zum Fürstbistum erhoben werden sollte, zum Nachfolger des am 4. Januar[34] dieses Jahres verstorbenen, in der St. Andreaskapelle der Fuldaer Stiftskirche beigesetzten Fürstabts Joachim von Gravenegg (reg. 1644–1671). Dieser hatte seinerseits bereits 1667 auf Wunsch des Kaisers und angesichts des fortgeschrittenen Alters mit Zustimmung des Stiftskapitels dem Koadjutor aus dem Hause Baden-Durlach das Recht der Fürstennachfolge eingeräumt. Einige Wochen nach dem Tod Joachim von Gravenneggs brach Bernhard Gustav von Kempten ein erstes Mal nach Fulda auf, wo man ihn an der Landesgrenze als neuen Fürstabt feierlich begrüßte (Abb. 6). Er agierte danach bereits im März 1671 als Gesetzgeber mit einem Dekret zur Ausweisung landsässiger Juden, die zuvor in einer Denkschrift der Landstände als unerwünschte Handelskonkurrenten bezeichnet wurden. Die Weihe zum Fürstabt durch den Bischof von Speyer erfolgte im April nicht in Fulda, sondern mit Rücksicht auf die Zuständigkeit des Mainzer Erzbischofs in Baden-Baden. Ein Jahr später ließ Bernhard Gustav die Wahl zum Fürstabt von Fulda auf einer Münzprägung eines landesweit kursierenden Reichstalers festhalten (Abb. 7). Im Sommer 1671 folgte dann in der Abtei am Michaelsberg in Siegburg die Huldigung Bernhard Gustavs als Koadjutor, ein neues Amt, das er auf Bitten des schwerkranken Abtes Johann Bock von Pattern (reg. 1653–1672) übernommen hatte.

Vom Allgäu aus reiste dann 1672 der Fuldaer Fürstabt nach seiner Kardinalserhebung in der Wiener Augustinerkirche und der im Mai dieses Jahres sich anschließenden feierlichen Inthronisation als Fürstabt im Fürststift Kempten ein zweites Mal in seine Hauptresidenz nach Fulda. Er nahm mit Gefolge den Weg über Zwischenstationen in Rheinau, Speyer und Bingen – bis dort war man per Schiff auf dem Rhein gereist –, um anschließend auf dem Landweg bis Fulda zu kommen. Der feierliche Einzug Bernhard Gustavs in Fulda, über den wir durch Tagebucheinträge gut informiert sind, fand dann am 29. August 1672 statt. Die zeitgenössische Quelle führte zu Beginn aus: *Nachdem im Monat Martio* [...] *Einem Hochwürdigen Kapitel zu Fuldt der Hochwohlgeborene Herr Baron Johann Werner von Plittersdorf, Reichshofrat, und dazumahlen Ihro Kaiserl. Majestät am päpstlichen Hof anwesenden*

32 Zitiert nach Rübsam, Kardinal Bernhard Gustav (wie Anm. 4), S. 38.

33 Naumann, Erneuerungsbemühungen (wie Anm. 6), S. 43.

34 Oesterle, Ein Kardinal aus Durlach (wie Anm. 26), S. 219 nennt als Sterbetag den 13. Januar 1671.

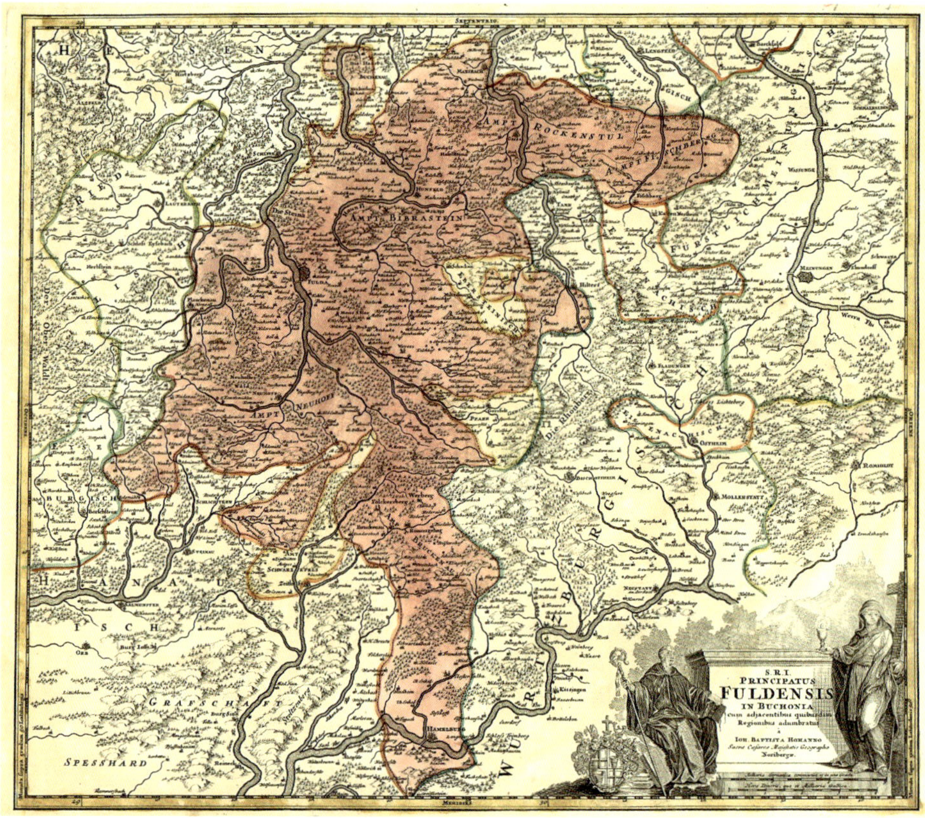

Abb. 6 *S.R.I. Principatus Fuldensis in Buchonia*, kolorierter Kupferstich des Fuldaer Territoriums aus der Nürnberger Werkstatt von Johann Baptist Homann, um 1720.

extraordinari Envoy aus Rom durch einen eigene stafeta die erfreuliche Zeitung[35] *hatte zu wissen gethan, wie dass von Ihro päpstlichen Heiligkeit, Clemens X., dem Hochwürdigsten Durchlauchtigsten Fürst und Herrn Bernhardo Gustavo* [...] *in festo Cathedrale Sti. Petri, das ist am 22. Februar in Cardinalem sacrae Romanae Ecclesiae cum summo plausu totius populi Romani seien deklariert worden und proklamiert (ita sonabant litterae) haben die Herren Kapitulare den nächsten Tag hiernach nicht nur allein in der Haupt- und Stiftskirche ad st. Salvatorem, sondern auch in anderen Kirchen, sowohl inner- als ausser der Stadt Fuldt uffem Land, das Te Deum laudamus solemniter zu singen, anbefohlen, auch gleich etliche Deputiert*

35 Quellenbegriff für Nachrichten. Vgl. zur Entstehung des frühmodernen Pressewesens: Sabine DOERING-MANTEUFFEL/Josef MANČAL/Wolfgang WÜST (Hg.), Pressewesen der Aufklärung. Periodische Schriften im Alten Reich (Colloquia Augustana 16). Berlin 2001.

Abb. 7 Bernhard Gustav von Baden-Durlach, Fürstabt von Fulda 1671–1677. Reichstaler 1672, Prägung anlässlich seiner vorausgegangenen Wahl zum Fürstabt; Gewicht: 28,17 g.; Prägung mit viergeteiltem Wappen unter Mitra und Fürstenhut.

und solchen ernstlich befohlen, Anstellung zu machen, Ihro Durchlaucht und Eminenz, welche sich dazumahlen noch in Wien aufgehalten, gebührend cum solemmni und möglichsten Pomp eingeholt, empfangen möchten werden.[36]

Kempten

Ein weiteres frühes Kirchenamt wurde Bernard Gustav 1668 mit der Koadjutorie in Kempten übertragen. Die krisenhafte Finanz-, Kirchen- und Verwaltungssituation in der Fürstabtei, in der sich neben dem päpstlichen Nuntius in Luzern auch die Schweizer Benediktinerkongregation zu Wort meldete, führten dazu, dass Bernhard Gustav am 10. Dezember 1668 einwilligte, das neue Amt zu übernehmen. Im Mai 1669 kam es ferner zu einem Pakt zwischen dem noch regierenden, mitunter an epileptischen Anfällen leidenden Fürstabt Roman Giel von Gielsberg (reg. 1639–1673)[37] und Bernhard Gustav, der das Modell einer gemeinsamen Regierung in Aussicht stellte. Von effektiver Herrschaft seitens des nominierten Koadjutors mit Regierungsvollmachten kann man aber erst ab dem Jahre 1672 sprechen, nachdem Papst Clemens X. am 6. Mai dem eben gekürten Kardinal die vollständige Administration der Allgäuer Fürstabtei »cum jure successionis« einräumte. Am 24. Mai 1672

36 Zitiert nach Rübsam, Kardinal Bernhard Gustav (wie Anm. 4), S. 125.

37 Eser, Das Fürststift Kempten unter Abt Roman Giel von Gielsberg (wie Anm. 13). Die finanzielle Situation der Fürstabtei war zu diesem Zeitpunkt desaströs. Vgl. dazu Wolfgang Petz, Ökonomie zwischen Krise und Reform: Das Fürststift Kempten zur Bauzeit von St. Lorenz und der Residenz. In: Markwart Herzog, Rolf Kießling und Bernd Roeck (Hg.), Himmel auf Erden oder Teufelsbauwurm? Wirtschaftliche und soziale Bedingungen des süddeutschen Klosterbarocks (Irseer Schriften. Studien zur schwäbischen Kulturgeschichte N. F. Band 1). Konstanz 2002, S. 233–259.

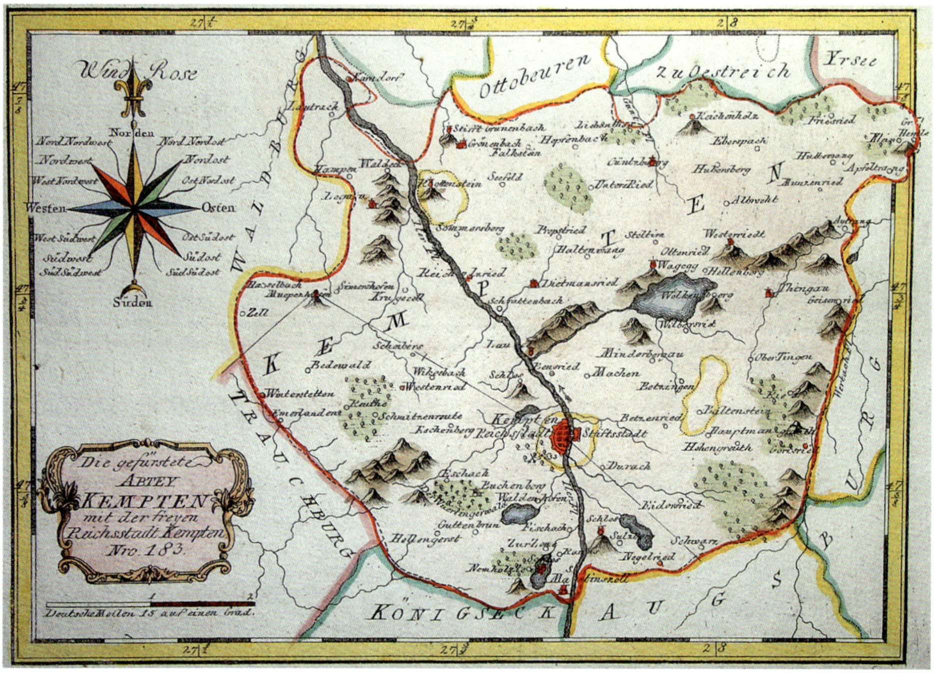

Abb. 8 *»Die gefürstete Abtey Kempten mit der freyen Reichsstadt Kempten, Nro. 183«.*
Karte des Wiener Verlegers und Kartografen Franz Johann Joseph von Reilly (1766–1820), 1791.

hielt Bernhard Gustav schließlich in Kempten seinen feierlichen Einzug. Odilo Ringholz erwähnt dazu eine großdimensionierte Darstellung aus der Werkstatt des in Antwerpen ausgebildeten und seit 1680 in Paris tätigen Kupferstechers Franciscus Ertinger (1640–ca. 1710). Der Kupferstich, dessen Nachweis ich leider nicht verifizieren konnte, zeigt den Einzug des Kardinals mit dem Stiftskapitel, dem Hofstaat, Hofkavalieren, vierhundert Mann Infanterie, den Franziskanern von Lenzfried, dem Altabt Placidus Lindenbaur (reg. 1665–1667, † 1692) von Kloster Irsee, Pfarrherren, Weltgeistlichen aus der Grafschaft und weiterem Fußvolk. Bernhard Gustav selbst schritt unter einem Baldachin ein, den vier Repräsentanten seines Hofstabes trugen. Der Einzug endete in der Stiftskirche, wo das Te Deum angestimmt und ein *ansehliches Lobamt* zelebriert wurden.[38] Gleich zu Beginn der Amtszeit Bernhard Gustavs in Kempten kristallisierte sich für die Grafschaft ein neuer Regierungsstil heraus. Der Koadjutor und in Nachfolge des am 21. Juli 1673 in Rom verstorbenen Fürst-

38 Ringholz, Bernhard Gustav Kardinal von Baden, Fürstabt von Kempten, und die Schweizer Benediktinerkongregation (wie Anm. 5), S. 495.

abts Roman Giel von Gielsberg neue Landes- und Kirchenherr prägten ihn. Infolge der räumlich entfernten Fürstabteien Fulda und Kempten – die heutige Pkw-Fahrzeit beträgt trotz Autobahnanbindungen zwischen beiden Residenzstädten bis zu fünf Stunden – setzte der neue Kemptener Souverän auf die förmliche Kontrolle durch Visitationen, durch die Anbindung der Fürstabtei an die nahe Schweizer Benediktinerkongregation, speziell an die Abteien Rheinau und St. Gallen, sowie durch Verwaltungsreformen, die die systembedingte Abwesenheit des Fürstabts kaschierten. Typisch für diese rationale Vorsorge eines guten Regiments[39] in der zugehörigen Grafschaft (Abb. 8) war Paragraph 14 der Hofratsordnung von 1677. Dort hieß es für den Fall fehlender Fürstenpräsenz: *Nechst disem vnd für daß vierzehendte sollen sich die, beÿ merhbesagt vnnserer canzleÿ befündt*[lichen] *räthe angelegen sein lassen, die auserhalb des gewohnlichen hoffrathes vorkommendte geschäffte nach bestem ihrem vermögen vnd mit allem fleiß, auch vngesaumpt vnnd fürdersam vorzunemmen, wie nicht weniger in vnnserer* abwesenheit[40] *vnndt so lang wir eintweder zu Fuldta oder anderwerts ausser vnnserm fürst*[lichen] *stüfft Kempten residieren vnd vnnß aufhallten werden, von 8 tagen zue 8 tagen jhre schrifftliche vnderth*[eni]*gste realition vber die vorkommendte geschäffte zu erstattenn, da sie dann eintweder vnnsere ratification oder, gestallten dingen nach, gn*[ädig]*sten verhalltungs befelch von vnnß zuerwarthenn.*[41]

Insgesamt kann man die Ära Bernhard Gustav für Kempten positiv verbuchen. Trotz des Festhaltens an der Adelsexklusivität im Kapitel nutzte man die sozialen Netzwerke der Stifts- und Domkapitulare für den Fortbestand territorialer wie kirchlicher Interessen. Der Reformstau früherer Jahrzehnte wurde durch die von Bernhard Gustav intensiv geförderte unionsähnliche Anbindung an die Schweizer Klosterreformer aufgelöst. Der althergebrachte Widerstand einiger Stiftskapitulare gegen den Einfluss *fremder Religiosen* – gemeint waren Schweizer Reformer – versiegte unter Fürstabt Bernhard Gustav.[42] Die Anbindung des Adelsstifts an die Reformkreise der Benediktiner sorgten unter dem Schutz des geistlichen Landesherrn für Stabilität in den weltlichen Angelegenheiten. Die Herrschaft über die Fürstabteien stützte sich, wie es 1677 hieß, auf die *beraits vorhandene* landtspoliceÿ *vnd andere* ordnung, *vndt erblichen obseruanzen*, die *sonsten in ihrem weesen verbleiben.*[43] Nicht zuletzt gelang dem Kardinal durch seine ausgleichende Haltung gegenüber der Reichsstadt die Zustimmung derselben zur Errichtung des Helenwehrs an der Rottach bei Rothkreuz und eines Verbindungskanals, wodurch die Wasserversorgung des Stifts und damit die Weiterentwicklung der entstehenden Stiftsstadt gesichert wurde.[44]

39 Vgl. Wolfgang Wüst, Wider *„ehebruch, hurereÿ, unzucht, kuppeleÿ und unterschleipf"* – Policey-Statuten in Kempten im Jahre 1770. In: Allgäuer Geschichtsfreund 116 (2016), S. 69–106.

40 Hier und öfter im Zitat: Fettdruck zur nachträglichen Hervorhebung.

41 Staatsarchiv Augsburg, Fürststift Kempten Archiv, Akten 2690.

42 Naumann, Erneuerungsbemühungen (wie Anm. 6), S. 54 f.

43 Staatsarchiv Augsburg, Fürststift Kempten Archiv, Akten 2690.

44 Vgl. Klingmann, Porträtgalerie der Fürstäbte (wie Anm. 1), S. 190 f.; Josef Rottenkolber, Geschichte des hochfürstlichen Stiftes Kempten. München 1933, S. 150–152.

Abb. 9 Kardinal Ernst Adalbert von Harrach, Gemälde des holländischen Portraitmalers Frans Luycx (1604–1668), um 1635.

Der Kardinalshut

Es war den traditionell guten Beziehungen des markgräflichen Hofs zu Baden-Durlach zum Kaiserhof des Heiligen Römischen Reiches Deutscher Nation in Wien, speziell aber auch zu Kaiser Leopold I. (reg. 1658–1705) geschuldet, dass offenbar längere Zeit vor dem Tod des Erzbischofs von Prag und Fürstbischofs von Trient, Kardinal Graf Ernst Adalbert von Harrach (1598–1667) (Abb. 9), am 25. Oktober 1667 auch der Benediktiner Bernhard Gustav in die Liste päpstlicher Kardinalsnominierungen aufgenommen wurde. Über die Vermittlung des Kaiserhofs wurde der Kurie in Rom wiederholt der Wunsch vorgetragen, das Haus Baden mit dem Fürstabt von Fulda, der wie seine Vorfahren den seit 1356 verliehenen Ehrentitel »Erzkanzler der Kaiserin« trug, bei der Besetzung höchster kirchlicher Stellen zeitnah zu berücksichtigen. Die Dringlichkeit des Anliegens dokumentiert sich in der Korrespondenz des Markgrafen aus dem Petersberger Noviziat mit dem kaiserlichen Hofrat Freiherrn von Plittersdorf, der in Rom diplomatischen Einfluss geltend machte. Am

Abb. 10 Die Bildinschrift lautet: DON BERNARDVS GVSTAVVS MONACHVS ORD. S. BENEDICTI S.R.E. PRESB. CARDIN. DE BADEN GERMANVS CREATVS DIE XXIV. AVG. MDCLXXI.

12. Dezember 1666 hatte Papst Clemens X. in Rom bereits drei neue Kardinäle ernannt, einen weiteren Kardinalsanwärter – *Caesaream nominam praetereundo* – führte der Papst noch ungenannt *in pectore* im Gepäck. Die Entscheidung zugunsten von Bernhard Gustav fiel dann in der Sitzung des Konsistoriums am 24. August 1671. Die feierliche Übergabe der Kardinalsinsignien – das rote Birett, der Kardinalsring, das Recht Purpur zu tragen, Zuordnung einer Titelkirche in Rom – ließ der Papst über seinen Kammerherrn, Abtkardinal Aloysius Bonacorsi in Wien vorbereiten. Am 19. April 1672 vollzog sich dann in der Wiener Augustiner-Hofkirche die feierliche Überreichung des Kardinalsbiretts. Bernhard Gustav war in Begleitung eines Verwandten des späteren Stiftskapitulars Benedikt von Schönau (1724–1785) von Kempten aus dorthin aufgebrochen.[45] Über das Zeremoniell sind wir

45 Rübsam, Kardinal Bernhard Gustav (wie Anm. 4), S. 120.

durch einen päpstlichen Kurier informiert: *Am Osterdienstag des Jahres 1672, am 19. April, würdigte sich der Kaiser in Gegenwart seiner Gemahlin und aller Botschafter dasselbe seiner Eminenz, dem Kardinal von Baden-Durlach, in feierlichster Weise aufzusetzen. Der Akt vollzog sich in der Augustiner-Kirche unter Absingung des Te Deum laudamus und wurde mit der Benediktion des neuen Kardinals beschlossen.*[46] Im März 1672 teilte Bernhard Gustav noch vor dem Festakt dem Konvent in Rheinau, bereits mit der Unterschrift *B.G. Cardinal von Baden* (Abb. 10) brieflich aus Wien mit: *Der Bapst hat mich allein nominiert, dahrnach etliche Bischöfe, alssdann erst die übrigen Kardinäle zur sonderbahren satisfaction des Kaisers. Der Kaiser hatt auch auf meine Bitt loco gratudinis dem Conte Massimi, dess Bapstes Vettern, ein regiment versprochen. Ich kann nicht genug rühmen, wass ich vor ehr hier empfangen. Alle ministri haben mich gleich besucht und successive gastiert, itzt de novo wieder, wie auch der Nuntius und spanische Botschafter gratuliert pro Cardinali.*[47]

Ergebnisse

Der Kirchenhistoriker Walter Brandmüller (*1929) setzte bereits in einem 1980 in der Zeitschrift für bayerische Landesgeschichte erschienenen Beitrag am Beispiel der Fürstabtei Kempten zu einer Neubewertung katholischer Adelsstifte im Alten Reich an. Die Fürstabteien waren, wie die lange unbeachteten Kirchenquellen der Aufklärungszeit zeigen, durchaus reformfähig, gesellschaftlich meist überregional gut vernetzt und mitunter durchaus auf dem Stand damaliger Wissenschafts-, Kunst- und Kulturforschung. Unter dem Stichwort »katholischer Aufklärung« folgten dieser Einschätzung keineswegs nur im katholischen Süddeutschland zahlreiche Landes-, Kirchen- und Rechtshistoriker. Zu ihnen zählen Norbert Jung, Harm Klueting, Elisabeth Kovács, Alois Schmid und Dieter J. Weiß. Für die hier näher untersuchten Fürstabteien Kempten und Fulda waren es insbesondere die Arbeiten von Michael Müller[48] und Markus Naumann, die trotz Adelsprinzip ein Bild reformfähiger Stifts- und Klosterländer mit katholischer Aufklärung zeichneten.

Walter Brandmüllers Beispiel ist deshalb bemerkenswert, weil seine Biographie augenfällige Parallelen zu der des benediktinischen Kardinalfürsten Bernhard Gustav aufweist. In Ansbach geboren und evangelisch getauft trat er früh zum Katholizismus über, empfing in Bamberg 1953 die Priesterweihe und wurde nach seiner Emeritierung als Ordinarius für Neuere und Mittelalterliche Kirchengeschichte an der Universität Augsburg nach Rom berufen, seit 1998 zunächst als Präsident des Päpstlichen Komitees für Geschichtswissen-

46 Zitiert nach ebenda, S. 121. Die Zitate stammen bei Rübsam ohne spezifischen Quellennachweis aus dem Bestand des Österreichischen Haus-, Hof- und Staatsarchivs in Wien, dessen Akten zur Kardinalsernennung im Vorwort (S. VIII) erwähnt werden.

47 Zitiert nach Rübsam, Kardinal Bernhard Gustav (wie Anm. 4), S. 121 f.

48 Michael Müller, Fürstbischof Heinrich von Bibra und die Katholische Aufklärung im Hochstift Fulda (1759–1788). Wandel und Kontinuität des kirchlichen Lebens. Fulda 2005.

schaft sowie von 1998 bis 2006 als Präsident der Internationalen Kommission für vergleichende Kirchengeschichte. Schließlich nahm ihn Papst Benedikt XVI. im Konsistorium vom 20. November 2010 als Kardinaldiakon in das Kardinalskollegium auf.[49] Walter Brandmüller verwies, ohne die hier näher untersuchte Kemptener Hofratsordnung von 1677 zu kennen, auf nachhaltige Kirchen- und Verwaltungsreformen unter den Adelskapiteln und Fürstäbten. Diese hatte, wie sich zeigte, auch Bernhard Gustav trotz europaweiter Karriereambitionen in Fulda und Kempten und den weiteren, ihm anvertrauten Territorien nie aus den Augen verloren. Für die Allgäuer Fürstabtei, die seit 1668 unter dem Einfluss Bernhard Gustavs stand, hielt man beispielsweise fest: „Überdies hatten die Kemptener Mönche ja unmittelbaren Anteil an der Regierung des Landes, die nicht nur ihre Zeit in Anspruch nahm, sondern auch ein erhebliches Maß an juristischer und ökonomischer Bildung voraussetzte. Davon zeugen administrative Leistungen, die die Aufhebung des Stifts überlebten ‚und in gewisser Beziehung vorbildlich wurden für den modernen Staat des 19. Jahrhunderts‘: nämlich die systematische Forderung der Flurbereinigung – ein Mittel zur wirtschaftlichen Hebung des Bauernstandes, und die Landtafel – nämlich die Schaffung eines Grundbuches. Beides Maßnahmen, die damals einzigartig dastanden.“[50]

Die Biographie Bernhard Gustavs von Baden-Durlach zeigt, dass geistliche Landesfürsten des 17. Jahrhunderts, auch wenn sie den Empfehlungen des Konzils von Trient, Ämterkumulation zu meiden, nicht nachkamen, in ihren Territorien wichtige politische, wirtschaftliche, soziale und kirchlich-religiöse Akzente setzen konnten. Sie waren ferner in der Lage, ihre fortdauernde und aufwändige Reisetätigkeit mit den für einen nachhaltigen Reformkurs notwenigen Präsenzzeiten zu kombinieren, insbesondere dann, wenn sie auf intakte Ordensstrukturen ausweichen konnten. Die Schweizer Benediktinerabteien St. Gallen und Einsiedeln erfüllten für die Allgäuer Fürstabtei Kempten diese Aufgabe mit großem Erfolg. In geringerem Maße galt dies für das aus Schweizer Sicht geographisch entfernte Fulda, obwohl auch dort seit den 1660er Jahren »Importmönche«[51] aus dem Süden versuchten, das klösterliche Leben nach Schweizer Vorbild umzugestalten.

49 Concistoro Ordinario Pubblico per la Creazione di ventiquattro nuovi Cardinali (Continuazione). In: Bulletino Sala Stampa della Santa Sede di 20. Novembre 2010 (15.9.2023). URL: https://press.vatican.va/content/salastampa/it/bollettino/pubblico/2010/11/20/0719/01648.html.

50 Brandmüller, Geistiges Leben im Kempten des 17. und 18. Jahrhunderts (wie Anm. 11), S. 627.

51 Vgl. Naumann, Erneuerungsbemühungen (wie Anm. 6), S. 54 f.

Anhang

Hofratsordnung[52] der Fürstabtei Kempten vom 11. August 1677 (Abb. 11–13).

Wür Bernhard Gustav von Gottes Gnaden der Heÿ[ligen] *Röm*[ischen] *Kürchen Cardinal, Abbte beedter Fürst*[licher] *Stüffter Fuldta vnnd Kempten, der Röm*[ischen] *Kaÿserin Ertz-Canzler vnnd Ertzmarschall, durch Germanien vnd Gallien Primas, Margraff zu Baaden vnd Hochberg* [...]

Geben hiemit zuuernemmen, allen denen, so nach folgendte vnnsere ordtnung zue wüssen von nöthen, vnd welche dieselbe auf einigerleÿ weise berüreth oder angehet.

Demnach Wür für eine vnvumbgängliche notturfft befunden, beÿ vnnsers fürst[lichen] *stüfftes Kempten canzleÿ, wie auch deroselb zu verwandten persohnen, solche g*[nä]*d*[ig]*ste fürsehung vnd disposition zuuerfüegen, damit nicht allein die verrichtung ihren gebüehrendten fürgang gewünnen, vnnd mithin vnnsere vnd besagt vnnsers fürst*[lichen] *stüfftes dienste böst möglichst befürdet werden, sondern auch in all anderen für sie, vnnser canzleÿ gehörigen sachen guethe ordnung gehallten, vnd hingegen alle vnanständige missbräuch, saumseeligkeith oder vnfleis verhüetet werden mögen! Waß wür hierauf – negst deme die beraits vorhandene* landtspoliceÿ *vnd andere* ordnung, *vndt erblichen obseruanzen sonsten in ihrem weesen verbleiben – vber ain vnd andere sach sollche g*[nä]*d*[ig]*ste ordnung gethan, auch deme alles gemessen nachzukommen ernstlich anbefohlen, wie vor puncten zue puncten hernach folget:*

1.[mo 53] *Erstlich, sollen beÿ vnnserm fürst*[lichen] *stüfft Kempten wochentlich auf dem sambstag, oder da zue zeiten ein feÿrtag darauf einfiele, am freÿtag zuuor der ordinarj //* [fol. 1v[54]] *hoffrath gehallten, vnd sowohl die justiz, als herrschafft sachen darbeÿ vorgenommen vnd tractiret weren, beÿ welchem wochent*[lichen] *rath jedes mahl 2 von denen capitularn sampt allen im stüfft anwessendten weltlichen hoffräthen, da sie nicht wichtigere vrsach halber anderwerts verhindert, erscheinen, dem jnnhaimischen sowohl als dem außländtischen, schleinigist vnd vnpartheÿ*[isch] *recht sprechen vnnd widerfahren lassen sollen.*

2.[do 55] *Für daß anderte würdt ein jeweiliger canzler oder da keiner vorhanden, der älteste hofrath vnsers füerst*[lichen] *stüffts Kempten, als welchem, in sein des canzlers abwesenheit, die direction vbergeben dahin zuestehen haben, damit die schon lange zeit auf der canzleÿ schwebendte processus, vnd ältere sachen – wann nicht die wichtigkeith der jüngeren ein anders erfordert – der ordtnung nach vorgenommen vnd beschaidet werden! Zue dißem endt die räthe, so acta zur referieren in handen haben, dahin anzuehallten, damit sie erforderte vnd ihnen præfigierte zeit gebüehrend referieren vnd wann sie dergleichen rela*[ti]*o*[n]*es angefangen, sollche so baldt möglich, endigen, aber guetli achten, vnd rationes decidendi mit beÿlegen,*

52 Staatsarchiv Augsburg, Fürststift Kempten Archiv, Akten 2690. Der ältere Registratur-Titel lautet: *Cardinal Bernard Gustavische Hofraths-Ordnung in Originali et Copia, und was derselben Vorgangen de anno 1669 biß 1677 inclusivè.*

53 Primo.

54 Die Akten sind nicht paginiert, sodass die hier vorgenommene Blattzählung sich ausschließlich auf die Reinschrift der Hofratsordnung von 1677 bezieht.

55 Secundo.

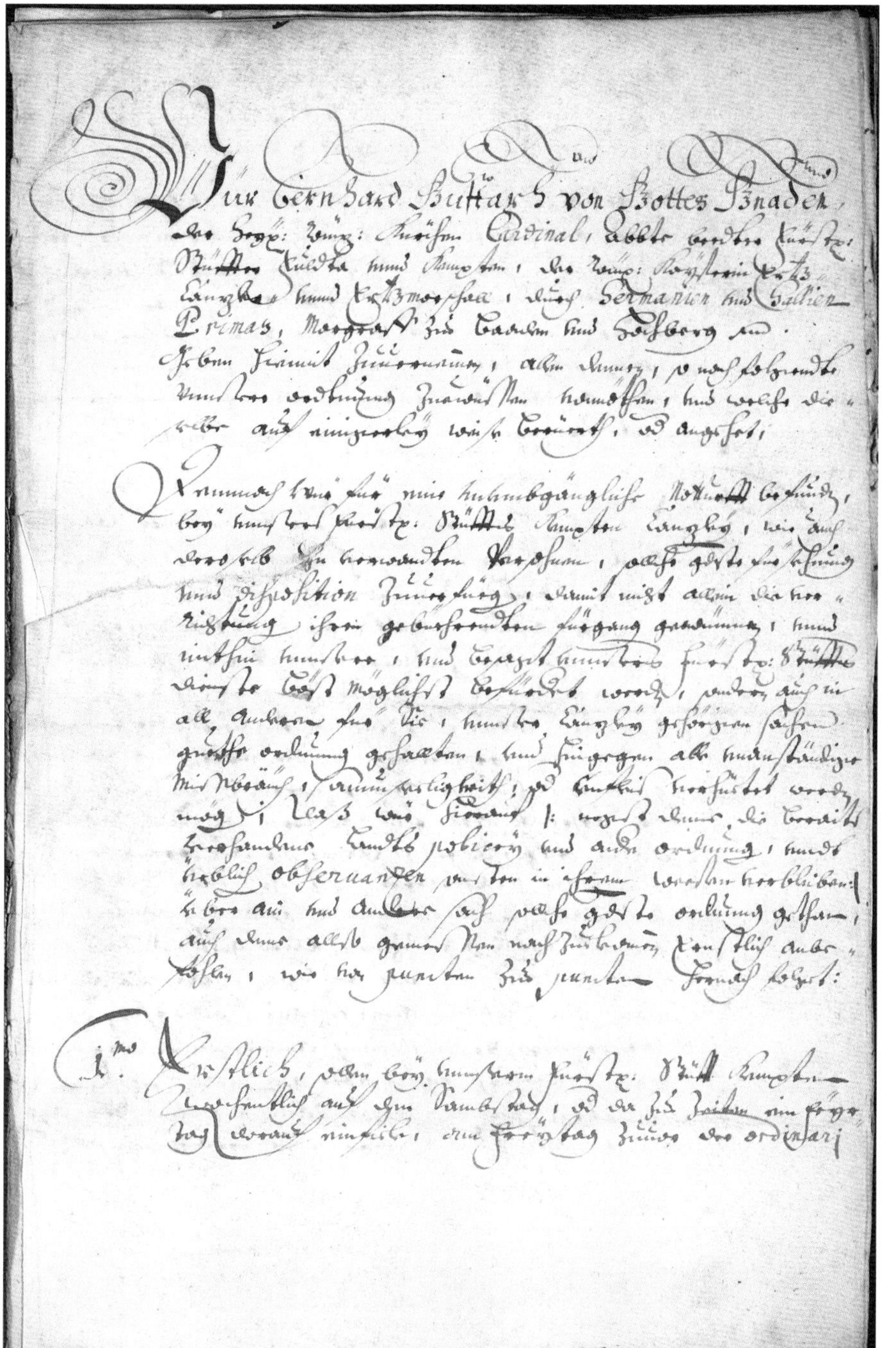

Abb. 11 *Cardinal Bernard Gustavische Hofraths-Ordnung* von 1677, fol. 1.

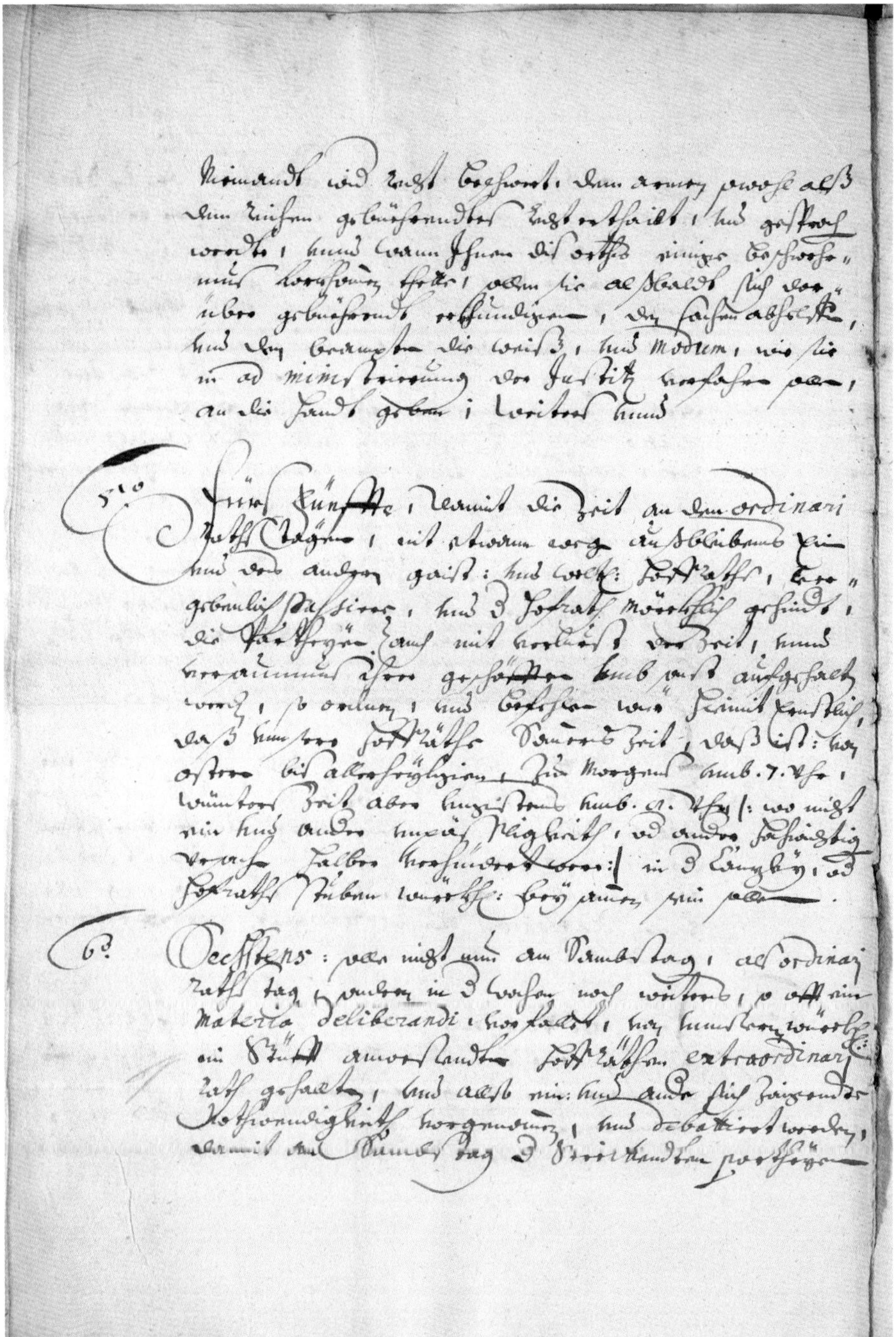

Abb. 12 *Cardinal Bernard Gustavische Hofraths-Ordnung* von 1677, fol. 2v.

wan sie auch einmahl die relationes angefangen, sollen ihnen ohne nothwendige vrsach, keine andere sachen darzwischen geraiht werden! Fahlß aber gegen alles verhoffen die räthe, vnd referenten säumig vnd beÿ angesezter zeit zue referieren nicht beraith sein sollten, // [fol. 2] so soll alßdann der canzler, oder wer an dessen statt die direction haben würdt! Die vrsach der erscheinendten saumbseeligkeith, oder verhindernus erkundigen, vnd da keine wichtige vrsach vorhanden, sie zum referieren gebüehrendt anhallten vnd ermahnen, auch damit sollches desto fleissiger beobachtet vnd nichts verabsaumpt werde, oder ligend verbleibe, ein ordenliches register der vor rath anhängigen sachen, wie auch deren pro relationibus hinaußgegebnen acten halten, wann vnd weme sollche zuegestellt wordten fleissig annotieren. Mvssen[56] auch die jenige, so einige acta aus der registratur oder archiv hinausnommen jedtes mahlß einen zettul, waß sie hinausgenommen haben ahn das jenige orth zuelegen, wohin die acta gehörig, damit mann wüssen möge wo? vnd beÿ weme sollche zue fünden.

3.o[57] Fürs dritte sollen in denen raths sessionibus der hoffrath secretarius ein ordentlich vnd deütliches prothocoll füehren, vnd sollches dergestallten einrichtenn, damit die außgefallene conclusa gebüehrendt, auch in wichtigern sachen eines jedtlichen rathes mainung mit seinen rationibus könden referiert werden. Ferners vnndt

4.o[58] Für daß vierdte sollen vnnser canzler vnd räthe fleissige obacht haben, daß von dennen pflegern vnnßerer füerst[lichen] grafschafft Kempten, auch vbrigen beampten die justiz gegen ihre anbefohlene amptsangehörige getrewlich vnd vnpartheÿisch verwaltet, /7 [fol. 2v] niemandtwider recht beschwert, dem armen sowohl alß dem reichen gebüehrendtes recht erthailt, vnd gesprochen werdte, vnnd wann ihnen dis orthes einige beschwehrnus vorkhommen thette, sollen sie alßbaldt sich darüber gebüehrendt erkhundigen, den sachen abhelfffen vnd den beampten die weiß vnd modum, wie sie in administrierung der justitz verfahren sollen, an die handt geben! Weiters vnnd

5.o[59] Fürs fünffte, damit die zeit an dem ordinari rathstägen, nit etwann wegen außbleibens ein vnd des andern gaist- vnd welt[lichen] hoffraths, vergebenlich passiere vnd der hofrath mörckhlich gehindert, die partheÿen auch mit verluest der Zeit, vnnd versaumnus ihrer geschäfften vmb sonst aufgehalten werden. So ordnen vnd befehlen wür hiemit ernstlich, daß vnnsere hoffräthe sommerszeit, daß ist: von Ostern bis Allerheÿligen zue morgens vmb 7 vhr, wünters zeit aber lengistens vmb 8 vhr – wo nicht ein vnd ander vnpässligkeith oder ander hochwichtige vrsachen halber verhündert were – in der canzleÿ oder hofrathsstuben würckh[lich] beÿsammen sein sollen.

6.o[60] Sechstens solle nicht nur am sambstag als ordinarj raths tag, sondern in der wochen noch weiters, so offt ein materia deliberandi vorfallet, von vnsernn würckhl[ichen] im stüfft anwesendten hoffräthen extraordinarj rath gehalten, vnd allso ein- vnd andere sich zaigendte nothwendigkeith vorgenommen, vnd debattiret werden, damit sambstag der streitendten partheÿen // [fol. 3] sachen desto bedachtsammer tractiert werden könden vnd nicht vbereilet werden müessen.

56 Müssen.
57 Tertio.
58 Quarto.
59 Quinto.
60 Sexto.

7.° [61] *Dahero sibendtens, wann keine gemaine vnd täglichen fürfallendte negotia obhanden, so solle von vnnsers füerst*[lichen] *stüfftes Kempten processen vnd strittigkkeithen, die man hin vnd wider mit der nachbahrschafft hat, geredt vnd gehandlet werden, zue wellchem endte die darzue gehörige acten ein oder anderem rath zuuor ad legendum et informandum zuezuestellen seind.*

8.° [62] *Für daß achte ist zue obseruieren, das niemandt von denen, so würckhlich im rath sitzen, die memmorialia supplicationis oder schrifften verfasse oder dennen partheÿen sonsten frequens accessus domesticus gestattet werde, damit aller anlaß zue widrigen suspicionen abgeschnitten vnd verhüetet bleibe.*

9.° [63] *Neüntens sollen vnnsere hoffräthe sich befleissenn ihre füehrendte vota ordinatè et modestè annexis rationibus abzuelegen, keiner dem andernn im votieren hindernn oder ihme einreden, sondernnn fleissig vnd still anhören, auch in wehrentem rath alles discutierens vnd anderwertigen lesenns sich enthalten.*

10.° [64] *Deswegen dann zehentens absente præside der //* [fol. 3v] *cantzler, oder in dessen abwesenheith der jenige rath, deme die direction anbefohlen ist, regulariter die proposition der sachen ordenlich vnnd verständlich cum primo voto, wie herkommens, zuethun.*

11.° [65] *Für daß aÿlffte befehlen wür daß, wie beraiths oben gemelt, in wichtigeren sachen contraversiarum processuum*[66]*, et alijs die vota singulatim colligiert, vnnd prothocolliert, auch deme negst von dem secretario abgeleßen werden sollen, vmb zuehören, ob die intention des votanten rechts vernommen worden, dergleichen mainunng es dann auch mit jedtwederem raths concluso haben solle.*

12.° [67] *Damit nun für daß zwölffte in importanten sachen ein jedter rath sich auf sein votum besser bedenckhen würde, alß solle in dergleichen negotijs die proposition ein tag zuuor geschehen, wo aber daß geschäffte leine moram zuelasset, solle doch, wann es anderster möglich, die materia noch ante congressum ein- vnd anderen rath angedütenn*[68] *vnd eröffnet werden.*

13.° [69] *Waß num dreÿ zehendtens im rath also tractiert oder verhandlet würdt, solle extra consilium nicht diuulgiert*[70]: *weder in ernst noch vexation, præsentibus alijs, daruon vber tisch noch anderswo discutiert werden. //* [fol. 4]

14. *Nechst disem vnd für daß vierzehendte sollen sich die, beÿ merhbesagt vnnserer canzleÿ befündt*[lichen] *räthe angelegen sein lassen, die auserhalb des gewohnlichen hoffrathes vorkommendte geschäffte*[71] *nach bestem ihrem vermögen vnd mit allem fleiß, auch vngesaumpt vnnd fürdersam vorzunemmen, wie nicht weniger in vnnserer abwesenheit vnndt so lang wir eintweder zu Fuldta oder anderwerts ausser vnnserm fürst*[lichen] *stüfft Kempten residieren*

61 Septimo.
62 Octo.
63 Nono.
64 Decimo.
65 Undecimo.
66 Verbessert aus „processuam"
67 Duodecimo.
68 Angedeutet.
69 Tredecimo.
70 Divulgieren; etwas in die Öffentlichkeit/unter das Volk (lat. vulgus) bringen; kundmachen.
71 Das mit Punkten markierte Wort ersetzt wahrscheinlich das voranstehende „geschaffts".

vnd vnnß aufhallten werden, von 8 tagen zue 8 tagen jhre schrifftliche vnderth[eni]gste realtion vber die vorkommendte geschäffte zu erstattenn, da sie dann eintweder vnnsere ratification oder, gestallten dingen nach, gn[ädig]*sten verhalltungs befelch von vnnß zuerwarthenn.*

15. *Für daß fünffzehendten haben ermelt vnsere räthe sich sowohl selbsten beÿ der canzleÿ fleissig einzuefinden vnd die geschäffte vorzuenemmen, als auch jhr aufsicht zue haben, damit die vbrige canzleÿ angehörige ihre obhabendten verrichtungen, mit behörigen eÿffer vnd dilligenz, an die handt nemmen, die gewohnliche canzleÿ stunden, alß von 7 morgens bis vmb die 11 vhren, nachmitag aber von 2 vmb 6 vhr, genau obseruieren. Vnd daß jenige so ihnen zur expedition geben oder sonsten zuuerrichtenn anbefohlen würdt, fleissigist beobachten vnnd vollziechen.*

16. *Sechzehendtens wann von vnnsern räthen einige sachen,* // [fol. 4v] *sie bestehen gleich in missiuen*[72] *oder anderm, dann canz*[leÿ]*listen zue mundieren geben werden, so sollen sollche, nachdeme sie ingrossiert, jedtes mahlß vor vnnserem hofraths secretario mit bedachtsambkeith collationiert oder wenigist vberleßen, da sich von dem ingrossierten einge fähler darinnen befünden, selbige corrigieren alß dann verschließen vnnd sollche eintweder durch die ordinarj posten oder sonsten nach beschaffenheit der sachen an ihre behörde richtig bestellen lassen;*

17. *Sibenzehendtens, weilen sich gezimmet das vnser canzleÿ secret insignet, gebüehrendt verwahrt vnnd mithinn dessen müssbrauch gänz*[lich] *verhüetet werdte. Alß wollen wür daß besagtes signet jederzeit in der rathstuben aufbehallten vnd das mann sollches zu denen expeditionibus von nöthen, daselbsten abgehollt. Auch, nachdeme es gebraucht worden, also baldtenn widerumb an sein orth gebracht werdte. Wassen wür auch hiermit gemessen vnd ernstlich anbefohlen, das weder der secretarius noch canzellisten das geringste, so die canzleÿ concerniret, nicht verfertigen vnd hinnauß geben. Sie haben dann zuuor wenigist einen vnnserer hoffräth daruon gebührendte nachricht gethan.*

18. *Wann auch für daß achtzehendten vnnserm secretario etwas zue concipieren anbefohlen würdt, so solle er dergleichen concepten, es treffe gleich ahn waß es wolle, ehendter nicht zur ingrossatur geben.* // [fol. 5] *Er habe es dann zu uorderist dem beÿ der canzleÿ anwesendten älteren hoffrath ad revidendum selbst vorgewiesen vnnd thuen wür hiemit ebenfahlß*

19. *Fürs neunzechendten g*[nä]*d*[i]*gist anbefohlen wann einige concepta vnnd vnnsere signatur in zeit vnserer ieweiligen anwesenheit zue Kempten zue fertigen seind, das sollche vnnß jedterzeit zuuor ehe man sie ad mundum bringt, gebüehrendt vorgelesen, auch nachgehendtes auf die originalia, ehe mann vnnß selbige zur vnderzaichnus vorleget, von einem vnnßerer räthen reuidiert vnd daß vidit hinzue gesezt werden solle.*

20. *Zum zwaintzigisten. Wann in vnnserer abwesenheit sachen von mehrer wichtigkeith zue expedieren vorfallen, sollen vns selbige jedtes mahls, wann es anderster*[73] *die zeit gedulden mag, ehe vnd beuor mann solche abgehen lasset, zue vnnserer reuidierunng vbersendt werden!*

21. *Zum ain vnnd zwainzigisten. Im fahl von der canzleÿ aus einige sachen durch aigene botten zuuerschickhen, solle sollches jedtes mahls mit vorwüssen vnnserer hoffräthe geschehen, wassen auch dergleichen botten, da sie an vnnsere hofcammer vmb die bezahlung ver-*[r]*aisen werden, jedter zeith einen schein von der canzleÿ, welches von einem vnnserer hofräthen*

72 Missive; auslaufende Korrespondenz.

73 Anders.

aigenhändig vnderschriben, vorweißen vnd der cammer einhändigenn. Zuuor aber // [fol. 5v] *seine bezahlung nicht bekhommen solle.*

22. *Für das zwaÿ vnnd zwainztigisten sollen die ingrossisten oder canzleÿ schreiber sich mit einigen neben- oder priuat-geschäfften zu uerhinderung ihres canzleÿdiensts nicht beladen, sond zur rechter zeit in der canzleÿ erscheinen, also baldt daß jenige, waß jhnen aus befelch vnnserer hofräthen oder deß secretarij zue schreiben fürgelegt würdt, vnd die handt nemmen, gethreẅlich, fleissig vnd leserlich mundieren vnd außfertigen. Auch sich angelegen sein lassen, die titul, vberschrifften, eingäng vnd anderes denen titular-büecher gemäß einzuerichten, zu dem endte dann sie sich in ermelten titular büechern fleissig zuersehen, vnnd da sie ein oder andern orths anstehen, vnnsere anwesendte räthe darunnder zue fragen. In sonderheit haben sie achtung zue geben, damit die jeweilige in den concepten angezogene beÿlagen fleissig numeriert oder litteriret werdtenn, damit sie als dann beÿ der expedition von dem secretario denen relationibus vnd send schreiben ordenlich beÿgelegt werden könden.*

23. *Fürs dreÿ vnnd zwaintzigisten solle kein canzleÿ schreiber ichtwas so ihm zur expedition geben würdt, aus der canzleÿ hinweckh tragen, sondern solches in der canzleÿ verfertigenn. Auch niemandt, so darein nicht gehörig, zu sich* [lassen], *vihl weniger einiges concept, //* [fol. 6] *oder sonsten etwaß lesen lassen, widrigen fahls sowohl er, alß die jenige, welche sich ohne noth in die canzleÿ eintringen, mit behörigenn ernst angesehen werden sollen! Vnnd werden im vbrigen sie die canzellisten fleissig in obacht zuenemmen haben, damit die concepten vnd acta nicht länger als es von nöthen in der canzleÿ ligen bleiben, sondern allso baldt eintweder in die registratur oder wohin es ihnen anbefohlen würdt, gegeben werden.*

24. *Zum vier vnnd zwaintzigisten, sollen sie nichts aus der canzleÿ schwätzen, die schrifften so sie vnder handen oder zue sehen vnd zue lesen bekommen, niemandt weder von mundt noch mit abschrifft communicieren, sondern alles dergleichen sowie auf waß sonsten gehaims an sie gelangen würdte, bis in ihr endte verschwigen hallten, wie auch aus der canzleÿ weder an feder, tünten, pergament, pappier noch anderm nichts vertragenn noch hinauß geben vnd darmit der canzleÿ schaden zuefüegen. Auch all anderes thun vnd lassen, so getreẅen vnd fleissigen canzellisten wohl anstehet.*

25. *Letstlichen*[74] *vnnd zum fünff vnnd zwaintzigisten befehlen wür hiemit gn*[ä]*d*[i]*gst daß alle vnnd jedte canzleÿ jura oder tax gelter, wie die nahmen haben, fürohin in eine cassam zuesamen geworffen, dermahlen vnnd bis auf anderwertige verordtnung von vnnserm jetzigen rath vnnd landtrichteren behörige ordenliche rechnung darüber ge- //* [fol. 6v] *gefüehrt, vnnd dann alle halbe jahr dergestalltenn außgetheÿlt werdten sollen, daß aus der ganzenn massa 3 theÿl gemacht, daruon ermeldt vnnser landtrichter, so lang er sich der canzleÿ geschäfften, wie bishero annemmen würdt, 1/3. So dann vnnser hofrath secretarius auch 1/3 vnnd dann die canzellisten den vbrigen 1/3 th*[aler] *haben, vnnd gemnüessen sollen! Damit nun aber des taxes halber eine gewüsse vnnd bestendige ordtnung gehallten werdten, vnnd mann allerseits sowohl waß zue fordern alß zue geben seÿe, wüessen möge, alß haben wür nach gesezte verzaichnus oder taxordtnung, wellche auch beraits bis anhero maisten theÿls dergestallten obseruiert wordten, noch dero selben fleissiger examinire vnnd vberlegung g[nä]d[i]gst ratificiert vnnd gueth gehaissen.*

[...] Es folgt die Gebührensatzung.

74 Letztlichen.

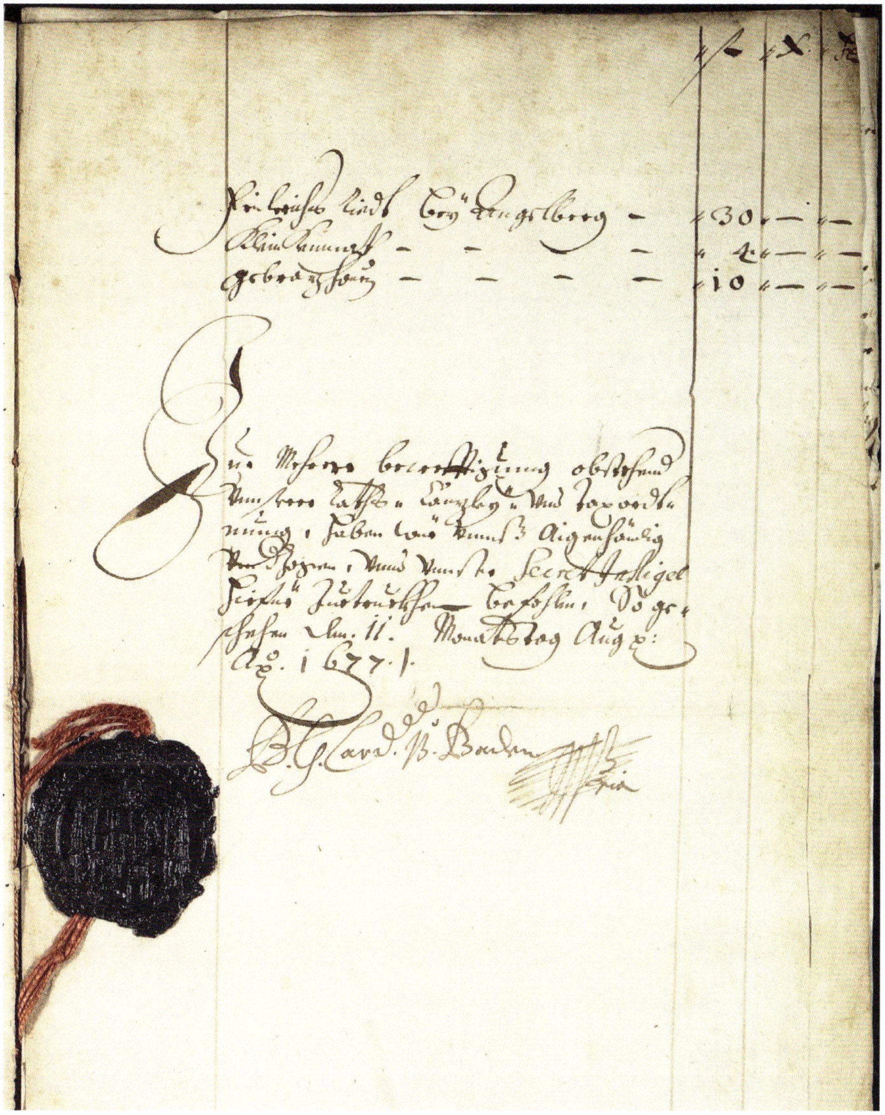

Abb. 13 *Cardinal Bernard Gustavische Hofraths-Ordnung* von 1677, fol. 8.

Zue mehrere becrefftigung obstehender vnsrer raths-canzleÿ vnd taxordtnung haben wür vnnß aigenhändig vnderzogen vnnd vnnser secretinsigel hiefür zue truckhen befohlen. So geschehen den 11. Monatstag Aug[ust] *anno 1677.*

B. G. Card[inal] *zu Baden, m*[anu] *p*[rop]*ria.*

Abbildungsnachweis

Abb. 1 Bayerische Staatsbibliothek München/Bildarchiv.
Abb. 2 Wikipedia Commons, GNU Free Documentation License.
Abb. 3 Kunsthistorisches Museum Wien, Inv. Nr. 8b4224068a.
Abb. 4 Staatsarchiv Augsburg, Fürststift Kempten Archiv, B 1714.
Abb. 5 Landesarchiv Baden-Württemberg, Generallandesarchiv Karlsruhe, Hfk Planbände 28, Nr. 3.
Abb. 6 Wikipedia Commons, gemeinfrei.
Abb. 7 Auktionshaus Fritz Rudolph Künker, Osnabrück.
Abb. 8 Stadtarchiv Kempten, Grafiksammlung.
Abb. 9 Galerie Fischer, Luzern, Inv. Nr. 1015 (2006).
Abb. 10 Museum Kassel, Inv. Nr. GS 34137.
Abb. 11–13 Staatsarchiv Augsburg, Fürststift Kempten Archiv, Akten 2690.

Thomas Schader

Ruf nach Übersee

Die Lebenswege Allgäuer Jesuiten in Spanisch-Amerika

Im Zeitalter der Entdeckungsreisen machten sich viele Missionare auf den Weg, den christlichen Glauben in die entlegensten Regionen der Welt zu tragen. Besonders die Mitglieder des Jesuitenordens spielten eine führende Rolle bei der Verbreitung des Christentums in Asien, Afrika und Amerika. Im 17. und 18. Jahrhundert beteiligten sich hunderte Jesuiten aus Mitteleuropa an der globalen Mission und wirkten vor allem in Lateinamerika. Dort arbeiteten sie als Priester und Seelsorger, leiteten Kollegien, gründeten Missionsdörfer, verfassten Wörterbücher, schrieben ethnographische Abhandlungen und berichteten von den Herausforderungen, die der Kulturkontakt mit sich brachte. Für die Missionen unentbehrlich waren neben den Geistlichen die vielen weltlichen Brüder der Gesellschaft Jesu, die als Handwerker, Architekten, Kunstmaler, Ärzte und Apotheker in die Neue Welt reisten. Einige von ihnen stammten aus dem Gebiet des heutigen Allgäus. Im folgenden Artikel gilt es die Lebenswege dieser Missionare nachzuzeichnen.

Die Mission der Jesuiten

Die Jesuiten gelten als eine der bedeutendsten Ordensgemeinschaften der katholischen Kirche. Der Orden wurde im Jahr 1540 von dem baskischen Geistlichen Ignatius von Loyola (1491–1556) ins Leben gerufen und erlangte zeitweise großen Einfluss in Kirche, Politik, Kultur, Schulwesen und Wissenschaft.[1] Die Mission in Übersee zählte von Anfang an zu den wichtigsten Aufgaben und Tätigkeiten der Gesellschaft Jesu. Deshalb wurden von Anfang an die Mitglieder des Ordens als Missionare in die neu entdeckten Gebiete jenseits der Ozeane entsandt.[2] Den Auftakt zur Weltmission machte Franz Xaver (1506–1552). Er reiste nach Indien, China und Japan und wurde durch sein erfolgreiches Wirken zum Vorbild vieler Missionare.[3] Die Art und Weise, wie die Jesuiten den christlichen Glauben in die Welt

1 Peter Claus Hartmann, Die Jesuiten. München 2001, S. 7.

2 Hartmann, Die Jesuiten (wie Anm. 1), S. 43.

3 Rita Haub, Die Geschichte der Jesuiten. Darmstadt 2007, S. 72.

trugen, war für die damalige Zeit ungewöhnlich. Im Vergleich zu den Missionaren anderer Orden versuchten sich die Jesuiten stets den jeweiligen Gegebenheiten vor Ort anzupassen (Akkommodationsmethode).[4] Sie lernten die Sprachen der ihnen unbekannten Völker und beschäftigten sich intensiv mit deren Kultur, um zu erkennen, wo sich am besten mit der Verkündigung des Evangeliums anknüpfen ließ. Gleichermaßen versuchten sie durch ihre wissenschaftliche Expertise, vor allem im Bereich der Mathematik und der Astronomie, Einfluss unter den einheimischen Eliten zu gewinnen, um in einer Art »Top-down-Methode« das Christentum in die Breite der Bevölkerung zu tragen.[5] Da die Jesuiten kein spezielles Ordensgewand trugen, konnten sie sich auch äußerlich den Sitten und Bräuchen ihres Gastlandes anpassen. So traten sie etwa in Asien als Brahmanen, als buddhistische Mönche oder als chinesische Mandarine auf.[6] Die Jesuiten waren jedoch nicht frei von Kontroversen. Ihr politischer Einfluss führte bald zu Spannungen mit weltlichen Machthabern und mit anderen Teilen der Kirche, sodass sie im Laufe des 18. Jahrhunderts aus vielen Ländern vertrieben und der Orden im Jahr 1773 zeitweise aufgelöst wurde.[7]

In Spanisch-Amerika begann die Mission der Jesuiten ab dem Jahr 1565. Als Zentrum der missionarischen Aktivitäten galt zunächst das Vizekönigreich Peru mit seiner Metropole Lima. Von dort aus organisierte sich der Orden und breitete sich allmählich in alle Richtungen aus, sodass er bald Niederlassungen auf dem gesamten Kontinent besaß, vom Amazonasgebiet über die Hochebene der Anden bis in die Steppengebiete der argentinischen Pampa.[8] Der Orden gliederte Spanisch-Amerika administrativ in sechs Provinzen: Peru (1568), Mexiko (1572), Neugranada (1607), Quito (1696), Paraguay (1607) und Chile (1683).[9] Während die Geistlichen anderer Orden wandernd missionierten, gründeten die Jesuiten Missionsstationen. In diesen sogenannten Reduktionen wurden die weitgehend nomadisch lebenden Indigenen zusammengeführt (lat. reducere), was deren Bekehrung wesentlich erleichterte. Bekannte Reduktionen waren die Maynas-Mission in Peru, die Mojos- und Chiquitos-Missionen in Bolivien und Brasilien und die Guaraní-Missionen in Paraguay.[10]

Vom Allgäu nach Spanisch-Amerika

Im Laufe des 17. Jahrhunderts wurde aufgrund der expandierenden Missionsgebiete die Nachfrage an Missionaren immer größer. Waren die Missionen in Übersee lange Zeit fast

4 Haub, Geschichte der Jesuiten (wie Anm. 3), S. 72.

5 Wolfgang Reinhard, Gelenkter Kulturwandel im 17. Jahrhundert. Akkulturation in den Jesuitenmissionen als universalhistorisches Problem. In: Historische Zeitschrift 223 (1976), S. 329–390, S. 385–387.

6 Hartmann, Die Jesuiten (wie Anm. 1), S. 44.

7 Haub, Geschichte der Jesuiten (wie Anm. 3), S. 72.

8 Markus Friedrich, Die Jesuiten. Aufstieg, Niedergang, Neubeginn. München 2016, S. 413–420.

9 Michael Müller, Das soziale, wirtschaftliche und politische Profil der Jesuitenmissionen. Versuch einer umfassenden Annäherung am Beispiel der Provinzen Chile und Paraguay. In: Johannes Meier (Hg.), Sendung – Eroberung – Begegnung. Franz Xaver, die Gesellschaft Jesu und die katholische Weltkirche im Zeitalter des Barock. Wiesbaden 2004, S. 179–222. S. 190.

10 Friedrich, Die Jesuiten (wie Anm. 8), S. 413–420.

Abb. 1 Missionen der Jesuiten in Lateinamerika.

ausschließlich den Untertanen der spanischen Krone vorbehalten, so lockerten sich die Beschränkungen allmählich und der Ruf nach Übersee erreichte auch die Territorien des Heiligen Römischen Reiches. Die Nachricht wurde unter den deutschsprachigen Jesuiten mit Begeisterung aufgenommen, da es ihnen bislang nur in Ausnahmefällen gestattet war, als Missionare in den spanischen Kolonien tätig zu werden.[11] In den Jahrzehnten nach der Zulassung verließen hunderte Jesuiten der deutschen Ordensassistenz ihre Heimat, um in den Überseeprovinzen zu missionieren. Insgesamt wirkten knapp 600 deutschstämmige Jesuitenmissionare in den überseeischen Gebieten, wobei die meisten Missionare aus Süddeutschland kamen.[12] Mit Blick auf die prosopografischen Arbeiten zu den deutschsprachigen Jesuiten, lassen sich sechs Missionare ausfindig machen, die ihre Wurzeln im Allgäu hatten. Neben den drei Mindelheimer Jesuiten Joseph Schmidt (1690–1752), Innozenz Damian Hochstätter (1691–1747) und Leonhard Wilhelm (1722–1767), stößt man auf Achatius Negele (1721–1773) aus Lindenberg, Johan Baptist Redle (1718–1798) aus Rot an der Rot und Peter Weger (1693–1733) aus Kempten.

Die Auswahl der geeigneten Kandidaten traf in der Regel der Ordensgeneral und sie erfolgte unter strengen Kriterien. Die Aspiranten mussten allem voran eine robuste Gesundheit mitbringen, um die Strapazen der langen Seereise zu überstehen und den Entbehrungen in den entlegenen Missionsgebieten zu trotzen. Neben der physischen und psychischen Belastbarkeit, einem tugendhaften Verhalten und einem gefestigten Glauben sollten die Kandidaten zudem über eine gewisse Sprachbegabung verfügen, denn gepredigt wurde in der Sprache der Einheimischen.[13] In Landsberg am Lech besaß der Orden ab dem Jahr 1722 ein eigenes Missionsnoviziat, das den Aspiranten eine praxisorientierte Ausbildung bot. Dort lernten sie wie man kocht, Bier braut und Arzneien herstellt, wie man Äcker anlegt, Gebäude konstruiert und Kleider näht.[14] Denn laut dem bekannten Paraguaymissionar Anton Sepp (1655–1733) musste ein Missionar viele Fähigkeiten besitzen: *Der Pater muß allen alles seyn* […] *muß seyn der Koch / Dispensator, Procurator, oder Einkauffer / Ausgeber / Krancken-Warter / Leib-Arzt / Baumeister / Gärtner / Weber / Schmidt / Mahler / Müller / Beck / Corregent, Schreiner / Haffner, Ziegel-Brenner / und was noch mehr Aembter seyn mögen* […].[15] Da die wenigsten Priester derartige Fähigkeiten besaßen, rekrutierte der Orden bald weltliches Personal. Die sogenannten Laienbrüder waren unter anderem ausgebildete Bäcker, Schuhmacher, Zimmerer, Maler, Goldschmiede, Kunsthandwerker, Architekten, Apotheker und Ärzte und wurden durch ihre handwerklichen, künstlerischen und wissenschaftlichen Fähigkeiten unabdingbar für die Missionsaktivitäten des Ordens.[16] Um in den

11 Bernd Hausberger, Jesuiten aus Mitteleuropa im kolonialen Mexiko. Eine Bio-Bibliographie. Wien 1995, S. 38–41.

12 Christoph Nebgen, Missionarsberufungen nach Übersee in drei deutschen Provinzen der Gesellschaft Jesu im 17. und 18. Jahrhundert. Regensburg 2007, S. 46.

13 Nebgen, Missionarsberufungen (wie Anm. 12), S. 187–220.

14 Michel Müller, Bayerns Tor nach Übersee. Das Missionsnoviziat der oberdeutschen Jesuitenprovinz in Landsberg am Lech. In: Konrad Amann/Ludolf Pelizaeus/Annette Reese/Helmut Schmahl (Hg.), Bayern und Europa. Festschrift für Peter Claus Hartmann zum 65. Geburtstag. Frankfurt am Main 2005, S. 169–184, S. 171.

15 Anton Sepp, Erster Theil der Reißbeschreibung. Ingolstadt 1712, S. 175.

16 Friedrich, Die Jesuiten (wie Anm. 8), S. 64–66.

Name	Lebensdaten	Geburtsort	Beruf	Missionsgebiet	Aufenthalt in Übersee
Hochstätter, Innozenz Damian	1691–1747	Mindelheim	Apotheker und Arzt	Neugranada/ Kolumbien	1723–1747
Negele, Achatius	1721–1773	Lindenberg	Maler und Vergolder	Paraguay/ Argentinien	1749-unklar
Redle, Johan Baptist	1718–1798	Rot an der Rot	Maler, Bildhauer, Goldschmied	Chile	1746–1768
Schmidt, Josef	1690–1752	Mindelheim	Zimmerer, Architekt und Bildhauer	Paraguay/ Argentinien	1718–1752
Weger, Peter	1693–1733	Kempten	Schmied	Paraguay/ Argentinien	1729–1733
Wilhelm, Leonhard	1722–1767	Mindelheim	Apotheker und Arzt	Neugranada/ Kolumbien	1763–1767

Abb. 2 Allgäuer Jesuiten in Spanisch-Amerika.

Orden aufgenommen zu werden, mussten die weltlichen Brüder in der Regel ein einjähriges Noviziat absolvieren, in welchem sie mit der ignatianischen Lebensweise und Spiritualität vertraut wurden und das sie mit den einfachen Gelübden abschlossen.[17] Neben den handwerklichen Tätigkeiten lernten die Missionskandidaten im Landsberger Noviziat Spanisch und beschäftigen sich mit den Sprachen der indigenen Völker Lateinamerikas, indem sie die Reiseberichte, Landeskundebeschreibungen und Chroniken aus Übersee lasen. Im Laufe des 18. Jahrhunderts wurde der Zeitpunkt der Entsendung immer weiter vorgezogen, da eine praxisnahe Ausbildung in Übersee als effizienter angesehen wurde. Doch wurde darauf bestanden, den Kandidaten zumindest ein Minimum an Fähigkeiten mit auf den Weg zu geben.[18]

Hatten die Missionskandidaten das Noviziat in Landsberg absolviert, machten sie sich auf den Weg nach Spanien. Der Weg führte sie zunächst über die Alpen nach Genua. Von dort ging es mit dem Schiff weiter nach Sevilla. Von der andalusischen Hauptstadt liefen einmal jährlich die königlichen Flotten nach Übersee aus, wobei die Reise über den Ozean in der Regel knapp drei Monate dauerte, wenn nicht Stürme, Schiffbrüche oder Piraten die Überfahrt gefährdeten. Die Flotten steuerten die Häfen Santa Cruz in Mexiko, Cartagena de Indias in Kolumbien und Buenos Aires in Argentinien an. Von dort machten sich die Missionare oftmals zu Fuß auf den Weg in die abgelegenen Missionsgebiete.[19]

17 Friedrich, Die Jesuiten (wie Anm. 8), S. 59 f.

18 Müller, Missionsnoviziat (wie Anm. 14), S. 172–175.

19 Thomas Schader, Warteraum Andalusien. Zentraleuropäische Missionare auf der Schwelle nach Übersee (1660–1760). Münster 2022, S. 34–41; 224 f.

Handwerker in Paraguay

Das bekannteste Missionsprojekt verwirklichten die Jesuiten ab Anfang des 17. Jahrhunderts in der Provinz Paraguay, welche sich über Teile der heutigen Staaten Paraguay, Uruguay, Argentinien und Brasilien erstreckte. Viel ist über den sogenannten „Jesuitenstaat" geschrieben worden. Dabei reichen die Urteile von überschwänglicher Verherrlichung bis zur völligen Verurteilung. Für die einen war es die Verwirklichung der »Politeia« Platons, der »Utopia« Thomas Morus' oder der »Civitas solis« Campanellas, für andere das Experiment eines christlichen Kommunismus, einer sozialistischen Theokratie oder der Wiedereinführung urchristlichen Gemeindeeigentums.[20] Das Missionsprojekt lässt sich aus heutiger Sicht, so der Kirchenhistoriker Peter Claus Hartmann, eher als eine „christliche Alternative zum Kolonialsystem mit seinen Unterdrückungs-, Ausbeutungs- und Ausrottungsmechanismen" verstehen.[21]

Durch die spanische Conquista war die Situation der Ureinwohner Südamerikas äußerst prekär. Die blutige Landnahme und Besiedlung führten bereits in der Mitte des 16. Jahrhunderts zur Dezimierung der indigenen Bevölkerung von circa 55 Millionen auf 9 Millionen. Hinzu kamen Infektionskrankheiten, wie Masern, Pocken und Tuberkulose, die auf dem Kontinent bis dato unbekannt waren und unter den Indigenen seuchenartig wüteten.[22] Trotz des Versuchs, die Lage durch Gesetze zum Schutz der Indios, etwa durch die »Nuevas Leyes de Indias« (1542), zu verbessern, litten viele Indigene weiter unter den Folgen der spanischen Herrschaft. Vor allem das System der Zwangsarbeit kostete das Leben vieler Indios. Das spanische Encomienda-System sah vor, dass allen europäischen Siedlern eine bestimmte Anzahl Indigener als Leibeigene zu Verfügung standen. Praktisch waren sie jedoch Sklaven und mussten unter menschenunwürdigen Bedingungen auf Plantagen oder in Bergwerken, wie etwa in den Silberminen von Potosí, arbeiten und kamen massenweise ums Leben.[23]

Durch die Gründung von abgeriegelten Missionsstationen in Paraguay gelang es den Jesuiten, die indigenen Guaraní vor der Ausbeutung der Zwangsarbeit zu bewahren und sie vor Sklavenjägern zu schützen. Mit der Zeit entstanden circa 30 Reduktionen, die sich allmählich zu planmäßig gebauten Landstädten entwickelten, in denen zeitweise bis zu 120.000 Indigene lebten. Die weitgehend autarken Stadtrepubliken unterstanden direkt dem spanischen König und wurden von den Ordensoberen kontrolliert. Charakteristisch für die Reduktionen war die enge Verknüpfung von Kultur-, Sozial- und Wirtschaftsordnung. Dabei passten sich die Jesuiten an die Mentalität, Sitten und Bedürfnisse der Guaraní an und ließen den Indigenen viel Handlungsspielraum bei der Gestaltung des Gemeinwe-

20 Hartmann, Die Jesuiten (wie Anm. 1), S. 49–51.

21 Peter Claus Hartmann, Der Jesuitenstaat in Südamerika 1609–1768. Eine christliche Alternative zu Kolonialismus und Marxismus. Weißenhorn 1994, S. 71.

22 Müller, Profil der Jesuitenmissionen (wie Anm. 9), S. 180.

23 Bernhard Maier, Die Bekehrung der Welt. Eine Geschichte der christlichen Mission in der Neuzeit. München 2021, S. 47–53.

sens.[24] Die Bewohner der Reduktionen lebten weitgehend von der Landwirtschaft, wobei der Boden und sein Ertrag als solidarisches Gemeineigentum der Gemeinschaft gehörte. Das Zusammenleben in den Reduktionen zeichnete sich zudem durch die Gemeinsamkeit der Produktionsmittel aus, durch die Beseitigung der Geldwirtschaft, durch den Achtstundentag und die allgemeine Arbeitspflicht, durch eine öffentliche Erziehung und Ausbildung der Jugend, durch die Versorgung von Hilfsbedürftigen und älteren Menschen und durch die Gleichheit aller Bürger. Während die Leitung einer Reduktion meist in den Händen von zwei Jesuiten lag, waren die Guaraní für die Rechtsprechung und Aufrechterhaltung der öffentlichen Ordnung zuständig.[25] In den Reduktionen war jedoch das vorrangige Ziel, die Guaraní zum christlichen Glauben zu bekehren. Die Patres unterwiesen die Indigenen daher täglich in der christlichen Lehre, wobei vor allem Kinder und Jugendliche im Mittelpunkt der Missionsarbeit standen. Die jungen Menschen wurden außerdem im Lesen, Schreiben und Musizieren unterrichtet. Vor allem Musik nahm in den Reduktionen eine besondere Rolle ein, nicht zuletzt für die Gestaltung kirchlicher Festtage oder liturgischer Prozessionen.[26] In den Reduktionen entstanden nicht nur schmucke barocke Kirchen, sondern auch zahlreiche Gewerbebetriebe, wie Ziegelbrennereien, Wagenmanufakturen und Glockengießereien, die neben den gemeinschaftlich angebauten Obst-, Baumwoll- und Mateteeplantagen die Provinz Paraguay zur damals weitest entwickelten Wirtschaftsregion ganz Südamerikas machten.[27] Einen erheblichen Anteil am Aufbau und an der Entwicklung der Reduktionen hatten die Jesuiten aus dem deutschsprachigen Raum. Vom Ende des 17. Jahrhunderts bis zur Vertreibung der Jesuiten 1767/68 kam etwa ein Viertel der in den Missionsstätten arbeitenden Jesuiten, insgesamt etwa 120, aus dem Heiligen Römischen Reich. Vor allem im Bereich von Handwerk und Architektur haben die deutschen Missionare ihre Spuren hinterlassen.[28] Unter diesen befanden sich auch drei Missionare aus dem Allgäu: Joseph Schmidt aus Mindelheim, Peter Weger aus Kempten und Achatius Negele aus Lindenberg. Die Quellenlage zu den Missionaren ist sehr unterschiedlich. Während über das Leben und Wirken von Joseph Schmidt ein ausführlicher Nachruf berichtet, sind über Peter Weger und Achatius Negele keine direkten Quellen überliefert. Lediglich über die Personenkataloge des Ordens sowie anhand spärlicher Hinweise aus der Feder anderer Missionare lassen sich deren Lebenswege rekonstruieren.

Als erster Allgäuer Missionar machte sich der 28-jährige Zimmermann Joseph Schmidt auf die Reise nach Paraguay. Joseph Schmidt wurde 1690 in Mindelheim geboren und trat 1717 dem Orden bei. Nach einem kurzen Aufenthalt im Landsberger Noviziat wurde er bereits ein Jahr darauf in die Mission nach Paraguay berufen.[29] Schmidt zeichnete sich vor allem durch seine handwerklichen Fähigkeiten im Bereich der Baukunst aus und konnte

24 Hartmann, Die Jesuiten (wie Anm. 1), S. 51 f.

25 Haub, Geschichte der Jesuiten (wie Anm. 3), S. 78.

26 Haub, Geschichte der Jesuiten (wie Anm. 3), S. 80.

27 Hartmann, Die Jesuiten (wie Anm. 1), S. 53 f.

28 Haub, Geschichte der Jesuiten (wie Anm. 3), S. 78 f.

29 Hugo Storni, Catálogo de los jesuitas de la Provincia del Paraguay (Cuenca del Plata) 1585–1768. Rom 1980, S. 266.

diese über 30 Jahre lang ertragreich einbringen.[30] Über das Leben und Wirken des Mindelheimers informiert ein Nachruf, der kurz nach dessen Tod verfasst wurde.[31] Beim dem Nekrolog handelt es sich weniger um einen Tatsachenbericht als vielmehr um ein Paradebeispiel erbaulicher Literatur. Dieses Genre war im Jesuitenorden weit verbreitet und trat in Gestalt beispielgebender Erzählungen auf. Die sogenannten exempla veranschaulichten moralisch richtiges Handeln und zielten darauf ab, die Mitglieder des Jesuitenordens spirituell zu bestärken.[32] Der hagiographische Stil des Nekrologs ist ein gattungstypisches Merkmal diese Genres, weshalb die idealisierenden Beschreibungen nicht wörtlich zu nehmen sind: *Joseph Schmidt ragte heraus als ein Muster an Geradheit, Umsicht und Sanftmut. Aus der Heimatstadt Mindelheim kam er noch als Novize aus der Oberen Provinz Deutschlands nach Paraguay. Nachdem er ordentlich sein Noviziat zu Cordoba abgelegt hatte, von wo er eine einzigartige Bescheidenheit und die übrigen Tugenden mit auf den Weg nahm, wurde er nach Salta gesandt, um das Gotteshaus des Collegiums zu Ende zu bauen. Er baute es mit ungeheurer Mühe zu Ende, welche ihm selbst dennoch äußerst willkommen war, weil er Gott eine Heimstatt bereitete. Obwohl er ein Zimmermann war, vergoldete er auch das Gotteshaus. Nachdem es mit höchstem Fleiß errichtet und vertäfelt war, stattete er es – aus eigenem Antrieb – mit Bildwerk aus und anderen Hl. Figuren.*[33]

Schmidt wurde zunächst in die argentinische Pampa nach Córdoba geschickt. Córdoba galt als das jesuitische Zentrum der Provinz Paraguay, von wo aus der Orden seine missionarischen Aktivitäten in der Gegend organisierte.[34] Dort musste er sein einjähriges Noviziat abschließen und erlernte die Grundkenntnisse jesuitischer Pastoral. Daraufhin wurde er weiter nach Norden in die Stadt Salta geschickt, um dabei zu helfen, die Kirche des Jesuitenkollegs fertigzustellen. Neben seinen Kenntnissen als Zimmermann und Architekt war er dort auch als Seelsorger gefragt: *Und nicht nur verschaffte Schmidt Gott ein Gotteshaus, sondern auch Gläubige. Er hielt die Patres an, dass sie sich seiner als frohgemuten Gefährten bedienen sollten, so oft sie nur zu den Sakramenten gerufen wurden. Sie wurden oft gerufen und Schmidt nahm oft bereitwillig die Hand vom Balken und vom Gotteshaus, damit er sich gleichermaßen der von Gott empfangenen Aufgabe widmete, den Menschen Beistand zu leisten.*[35]

30 Erwin Emmerling/Corinna Gramatke (Hg.), Die polychromen Holzskulpturen der jesuitischen Reduktionen in Paracuaria, 1609–1767, Kunsttechnologische Untersuchungen unter Berücksichtigung des Beitrags deutscher Jesuiten. München 2019, S. 35–39.

31 Der Nekrolog ist bei Emmerling/Gramatke, Beitrag deutscher Jesuiten (wie Anm. 30), S. 43 abgedruckt. Die Transkription und Übersetzung des Textes stammen von Thomas Reiser. Bei dem Nekrolog handelt es sich genauer gesagt um eine Abschrift, die im Zentralarchiv der Jesuiten in Rom unter der Signatur ARSI, Paraquaria (Paraq.) 13, fol. 147v–148v. überliefert ist. Sie ist weder datiert noch weiß man etwas konkretes über die Autorenschaft. Es werden vermutlich die Ordensbrüder Schmidts gewesen sein, die nach seinem Tod die Wegmarken seines Lebens niedergeschrieben haben.

32 Markus Friedrich, Der lange Arm Roms? Globale Verwaltung und Kommunikation im Jesuitenorden 1540–1773. Frankfurt am Main 2011, S. 348–350.

33 Emmerling/Gramatke, Beitrag deutscher Jesuiten (wie Anm. 30), S. 43.

34 Javier Francisco, Die spanisch-amerikanische Jesuitenuniversität in Córdoba, Argentinien: transatlantische Verflechtungen und gesellschaftliche Verankerung in der Kolonialzeit. Stuttgart 2018, S. 237–248.

35 Emmerling/Gramatke, Beitrag deutscher Jesuiten (wie Anm. 30), S. 43.

Nachdem er das Gotteshaus in Salta fertiggestellt hatte, wurde er 1732 in die Guaraní-Missionen berufen. In dieser Zeit herrschte nicht das erste Mal Gefahr, andere indigene Stämme könnten die Siedlungen überfallen, weswegen die reduktionseigenen Truppen mobilisiert wurden.[36] Schmidt wurde damit beauftragt, die Feldlager der Soldaten mit Nahrungsmitteln zu versorgen: *Als das Gotteshaus zu Salta abgeschlossen und geziert war, wurde ihm geheißen, die Missionen aufzusuchen. Zu jener Zeit beobachtete das Guaraní-Heer* [...] *die aufständischen Paraguayer, damit sie nicht unvorhergesehen in die Missionen einfielen. Einige der Gesellschaft mussten, damit sie den Indianern die Sakramente erteilten konnten, die befriedeten Missionen mit den Feldlagern tauschen. Damit er sich um Nahrungsmittel für die Patres und für die Indianer kümmerte, wurde Schmidt zugeteilt.*[37]

Über weitere Formen des Kulturkontaktes zwischen dem Allgäuer und den Guaraní-Kriegern berichtet der Nekrolog leider nicht. Lediglich wird festgehalten, dass die harten Winter im Feldlager stark an den Kräften Schmidts zehrten, sodass er nach einige Jahren aus gesundheitlichen Gründen nach Buenos Aires gesandt wurde: *Nicht nur war dies eine Bürde, sondern diesmal viel beschwerlicher, weil er selbst, die Patres und die Indianer ob der unglaublichen Unbill von Gegend und Wetter vier Mal unter Fellen überwinterten. Gewiss brachte Schmidt, der zuvörderst kräftig war, ob der Mühe, der Unannehmlichkeiten und vor allem ob des nassen Quartiers, von dort seine zerrüttete Gesundheit zurück in die Stadt Buenos Aires, wohin ihm befohlen wurde, hinabzusteigen.*[38]

In Buenos Aires war zu jener Zeit der Allgäuer Peter Weger damit beschäftigt, den Bau der Kirche San Ignacio und des Jesuitenkollegs voranzutreiben.[39] Peter Weger, 1693 in Kempten geboren, befand sich seit 1729 in Buenos Aires.[40] Er war gelernter Schmied, konnte seine handwerklichen Fähigkeiten jedoch nicht lange unter Beweis stellen, da er bereits vier Jahre nach Ankunft, im Jahr 1733, bei einem Sturz vom Baugerüst ums Leben kam.[41] Joseph Schmidt lernte daher seinen Allgäuer Ordensbruder nicht kennen, traf aber in Buenos Aires auf weitere deutsche Jesuiten, mit denen er Wegers Arbeiten an Kirche und Kolleg fortsetzen konnte: *Nachdem er dem im Entstehen begriffenen Collegium de Belén zugeteilt worden war, ging er ganz darin auf, ebenjenes zu errichten und zu schmücken; mit einem solchen Eifer, dass er mehrmals ob der Anstrengung, teils durch die stechende Macht der Schmerzen, teils durch die Fürsorge der Verantwortlichen zurückgehalten wurde. Über die angeschlagene Gesundheit und die aus den Missionen mitgebrachten Gebrechen hat man ihn bisweilen klagen hören. Doch in dem Sinne, dass er sich des nämlichen, gleichsam goldenen, Bauvorhabens für die Gesellschaft* [Gesellschaft Jesu] *nicht zu befleißigen vermochte. Überhaupt befleißigte er sich dessen so für das neue Collegium, dass er das, was er im Entstehen übernommen hatte, beinahe vollendet zurücklassen sollte.*[42]

36 Hartmann, Der Jesuitenstaat in Südamerika (wie Anm. 21), S. 20 f.
37 Emmerling/Gramatke, Beitrag deutscher Jesuiten (wie Anm. 30), S. 43.
38 Emmerling/Gramatke, Beitrag deutscher Jesuiten (wie Anm. 30), S. 43.
39 Barbara Gretenkord, Künstler der Kolonialzeit in Lateinamerika: ein Lexikon. Berlin 1993, S. 167.
40 Storni, Catálogo de los jesuitas (wie Anm. 29), S. 310.
41 Andrés Millé, Derrotero de la Compañía de Jesús en la conquista del Perú, Tucumán y Paraguay y sus iglesias del antiguo Buenos Aires 1567–1768, Buenos Aires 1968, S. 341.
42 Emmerling/Gramatke, Beitrag deutscher Jesuiten (wie Anm. 30), S. 43.

In diesen Jahren machte sich ein weiterer Jesuit aus dem Allgäu, der in Lindenberg geborene Achatius Negele, auf den Weg nach Übersee. Er wurde 1747 nach Paraguay berufen und befand sich ab 1749 in Buenos Aires. Nicht unwahrscheinlich, dass er dort seinen Gefährten aus Mindelheim traf und ihm beim Bau des Kollegs »Nuestra Señora de Belén« unter die Arme griff, bevor er weiter in den Nordwesten nach Santiago del Estero reiste, um in den dortigen Niederlassungen des Ordens als Maler und Vergolder zu arbeiten.[43] Joseph Schmidt hingegen versuchte mit aller Kraft das Kolleg in Buenos Aires fertigzustellen, musste aber die Arbeit daran bald einstellen, da sich sein Gesundheitszustand weiter verschlechterte: *Also gab er, der er immer streng, gehorsam, arm, ein wahrer Jesuit gewesen war, da er nun mehr freie Zeit zur Verfügung hatte, fürtrefflichste Beispiele aller Tugenden. Täglich ging er hundertmal und fünfzigmal den Kleinen Rosenkranz durch, in Gebeten bestimmt zu Ehren der Allerheiligsten Jungfrau, die er stets in bewundernswerter Art verehrte. Als er spürte, dass der Tod recht nah war, stand ihm die Generalbeichte zur Seite. Endlich entschlummerte er sanft im zweiundsechzigsten Lebensjahr am dritten Iden des Juni* [11.06.] *des Jahres 1752.*[44]

Obgleich die Lobgesänge das Leben Joseph Schmidts stark verklären, lässt sich anhand des Nachrufs sehr schön die Lebenswelt des Allgäuer Missionars nachzeichnen. Dabei ist unschwer zu erkennen, dass das Aufgabenfeld eines weltlichen Laienbruders eine Bandbreite an Tätigkeiten umfasste – von der beruflichen Profession bis zu pastoralen Diensten und logistischen Aufgaben. Dies wird auch für Peter Weger und Achatius Negele gegolten haben, selbst wenn über ihre apostolischen Lebenswege keine ausführlichen Quellen überliefert sind, die darüber Auskunft geben können.

Während in der Provinz Paraguay Joseph Schmidt, Peter Weger und Achatius Negele ihre handwerklichen Fähigkeiten einbrachten und so manch architektonischen Fingerabdruck hinterließen, wirkten in der nördlich gelegenen Provinz Neugranada, das sich über das heutige Kolumbien und Teile Venezuelas erstreckte, zwei Allgäuer Jesuiten in einem ganz anderen Bereich.

Mediziner in Kolumbien

Die Missionare der Gesellschaft Jesu sorgten sich nicht nur um das Heil der Seelen. Auch das körperliche Wohlergehen der Menschen und die Heilung von Krankheiten war ihnen ein Anliegen, ja der Dienst am Nächsten gehörte gewissermaßen zum apostolischen Selbstverständnis der Missionare.[45] Da die medizinische Versorgung im kolonialen Amerika aufgrund der Weitläufigkeit des Gebietes sehr schwierig war und es kaum professionelle Ärzte

43 Emmerling/Gramatke, Beitrag deutscher Jesuiten (wie Anm. 30), S. 40.

44 Emmerling/Gramatke, Beitrag deutscher Jesuiten (wie Anm. 30), S. 43.

45 Sabine Anagnostou, Missionsmedizin und Missionspharmazie im kolonialen Amerika. In: Johannes Meier (Hg.), Sendung – Eroberung – Begegnung. Franz Xaver, die Gesellschaft Jesu und die katholische Weltkirche im Zeitalter des Barock. Wiesbaden 2004, S. 261–291, S. 265.

und Apotheker gab, übernahmen bald die Jesuiten diese Aufgabe.[46] Nach dem Kirchenrecht war es Ordensmännern eigentlich verboten, Heilkunde zu praktizieren. Papst Gregor XIII. (1502–1585) hatte jedoch den Mitgliedern der Gesellschaft Jesu wegen ihres guten Rufs das Privileg erteilt, Heilkunde ausüben zu dürfen. Voraussetzung war eine gewisse medizinische Expertise und das Versprechen, keine chirurgischen Eingriffe durchzuführen.[47] In den Kolonien war immer wieder zu hören, wie dringend die Menschen medizinischer Hilfe bedurften. So schrieb etwa im Jahr 1725 der Missionar Ernst Steigmiller (1697–1736) aus Neugranada: *Wird etwann einer aus der Zahl unserer Indianer kranck, so rufft man den Missionarium, damit er der Seel und dem Leib zugleich helffe, sintmal* [zumal] *allhier weder Artzt noch Artzney anzutreffen ist. Der Priester hat keine andere Heil-Mittel als etliche Kräuter, welche er dem Siechen* [Kranken] *auflegt und eingibt, wie es ihm gedeucht.*[48]

In den Jesuitenkollegien der Kolonialstädte entstanden mit der Zeit ordenseigene Apotheken. Die Ordensapotheken waren meist die einzigen im Ort und entwickelten sich bald zu Zentren der regionalen und überregionalen Arzneimittelversorgung. Die Apotheker lieferten ihre fachkundig hergestellten Heilmittel in die entlegenen Landgüter und Missionsdörfer und bezogen gleichzeitig heimische Arzneien aus den entlegenen Reduktionen.[49] In der Hauptstadt der Ordensprovinz Neugranada, Santa Fe de Bogotá, verfügte der Orden in seiner Universität über eine hauseigene Apotheke. Die Apotheke der Universidad Javeriana war für lange Zeit die einzige autorisierte Bezugsquelle von Medikamenten in Bogotá. Mit der Leitung dieser Apotheke wurden im 18. Jahrhundert zwei Allgäuer Jesuiten betraut: Innozenz Damian Hochstätter und Leonhard Wilhelm.[50]

Beide Jesuitenbrüder waren gebürtige Mindelheimer. Die Stadt Mindelheim hatte sich im 17. und 18. Jahrhundert zu einem kleinen jesuitischen Hotspot auf dem Gebiet des heutigen Allgäus entwickelt. Im Zuge der gegenreformatorischen Bemühungen von Maximilian I. von Wittelsbach (1573–1651) sowie in Folge seiner Übernahme der Herrschaft in Mindelheim kamen 1618 die ersten Jesuiten in die Stadt. Sie eröffneten im ehemaligen Augustinerkloster ein Gymnasium und unterrichteten fortan den adeligen und großbürgerlichen Nachwuchs.[51] Die Kollegien der Jesuiten waren nicht nur hervorragende Ausbildungsstätten, sie dienten auch der Rekrutierung neuer Missionare. Die Jesuiten warben dort mittels aufwendiger Kampagnen, etwa in Form speziell dafür inszenierter Theaterstücke, für die Mission in Übersee und versuchten junge, motivierte und gut ausgebildete Männer für die Mission zu gewinnen.[52] Am Mindelheimer Kolleg unterrichteten ferner

46 Anagnostou, Missionsmedizin und Missionspharmazie (wie Anm. 45), S. 265 f.

47 Anagnostou, Missionsmedizin und Missionspharmazie (wie Anm. 45), S. 267 f.

48 Joseph Stöcklein (Hg.), Der Neue Welt-Bott. Allerhand so Lehr- als Geistreiche Brief, Schriften und Reise-Beschreibungen. Augsburg 1726–1761, Nr. 325, S. 75.

49 Anagnostou, Missionsmedizin und Missionspharmazie (wie Anm. 45), S. 281.

50 Christoph Nebgen, Jesuiten aus Zentraleuropa in Portugiesisch- und Spanisch-Amerika. Ein bio-bibliographisches Handbuch mit einem Überblick über das außereuropäische Wirken der Gesellschaft Jesu in der frühen Neuzeit. Bd. 3: Neugranada. Münster 2008, S. 99 f.

51 Horst Niesing, „…in keiner Weise prächtig." Die Jesuitenkollegien der süddeutschen Provinz des Ordens und ihre städtebauliche Lage im 16.–18. Jahrhundert. Petersberg 2004, S. 203.

52 Friedrich, Die Jesuiten (wie Anm. 8), S. 515–520.

immer wieder Jesuiten, die später als Missionare Karriere machten, wie beispielsweise Anton Friedl (1685–1769), der bekannte Chile-Missionar aus Reutte.[53]

Es ist sehr wahrscheinlich, dass auch der 1691 geborene Innozenz Damian Hochstätter das Jesuitenkolleg in Mindelheim besuchte. Seine Eltern gehörten zum städtischen Bürgertum und hatten Interesse daran, ihrem Sohn die beste schulische Ausbildung zukommen zu lassen. Während sein Vater Arzt war, entschied sich Hochstätter für den Beruf des Apothekers. Nachdem er sein Studium abgeschlossen hatte, entschloss sich der 31-Jährige, dem Jesuitenorden beizutreten und in die Mission zu gehen. Hochstätter wurde 1722 in den Orden aufgenommen, absolvierte in Ebersberg das Noviziat und reiste ein Jahr später in die karibische Küstenstadt Cartagena de Indias. Von dort ging es über den Fluss Magdalena in die Hauptstadt des Vizekönigreichs Neugranada, Santa Fe de Bogotá. In der dortigen Universität des Ordens leitete er über zehn Jahre die Apotheke.[54]

Die Universität Javeriana galt als die bedeutendste höhere Bildungsanstalt in Neugranada und bildete den Nachwuchs der kolonialen Eliten in Theologie, Philosophie Medizin, Recht und in den freien Künsten aus.[55] Als leitender Pharmazeut war Hochstätter dafür zuständig, Arzneien zuzubereiten und Salben herzustellen. Für die Herstellung von Arzneimitteln griffen die Jesuiten auf bekannte Heilpflanzen, etwa Rosmarin, Knoblauch und Kapuzinerkresse zurück und bedienten sich gleichermaßen tierischer Produkte wie Amber und Bezoar. Vor allem Bezoaren – aus Haaren, Pflanzenfasern, Harzen und Steinchen schichtartig aufgebaute Konkremente aus dem Pansen von Wiederkäuern – wurden besondere Heilkräfte zugeschrieben. Laut medizinischen Traktaten aus jesuitischer Feder linderten sie die Symptome von Lepra und Krätze, reinigten die Nieren, trieben Würmer aus und heilten Bisse von Giftschlangen und tollwütigen Tieren.[56] Auch die sogenannte Chinarinde galt den Jesuiten als wirksame Arznei. Sie wurde aus den in Lateinamerika wachsenden Cinchona-Arten gewonnen, half Fieber zu senken und wirkte gegen Malaria. Noch heute wird in der Malariatherapie trotz synthetischer, hochwirksamer Arzneistoffe auf das aus der Chinarinde isolierte Chinin zurückgegriffen.[57] Da die Jesuiten dazu beitrugen, die Chinarinde als Heilmittel auf dem ganzen Globus zu verbreiten, wurde sie bald »Jesuitenrinde«, in pulverisierter Form auch »Jesuitenpulver« genannt.[58] Neben Heilkräutern und Produkten tierischen Ursprungs bedienten sich die Jesuiten verschiedener Mineralien, Schwefel, Sulfate und Heilerden.[59] Die Apotheker bereiteten die Arzneien als Tränke, Öle, Salben, Pulver oder Sirupe zu und verabreichten dieselben in Form von Umschlägen, Bäder, Räucherun-

53 Michael Müller, Jesuiten aus Zentraleuropa in Portugiesisch- und Spanisch-Amerika. Ein bio-bibliographisches Handbuch mit einem Überblick über das außereuropäische Wirken der Gesellschaft Jesu in der frühen Neuzeit. Bd. 2: Chile. Münster 2011, S. 169.

54 Nebgen, Neugranada (wie Anm. 50), S. 204 f.

55 Nebgen, Neugranada (wie Anm. 50), S. 16 f.

56 Sabine Anagnostou, Jesuiten in Spanisch-Amerika als Übermittler von heilkundlichem Wissen. Stuttgart 2000, S. 403.

57 Anagnostou, Jesuiten als Übermittler (wie Anm. 56), S. 182 f.

58 Anagnostou, Missionsmedizin und Missionspharmazie (wie Anm. 45), S. 283.

59 Anagnostou, Jesuiten als Übermittler (wie Anm. 56), S. 167–176.

gen oder mittels Klistiere und Zäpfchen.[60] Neben der Zubereitung von Arzneimitteln oblag es den Apothekern bei Gelegenheit die Pflichten eines Arztes zu übernehmen. Sie kurierten Zahnschmerzen, behandelten Geschwüre, therapierten Augenleiden, Magenschmerzen, Knochenbrüche, offene Wunden und führten Aderlässe durch.[61] Kam es zu Bissen von Giftschlangen, griffen die Jesuiten beispielsweise auf folgende Therapiemethoden zurück: *Man rupfe einem lebenden Huhn aus Hals die Federn aus, halte es mit einer Hand am Schnabel, mit der anderen an den Füßen fest, stelle die Flügel ruhig und halte seinen Hals so lange auf den Biß, bis es verendet sei. Dieselbe Prozedur wiederhole man zweimal, dann genese der Kranke. Auf die Bißwunde dürfe man auch Bratenöl vom Fisch streichen. Wenn man das Öl dem Kranken zu trinken gebe, speie er das Gift aus dem Mund. Es sei ebenfalls nützlich, die Wunde mit dem Speichel des Vergifteten zu behandeln. Item* [Ferner] *nehme man zwei Drachmen Nardenzwiebeln in zwei Unzen edlem Wein oder in einer Unze Branntwein ein, denn diese Arznei schwäche die Wirkung des Giftes ab, so daß es nicht zum Herzen gelangen könne. Man gebe dieses Heilmittel noch dreimal, und der Patient werde vom Tode errettet.*[62]

Derartige Therapiemethoden mögen aus heutiger Sicht nach Quacksalberei klingen. Sie waren jedoch zum damaligen Zeitpunkt Stand des medizinisch-heilkundlichen Wissens, das sich aus empirischen Erkenntnissen herleitete und sich im Alltag durchaus bewährt haben mag. Die Jesuiten stützten sich zunächst auf das heilkundliche Wissen aus Europa. Da sich dieses für die Anwendung in den Tropen als unzureichend erwies, erforschten sie bald die Anwendung heimischen Arzneien und übernahmen nicht selten medizinische Praktiken indigener Schamanen.[63] Innozenz Damian Hochstätter leitete die Apotheke in der Jesuitenuniversität wie erwähnt über mehrere Jahre. In dieser Zeit wird er die Gegend um Bogotá bereist haben, um das andine Hochplateau nach Heilpflanzen zu erkunden, zumal der Orden außerhalb der Hauptstadt über mehrere Landgüter verfügte.[64] Ob er darüber hinaus die Missionen am Orinoko oder in der Llanos-Ebene aufsuchte, lässt sich nicht sagen. Viel wahrscheinlicher ist es, dass er einstweilen an den Volksmissionen um die Hauptstadt teilnahm oder als Dozent an der Universidad Javeriana sein medizinisches Wissen weitergab.[65] Nach seiner Zeit als Chefapotheker war er ab 1736 als Gutsverwalter für die Ländereien der Universität zuständig. Ein solch hohes Amt wurde nur wenigen ausländischen Laienbrüdern übertragen und zeugt von dem großen Vertrauen, das Hochstätter entgegengebracht wurde.[66] Der Allgäuer führte das Amt über zehn Jahre aus, bis er im Jahr 1747 schließlich auf der »Hacienda de Apiay«, einem Landgut außerhalb von Bogotá, verstarb.[67]

60 Anagnostou, Jesuiten als Übermittler (wie Anm. 56), S. 371 f.

61 Anagnostou, Jesuiten als Übermittler (wie Anm. 56), S. 76; 320-394.

62 Sigismund Aperger, Tratado breve de medicina de las enfermedades. O. O. o. J., fol. 175r–176r. In: Anagnostou, Jesuiten als Übermittler (wie Anm. 56), S. 382. Transkription und Übersetzung gehen auf die Autorin zurück.

63 Anagnostou, Missionsmedizin und Missionspharmazie (wie Anm. 45), S. 261 f.

64 Nebgen, Neugranada (wie Anm. 50), S. 205.

65 Nebgen, Neugranada (wie Anm. 50), S. 16 f. Es war keine Seltenheit, dass Jesuiten aus dem deutschsprachigen Raum als Dozenten an der Universität Javeriana lehrten, so etwa Peter Liner, Franz Albrecht Rauber und Albert Buckowsky.

66 Nebgen, Neugranada (wie Anm. 50), S. 103 f.

67 Nebgen, Neugranada (wie Anm. 50), S. 204 f.

Einen ähnlichen Anfang, jedoch einen gänzlich anderen Verlauf nahm der Lebensweg seines Mindelheimer Kollegen Leonhard Wilhelm. Im Jahr 1722 in Mindelheim geboren, trat Wilhelm als fertig ausgebildeter Apotheker mit 32 Jahren dem Orden bei. Zwischen 1754 und 1756 durchlief er das Noviziat in Landsberg, wo er seinen Ruf nach Paraguay erhielt. Der Weg in die Mission führte den Allgäuer zunächst für eine längere Zeit nach Spanien, denn dort musste er fünf Jahre warten, bis ihn eine Flotte nach Übersee brachte.[68] Anfang der 1750er-Jahre zirkulierten überall in Europa Gerüchte über den vermeintlichen Jesuitenkönig Nikolaus I. Den Erzählungen zufolge herrschte in den Missionen Paraguays ein jesuitischer Tyrann deutscher Provenienz mit dem Namen Nikolaus, der die indigene Bevölkerung gewaltsam unterdrücken, sich materiell bereichern und politisch wie militärisch gegen die spanische Kolonialmacht intrigieren würde. Die Gerüchte um den Jesuitenkönig waren Teil der antijesuitischen Propaganda, die ab der Jahrhundertmitte vor allem der portugiesische Minister Marquis de Pombal (1699–1782) befeuerte, um den Orden zu diskreditieren.[69] Mit den Gerüchten wuchs unter den spanischen Beamten die Skepsis gegenüber den deutschstämmigen Missionaren, was zur Folge hatte, dass die Freizügigkeit für Missionare aus der Assistentia Germania zunehmend eingeschränkt und die Ausreise nach Paraguay versagt wurde. Leonard Wilhelm wurde daher aufgetragen nach Neugranada zu reisen, doch erst nach fünf Jahren konnte er seine Reise fortsetzen. Um die Wartezeit zu überbrücken, wird er die spanische Sprache gelernt, seine medizinischen Kenntnisse im Rahmen karikativer Dienste eingebracht oder sich auf die Missionsarbeit vorbereitet haben.[70] Im Jahr 1761 konnte er Spanien schließlich verlassen. Als er 1763 in Bogotá ankam, wurde er, wie sein Mindelheimer Kollege Hochstätter, an der Jesuitenuniversität als Apotheker tätig.[71] Doch konnte er seine Fähigkeiten nicht lange Zeit unter Beweis stellen. Der öffentliche Druck auf den Jesuitenorden wurde in den 1760er Jahren so groß, dass der Orden im Jahr 1767 sein missionarisches Engagement in Übersee aufgeben musste und im Jahr 1773 aufgelöst wurde. Der Gesellschaft Jesu wurde vieles zum Vorwurf gemacht – etwa reformunwillig und fortschrittsfeindlich zu sein, zu viel politischen Einfluss zu haben, das absolutistische Staatsverständnis zu unterlaufen oder die außereuropäische Missionsarbeit zu monopolisieren – und war den aufgeklärten Zeitgenossen zunehmend ein Dorn im Auge.[72] Der spanische König Karl III. (1716–1788) verfügte im Februar 1767 per Dekret, die Kolonien zu räumen und den Besitz der Jesuiten einzuziehen. Patres und weltliche Brüder wurden aus den Missionsstationen vertrieben, verhaftet und als Gefangene zurück nach Europa verfrachtet. Die beengte Unterbringung auf dem Schiff, Hitze, Gestank und Ungeziefer sowie die mangelhafte Versorgung mit Nahrungsmitteln und die schlechte Behandlung an

68 Nebgen, Neugranada (wie Anm. 50), S. 225 f.

69 Felix Becker, Die politische Machtstellung der Jesuiten in Südamerika im 18. Jahrhundert. Zur Kontroverse um den „Jesuitenkönig" Nikolaus I. von Paraguay. Köln 1980, S. 202–208.

70 Schader, Warteraum Andalusien (wie Anm. 19), S. 58–110; 193.

71 Nebgen, Neugranada (wie Anm. 50), S. 226.

72 Uwe Glüsenkamp, Das Schicksal der Jesuiten aus der oberdeutschen und den beiden rheinischen Ordensprovinzen nach ihrer Vertreibung aus den Missionsgebieten des portugiesischen und spanischen Patronats (1755–1809). Münster 2004, S. 9–11.

Bord waren Grund dafür, dass einige Jesuiten auf der Reise ums Leben kamen.[73] Als der Ausweisungsbescheid in Bogotá eintraf, wurden Leonard Wilhelm und seine Ordensbrüder zunächst kaserniert und unter militärischer Kontrolle nach Cartagena de Indias und nach Guayana gebracht. Von dort ging es weiter über den Atlantik. Die Strapazen der Gefangenschaft setzten dem mittlerweile 55-jährigen Wilhelm derart zu, dass er an Bord der Fregatte »La Fortuna« im November 1767 verstarb.[74]

Künstler in Chile

Auch dem Allgäuer Johann Baptist Redle blieb ein längeres apostolisches Wirken in Übersee verwehrt. 1718 in Rot an der Rot geboren, trat der Maler, Bildhauer und Goldschmied als 28-Jähriger in Landsberg der Gesellschaft Jesu bei. Direkt nach dem Eintritt 1746 wurde er in die Mission nach Chile berufen. In der Hauptstadt Santiago de Chile schloss er im Colegio Máximo de San Miguel zunächst das Noviziat ab. Danach wurde er nicht wie viele andere deutsche Missionare in den Süden nach Araukanien oder als Wandermissionar auf die Pazifikinsel Chiloé entsandt, sondern wurde auf dem zum Colegio Máximo gehörenden Landgut Calera de Tango als Maler tätig.[75] Die Hacienda Calera de Tango verfügte neben weitläufigen Plantagen über große Werkstätten und entwickelte sich in jenen Jahren zur bedeutendsten Künstler- und Handwerkersiedlung im Vizekönigreich Chile.[76] Zur Zeit Redles arbeiteten dort circa 40 Jesuiten, vorrangig weltliche Brüder aus den deutschen Territorien als Schreiner, Tischler, Zimmerer, Tuchmacher, Goldschmiede, Uhrmacher, Weber, Maler, Glockengießer und Orgelbauer.[77] Redles wichtigster künstlerischer Beitrag waren die »Quince misterios del Rosario«, eine für die Kirche in Calera de Tango geschaffene, heute nicht mehr erhaltene Serie von 15 großformatigen Gemälden mit den Mysterien des Rosenkranzes. Neben seinem Kunsthandwerk war Redle außerdem als Sakristan tätig und unterrichtete am Colegio Máximo Malerei, Bildhauerei und Goldschmiedekunst. Als der Ausweisungsbescheid 1767 die chilenische Hauptstadt erreichte, wurde Redle aufgrund seines Alters zunächst verschont. Ein Jahr darauf wurde er ausgewiesen. Die Reise führte ihn über Mexiko nach Spanien. Dort wurde er, wie alle anderen Jesuiten verhört, bevor es über einige Stationen auf dem Mittelmeer schließlich nach Deutschland ging.[78] Jahre später wurden seine Erinnerungen an die Vertreibung niedergeschrieben: *Man holte uns um Mitternacht aus unseren Betten; man ließ uns in derselben Nacht ein Schiff besteigen, das im Hafen auf uns wartete; man verbrachte* [uns] *bar aller Habseligkeiten bis nach Mexiko, von dort weiter nach*

73 Glüsenkamp, Das Schicksal der Jesuiten (wie Anm. 72), S. 41–44.

74 Nebgen, Neugranada (wie Anm. 50), S. 117–123.

75 Müller, Chile (wie Anm. 50), S. 398–401.

76 Estela Premat, Tres haciendas jesuíticas en el Reino de Chile (Siglo XVIII): Calera de Tango, El Buen Viaje y Puyuta. In: Revista Iberoamericana de Viticultura, Agroindustria y Ruralidad 2015, Vol. 2 Nr. 4, S. 57–70, S. 58.

77 Premat, Tres haciendas jesuíticas (wie Anm. 76), S. 58 f. sowie Müller, Chile (wie Anm. 50), S. 105.

78 Müller, Chile (wie Anm. 50), S. 398–401.

Spanien, wo jene aus dieser Nation bleiben konnten. Und wir andere, Deutsche, wir wurden zuerst auf die Insel Korsika gebracht, wo man uns nicht aufnehmen wollte, von dort wurden wir nach Toskana verbracht, wo uns durch die Fürsprache der Herzogin ihr Gemahl Leopold [Großherzog Leopold (1747–1792)] *schließlich mit den nötigsten Mitteln versah, um unser Vaterland zu erreichen* [...].[79]

Die Rückkehr nach Europa war für die Missionare eine herbe Enttäuschung. Hatten sie bislang eine hohe soziale Anerkennung genossen, nahm durch die Verbannung das Image des Ordens großen Schaden. Die weiteren Lebenswege verliefen daher meist wenig spektakulär.[80] Johann Baptist Redle wurde nach der Rückkehr zunächst ins Jesuitenkolleg nach Dillingen geschickt, wo er als Küchengehilfe assistierte. Danach ging er über Augsburg ins schweizerische Porrentruy und fand im dortigen Kolleg als Pförtner eine Anstellung. Im Jahr 1773 veranlasste Papst Clemens XIV. (1705–1774) schließlich die Auflösung des Ordens. Die Besitztümer der Gesellschaft Jesu wurden verstaatlicht oder in die Obhut anderer Orden gegeben. Die Jesuiten mussten ihre Residenzen verlassen und arbeiteten fortan als Weltkleriker, Seelsorger oder im Lehramt. Viele der weltlichen Brüder kehrten in ihren ursprünglichen Berufsstand zurück.[81] Als die Jesuiten in Porrentruy von der Ordensauflösung erfuhren, reagierten sie mit Fassungslosigkeit. Bruder Redle hingegen nahm die Nachricht gelassen auf: *Die bestürzten Jesuiten versanken in tiefstem Schmerz und wußten nicht anders als mit ihren Tränen zu reagieren. Nur der Pförtner* [...] *Bruder Roedel, nahm diese Neuigkeit mit heiterer Miene auf.*[82] Als Redle auf seine Unbekümmertheit angesprochen wurde, gab er zur Antwort: *‚Ich bin diese Komödien bereits gewöhnt.* [...] *Zum dritten Mal macht man mir dieses Kompliment* [Höflichkeitserweisung]. *Aber das erste Mal, als ich Zeuge einer solchen Förmlichkeit in der Hauptstadt von Chili* [Chile] *wurde, teilte man sie uns nicht auf so höfliche Weise mit.‘*[83] Die humorvolle Gelassenheit war vielleicht mit ausschlaggebend, dass Redle weiterhin im Kolleg, das fortan als Eremitenhaus diente, bis zu seinem Lebensende bleiben durfte.[84]

Zusammenfassung

Im Zuge der »geistigen Eroberung« der Welt machten sich in der Neuzeit hunderte Jesuiten aus dem Heiligen Römischen Reich auf den Weg nach Spanisch-Amerika, um dort den

79 Louis Vautrey, Histoire du Collège de Porrentruy (1590–1865), Porrentruy 1866, S. 148 f. Übersetzung nach Müller, Chile (wie Anm. 50), S. 400 f. Die Äußerung Redles wurden in den Memoiren von M. Kuhn, Attaché am Hof des Prinzen von Roggenbach, festgehalten und dienten als Quellenvorlage für das Zitat bei Vautrey, siehe dazu Glüsenkamp, Das Schicksal der Jesuiten (wie Anm. 72), S. 119.

80 Glüsenkamp, Das Schicksal der Jesuiten (wie Anm. 72), S. 84–95, 144–147.

81 Glüsenkamp, Das Schicksal der Jesuiten (wie Anm. 72), S. 101–113; 145 f.

82 Vautrey, Collège de Porrentruy (wie Anm. 79), S. 148 f. Übersetzung nach Müller, Chile (wie Anm. 50), S. 400.

83 Vautrey, Collège de Porrentruy (wie Anm. 79), S. 148 f. Übersetzung nach Müller, Chile (wie Anm. 50), S. 400.

84 Glüsenkamp, Das Schicksal der Jesuiten (wie Anm. 72), S. 138 sowie Müller, Chile (wie Anm. 50), S. 400.

christlichen Glauben zu verbreiten. Einige dieser Jesuiten kamen aus dem Gebiet des heutigen Allgäus. Zahlenmäßig sind die Allgäuer Missionare kaum ins Gewicht gefallen. Lediglich sechs Allgäuer machten sich auf die Reise nach Übersee, wobei der Weg sie aus Mindelheim, Kempten, Rot an der Rot und Lindenberg nach Paraguay, Kolumbien und Chile führte. Die meisten Missionare kamen aus Mindelheim, wo der Jesuitenorden über eigene Niederlassungen verfügte und regelmäßig für die Mission in Übersee warb. Die Allgäuer Jesuiten waren keine Priester, sondern ausgebildete Handwerker, Künstler und Mediziner. Da sie einerseits noch recht jung waren, andererseits bereits über Berufserfahrung verfügten, waren sie sehr gefragt und wurden vom Orden angeworben, um als weltliche Brüder ihre handwerklichen, künstlerischen und wissenschaftlichen Fähigkeiten in das apostolische Unternehmen in Übersee einzubringen. Die Allgäuer Jesuiten waren nicht direkt in den Missionsstationen tätig, sondern wirkten meist in den Metropolen der Vizekönigreiche, in Buenos Aires, in Santa Fe de Bogotá und in Santiago de Chile. Sie leiteten den Bau von Kirchen und Kollegien, versorgten als Chefpharmazeuten die Stadtbevölkerung mit Arzneien oder verzierten kunstvoll die sakralen Bauten der Gesellschaft Jesu. Bisweilen wirkten sie als Seelsorger, übernahmen administrative Ämter oder lehrten an den Kollegien und Universitäten des Ordens. Während einige ihr Potenzial über längere Zeit in das missionarische Projekt der Gesellschaft Jesu einbringen konnten, war anderen aufgrund der Vertreibung des Ordens lediglich ein kurzer Aufenthalt in Übersee gewährt.

Abbildungsnachweis

Abb. 1 Bernd Hausberger, Die Verknüpfung der Welt. Geschichte der frühen Globalisierung vom 16. bis zum 18. Jahrhundert. Wien 2015, S. 69; Grafik Roman Dangl.

Katrin Holly

Otto Merkt im Nationalsozialismus – Biogramm, bisheriger Forschungsstand und Forschungsdesiderate

Ein Gutachten für die Erinnerungskommission der Stadt Kempten

Einführung

Die Kommission für Erinnerungskultur der Stadt Kempten beauftragte im Frühjahr 2022 die Autorin, ein Biogramm über den langjährigen Oberbürgermeister Dr. Otto Merkt und seine Rolle im Nationalsozialismus zu erstellen. Die Kommission stellte dafür ein Raster zur Erstellung von Biogrammen von Straßennamensgebern auf mögliche NS-Belastungen zur Verfügung. Das Gutachten wurde vertragsgemäß aus der bisher veröffentlichten wissenschaftlichen Literatur[1] erarbeitet und nur stichprobenartig durch Quellen ergänzt (Liste im Anhang). Es war als Vorgutachten gedacht, bei dem die bisherigen Forschungsergebnisse über Otto Merkt zusammengestellt werden sollten, um die Erarbeitung eines vertieften Gutachtens ausschließlich auf Quellenbasis vorzubereiten.

Das Vorgutachten wurde am 11. November 2022 in der Kommission für Erinnerungskultur vorgestellt und diskutiert. Auf ein weiteres vertieftes Gutachten wurde daraufhin verzichtet. Der Grund für diese Entscheidung ergibt sich aus den Ausführungen dieses Beitrags. Denn die festgestellten Forschungsdesiderate können nicht innerhalb eines kurzen Zeitraums bewältigt werden und bedürfen langjähriger Forschungen durch mehrere Wissenschaftler. Die Autorin erhielt aber vom Vorsitzenden der Kommission für Erinnerungskultur den Auftrag, ihre Ergebnisse an dieser Stelle zu veröffentlichen. Für diesen Beitrag wurde das Gutachten umgearbeitet und in einigen Details, v.a. beim Lebenslauf und den Hintergrunderläuterungen, vertieft und erweitert. Die Veränderungen wurden vorgenommen, um Redundanzen zu vermeiden und das Biogramm für eine breite Leserschaft aufzubereiten. Außerdem wurden zusätzlich neue Quellenfunde, die Historikerkollegen mir zur Verfügung stellten, eingearbeitet. Der Inhalt orientiert sich nach wie vor am zentralen Erkenntnisinteresse der Kommission: Welche Rolle spielte Otto Merkt im Nationalsozialis-

1 Folgende Kriterien sind maßgebend: Die Arbeiten basieren auf anerkannten wissenschaftlichen Kriterien. Insbesondere zeichnen sie sich durch Quellenkritik aus und legen in Anmerkungen ihre Quellen nachprüfbar offen. Journalistische Arbeiten, die weder ihre Quellen nachvollziehbar darlegen, keine wissenschaftlichen Kriterien genügende Quellenkritik vollziehen und die Ergebnisse der wissenschaftlichen Forschung ignorieren, wurden nur herangezogen, wenn Aussagen belegt sind. Einigen Wertungen dieser journalistischen Arbeiten wird in diesem Gutachten widersprochen. Gedruckte Texte von Zeitgenossen werden als kritisch zu untersuchende Quellen behandelt. Die Auflistung der ausgewerteten Literatur befindet sich im Kap. 9.2.

mus? Hat er sich an Unrechtstaten beteiligt? Wie stand er zur nationalsozialistischen Ideologie? Es hat sich herausgestellt, dass noch sehr viele Fragen geklärt werden müssen, bevor eine abschließende Beurteilung getroffen werden kann.

Zunächst werden der Lebenslauf von Otto Merkt und seine ehrenamtlichen Tätigkeiten und Ehrungen vorgestellt. Anschließend werden Otto Merkts Denkweisen erläutert, die für sein Handeln im Dritten Reich und für seine Einstellung zum nationalsozialistischen Regime ausschlaggebend waren. Danach werden einzelne zentrale Ereignisse, sein Verhalten während der NS-Zeit und die wichtigsten seiner Funktionen behandelt. Es folgen die Darstellung seiner Verdienste, danach seine Erklärungen zu den Geschehnissen, die er nach 1945 abgab. In allen diesen Ausführungen werden offene Forschungsfragen aufgeworfen. Zum Schluss wird der Forschungsbedarf noch einmal zusammengefasst. Im ausführlichen Anhang werden Otto Merkts Ehrenämter und Auszeichnungen aufgelistet, sowie die verwendete Literatur und Quellen. Dieser Beitrag dient dazu, bisheriges Wissen über Otto Merkt zu bündeln, die Ergebnisse in die vorliegende NS-Forschung einzubinden, Forschungsbedarf zu definieren und zu einer sachlichen Diskussion beizutragen.[2] Er ergänzt in gewisser Weise den Aufsatz von Martina Steber im Allgäuer Geschichtsfreund von 2020[3], in dem die bisherigen Erkenntnisse über den Nationalsozialismus in Kempten und die Forschungsdesiderate dazu behandelt wurden.

1. Lebenslauf[4]

Otto Merkt wurde am 26. Juli 1877 als Sohn von Bezirksamtstierarzt Ferdinand Merkt und Anna Merkt, geb. Renn, in Kempten geboren.[5] Er wuchs in Kempten auf und machte sein

2 Bisher prägen die subjektiven und teilweise geradezu hymnischen Nachrufe und Biografien das Bild von Otto Merkt in der Öffentlichkeit. Vgl. hierzu die Nachrufe und Biografien im Kap. 9.2 (Gesichtete gedruckte Quellen). Es kommt hinzu, dass sie nur wenige Jahren nach dem Kriegsende von Weggefährten geschrieben wurden, wie z. B. von Alfred Weitnauer oder Josef Rottenkolber, deren eigene Rolle in der NS-Zeit noch nicht aufgearbeitet ist. Der von Karl Lindner verfasste Nachruf verdeutlicht besonders, wie sehr Merkt von den Zeitgenossen verehrt wurde.

3 Martina Steber, Volksgemeinschaft, Führerkult und Terror. Der Nationalsozialismus in Kempten. In: Allgäuer Geschichtsfreund 120 (2020), S. 113–146.

4 Der Lebenslauf von Otto Merkt beruht vor allem auf folgender Hauptquelle: Stadtarchiv Kempten (StAKe), NL Merkt 002. Lebenslauf Otto Merkt mit folgender Gliederung: I. Lebenslauf, II. Orden und Ehrenzeichen, III. Ehrungen, IV. Ehrenämter, V. Schriften, VI. Drucksachen, VII. Denkschriften, VIII. Reden, IX. Vorträge, X. Veröffentlichungen in Zeitschriften, XI. Zeitungsartikel. Dieser undatierte Lebenslauf wurde vermutlich 1944 von Otto Merkt verfasst. Oft ist Beginn und/oder Ende der Laufzeit seiner Ämter nicht angegeben bzw. das Ende offengelassen, was bedeutet, dass er sie zum Zeitpunkt der Erstellung des Lebenslaufs noch ausübte. Ergänzt wurde aus dem Personalakt im Bayerischen Hauptstaatsarchiv (BHStA), MINN 80447. Wenn andere Quellen hinzugezogen wurden, wurde eine extra Anmerkung angebracht. Die Anfrage im Stadtarchiv München, ob ein Personalakt vorliegt, wurde nicht beantwortet. Eine Verifizierung dieser Angaben von Otto Merkt und kritische Hinterfragung war nicht möglich und bleibt späteren Forschungen vorbehalten.

5 StAKe, Sterbebuch Kempten Nr. 156 (1951), Eintrag Otto Merkt; sowie NL Merkt 166: Geburtsurkunde vom 31.7.1877 als Auszug aus dem Geburtshauptregister des Standesamts zu Kempten vom 3.6.1910.

Abitur am Gymnasium Kempten 1896.[6] Danach leistete er von 1896 bis 1897 den Wehrdienst als Einjährig-Freiwilliger ab, den er als Unteroffizier verließ. Der überzeugte Militär nahm auch in den Folgejahren regelmäßig an Übungen teil. 1902 wurde Merkt zum Leutnant und 1911 zum Oberleutnant der Reserve ernannt.

Sein Jurastudium begann er mit dem Wintersemester 1897 in München, wo er die juristische Zwischenprüfung im Mai 1899 ablegte. 1900 bis 1901 studierte er an der Universität Erlangen weiter. Dort bestand er am 15. Juli 1901 das Erste Staatsexamen für den höheren Justiz- und Verwaltungsdienst mit Auszeichnung.[7] Danach war er seit 1. August 1901 als Rechtspraktikant am Amtsgericht Kempten, seit dem 1. Mai 1902 am Landgericht Kempten und seit 1. Februar 1903 am Bezirksamt Fürth tätig. Nebenbei arbeitete er an seiner Doktorarbeit mit dem Titel »Der Begriff der gemeindlichen Selbstverwaltung mit bes[onderer] Ber[ücksichtigung] des bayerischen Rechts«.[8] Am 16. Juli 1903 legte er die Promotionsprüfung an der Universität Erlangen mit summa cum laude ab, sein Doktordiplom erhielt er am 21. Januar 1904. Ab dem 1. August 1903 war er beim Stadtmagistrat München angestellt. 1904 legte er den sogenannten juristischen Staatskonkurs in München ab. Nachdem er vom 1. Februar bis 31. Juli 1904 in der Kanzlei des Rechtsanwalts Stahlmann in München beschäftigt gewesen war, ging er als Regierungspraktikant zur Regierung von Schwaben und Neuburg. Dort war er mit Unterbrechungen vom 1. April 1905 bis 1907 beschäftigt.[9] Von 1905 bis 1907 belegte er mehrere Fortbildungen an der Akademie für Sozial- und Handelswissenschaften in Frankfurt am Main, in denen er sich mit öffentlicher und privater Fürsorge, mit Gewerbehygiene und Ökonomie beschäftigte.[10] 1905/06 nahm er außerdem an einem Fortbildungskurs für höhere Verwaltungsbeamte und an Reisen und Betriebsbesichtigungen bei der Gesellschaft für wissenschaftliche Ausbildung teil. Im Frühjahr 1907 belegte er den Fortbildungskurs für höhere Verwaltungsbeamte. Diese Fortbildungen bereiteten wichtige künftige Tätigkeitsschwerpunkte von Merkt vor: Fürsorge- und Wohlfahrtswesen, wirtschaftliche Unternehmungen und Verwaltungsarbeit. Am 16. September 1907 wechselte er als königlicher Bezirksamtsassessor und Amtsanwalt nach Mallersdorf in Niederbayern.

Ein wichtiger Meilenstein in seinem Leben war seine anschließende Zeit in München. Hier sammelte er erste Erfahrungen in der Kommunalpolitik, im Umgang mit den politischen Parteien im Stadtrat und in der Verwaltungsführung einer großen Kommune. Er war seit 24. September 1909 als rechtskundiger Magistratsrat in München tätig und wurde am 21. August 1912 in dieser Position vom Stadtrat erneut gewählt. Seit dem 28. Mai 1914 war er Zweiter Bürgermeister. Das Amt übte er mit Unterbrechungen durch seine Kriegsteilnahme (17. August 1914 bis 30. April 1916) bis zu seinem Rücktritt am 20. Mai 1917 aus.

6 StAKe, NL Merkt 166, Zeugnis des K. Humanistischen Gymnasiums Kempten vom 14.7.1896.

7 StAKe, NL Merkt 166, Zeugnis vom 15.7.1901.

8 Die Dissertation befindet sich in StAKe, NL Merkt 112 und 115.

9 Er war vom 1.4.1905 bis 30.9.1905 dort als Regierungspraktikant, dann seit 30.1.1906 Regierungsakzessist und seit dem 1.4.1907 erneut Regierungspraktikant. Leider liegt nach Auskunft des Staatsarchivs Augsburg kein Personalakt über Otto Merkt aus seiner Zeit bei der Regierung von Schwaben und Neuburg vor.

10 Vgl. hierzu auch die im StAKe, NL Merkt 065 bis 067, vorhandenen Vorlesungsmitschriften, die ebenfalls bisher offenbar nicht ausgewertet wurden. Unterlagen zu seinem Studium finden sich auch in ebd., 166.

Bei seiner Kandidatur 1914 wurde Merkt als konservativer Kandidat mit den Stimmen der sozialdemokratischen und der liberalen Fraktion gewählt. Doch 1917 verlor er die Unterstützung der SPD, die laut seiner Interpretation befürchtete, dass er Chancen auf den bald freiwerdenden Oberbürgermeisterposten gehabt hätte, der dann der SPD nicht zugefallen wäre. Angeblich hatte die SPD von ihm verlangt, vor der Wiederwahl zu garantieren, dass er auch unter einem SPD-Oberbürgermeister sein Amt ausüben würde, was er ablehnte.[11] Die Fraktion boykottierte die Wahl, indem sie nicht erschien. Merkt trat deshalb als Zweiter Bürgermeister zurück und verzichtete auf eine Kandidatur im zweiten Wahltermin.[12]

Merkt kehrte 1917 an die Front zurück. Er war bereits im September 1914 zum Hauptmann ohne Patent ernannt worden und auf eigenen Wunsch zum Feldheer eingerückt. Eine von ihm ausgebildete Kompagnie von Freiwilligen und Reservisten führte er in den verlustreichen Sturmangriff auf Wytschaete (Flandern), bei dem er im November 1914 erstmals verwundet wurde.[13] Danach war er in verschiedenen Funktionen in der Militärverwaltung tätig, unter anderem leitete er das Generalwechselamt im Großen Hauptquartier. Im zweiten Abschnitt seines Frontdienstes war er erneut in Flandern eingesetzt und wurde im März 1918 ein zweites Mal verwundet. Nach seiner Entlassung aus dem Lazarett am 16. Juli 1918 wurde er als Grenzschutzoffizier in Scheidegg eingesetzt. 1920 wurde Merkt der Charakter eines Majors verliehen.

Bereits im Frühjahr 1917 sondierte Merkt seine Chancen auf den Posten des Ersten Bürgermeisters in Kempten.[14] Im Mai 1918 boten ihm die liberale Fraktion, die Zentrums- und die SPD-Fraktion den Bürgermeisterposten in Kempten an, denen Merkt rasch zusagte.[15] Das war wohl auch der Grund, warum Merkt zweimal im September 1918 das Angebot vom Auswärtigen Amt des Deutschen Reiches und von König Ludwig III. für den Posten eines deutschen Beirats des Finanz- und Handelsministeriums bei der Regierung von Georgien in Tiflis ablehnte. Am 2. Dezember 1918 wurde er einstimmig gewählt und am 6. Februar 1919 als rechtskundiger Erster Bürgermeister unwiderruflich, also unkündbar, eingeführt. Während der Revolution ließ ihn zwischenzeitlich der Arbeiter- und Soldatenrat verhaften.

11 StAKe, NL Merkt 168, Vormerkung von Otto Merkt mit dem Titel »Bürgermeisterwahl vom Jahre 1917 in München« vom 12.5.1943. Diese Vormerkung schrieb Otto Merkt viele Jahre nach dem Ereignis nieder. Anlass war der Fund von Zeitungsartikeln verschiedener Münchner Zeitungen über die damaligen Ereignisse. Demnach habe damals die SPD vor der Wahl von ihm verlangt, ihr zu garantieren, dass er auch unter einem SPD-Oberbürgermeister arbeiten würde, was er ablehnte. Diese Darstellung sollte durch eine Recherche in den Akten des Stadtarchivs München verifiziert werden.

12 StAKe, NL Merkt 168, Merkt an den Wahlkommissär Stössel, 20.5.1917 (Durchschlag).

13 Darüber veröffentlichte er ohne Namensnennung eine Reportage in den Münchner Neuesten Nachrichten (den Hinweis darauf verdanke ich Wolfgang Petz): Der Tag von Wytschaete. Der jungen Truppe Feuertaufe. In: Münchner Neueste Nachrichten, Nr. 597 vom 21.11.1914, S. 2, Nr. 599 vom 22.11.1914, S. 2 f., Nr. 601 vom 23.11.1914, S. 2, Nr. 603 vom 24.11.1914, S. 2 f., Nr. 604 vom 25.11.1914, S. 3. Dazu und zu seiner militärischen Laufbahn insgesamt vgl. StAKe, NL Merkt 002, 136 und 168 (darunter der Personalbogen mit Lebenslauf vom 6.3.1920).

14 StAKe, NL Merkt 168, A. Madlener, Kempten an Otto Merkt („Freund Kohl") 31.5.1917. Madlener antwortet darin auf eine Anfrage von Merkt und erläutert dessen Chancen auf das Bürgermeisteramt.

15 StAKe, NL Merkt 168, Schreiben der Liberalen Fraktion, Zentrumsfraktion, SPD-Fraktion des Stadtrats Kempten an Otto Merkt, 30.5.1918 und 7.6.1918.

Abb. 1 Otto Merkt während seines Kriegseinsatzes 1915 als Finanzreferent der Etappeninspektion 6 im Credit Lyonnais in Valenciennes.

Am 15. Juni 1919 wurde er bei der ersten direkten Wahl in der neuen Republik wieder zum Ersten Bürgermeister mit fast 99 % der Stimmen gewählt. Am 18. Dezember 1928 bekam er den Titel Oberbürgermeister verliehen.[16] 1929 wurde sein Bürgermeisteramt vom Stadtrat erneut als unwiderruflich erklärt.[17]

Im Laufe der „Machtergreifung" der Nationalsozialisten wurde er zweimal verhaftet und kurzfristig seines Amtes enthoben. Mit Hilfe seiner Kontakte zu Hermann Esser und Ludwig Siebert wurde er beide Male entlassen und letztendlich im Amt belassen. Merkt trat im April 1933 in die NSDAP ein. Im August 1942 versetzte ihn Gauleiter Karl Wahl trotz seiner unbefristeten Position und seiner Weigerung, das Amt freiwillig niederzulegen, in den zwangsweisen Ruhestand. Er hatte inzwischen die Altersgrenze dafür erreicht. Nach dem Kriegsende berief ihn die Militärregierung am 24. Mai 1945 als kommissarischen Oberbürgermeister und setzte ihn am 21. Juli wegen seiner Mitgliedschaft in der NSDAP wieder ab. Sie stellte ihn erst unter Hausarrest, verhaftete ihn dann und verlegte ihn in das

16 StAKe, NL Merkt 168, Verleihungsurkunden des Staatsministeriums der Innern, gez. Dr. Stützel, 18.12.1928.

17 StAKe, NL Merkt 168, Beschluss des Stadtrats Kempten vom 5.7.1929 (Abschrift). Zu seiner Wahl in Kempten und den Ereignissen während der Revolution und der Wiederwahl vgl. auch Herbert Müller, Kempten während der Weimarer Republik. In: Volker Dotterweich u.a. (Hg.), Geschichte der Stadt Kempten. Kempten 1989, S. 407–435, hier S. 409–413.

Internierungslager Garmisch, wo er das sogenannte Entnazifizierungsverfahren durchlief.[18] Er erreichte sowohl bei der Spruchkammer Kempten-Stadt am 21. Mai 1948[19] als auch im Berufungsverfahren vor der Hauptkammer Augsburg am 16. Mai 1949 eine Einstufung als Entlasteter.[20] Danach übte er keine hauptberufliche Tätigkeit mehr aus. Er war weiterhin ehrenamtlich im Heimatdienst Kempten, in der altkatholischen Kirche und in zahlreichen weiteren Vereinen, Verbänden und Institutionen tätig. Merkt, der nie geheiratet hatte und dessen Haushalt von seiner Haushälterin versorgt wurde, verbrachte auch seine letzten Lebensjahre in seiner Wohnung in der Parkstraße 39. Er starb am 23. März 1951 in Kempten.

Merkt erwartete selbstverständlich von seiner Umgebung die Anerkennung seiner Position: „Merkt fühlte sich als lokaler Honoratior, dem nach eigener Überzeugung eine Karriere bis an die Verwaltungsspitze eines Ministeriums [...] offenstand. Er verlangte wegen seiner Arbeitsbeschränkung auf Kempten einen Respekt, der ihn wie selbstverständlich weit über alle Mitstreiter in der Vertretung kommunaler Interessen hob."[21] Weggefährten beschrieben Merkt in der persönlichen Lebensführung als bescheiden, er legte keinen Wert auf repräsentative Kleidung. Er war ein rastloser Arbeiter, nicht nur als Oberbürgermeister, sondern auch in seinen zahlreichen Ehrenämtern.[22]

Den Beschluss des Stadtrats auf der Sitzung vom 2. Dezember 1949, ihm in Anbetracht seiner großen Verdienste das Ehrenbürgerrecht zu verleihen, lehnte er ab. Er hatte offenbar erfahren, dass die Beschlussfassung nicht einstimmig erfolgt war: *Ehrungen, die mit Stimmenmehrheit erkämpft werden, bedeuten Zweifel der Wiedersprechenden* [sic!] *an der Person und verkehren sich damit in das Gegenteil.*[23]

Bereits am 15. Juli 1954 beschloss der Stadtrat, den Verbindungsweg zwischen Brodkorbweg und Eingang zur Lindenbergschule nach Merkt zu benennen.[24] Es lag kein besonderer Anlass vor. Offenbar war die Straßenbenennung 1954 nur drei Jahre nach seinem Tod so selbstverständlich, dass es keiner ausführlichen Begründung im Stadtratsprotokoll bedurfte. In einem Zeitungsartikel wird die Ehrung *auch* mit seinem ehrenamtlichen Engagement im Wohnungsbau und in der Heimatpflege erklärt: *Schon zu Lebzeiten ist der verdienstvolle Förderer des hiesigen Wohnungsbaues geehrt worden. Eine Siedlung am Ostbahnhof trägt seinen Namen. Die neue Merkt-Straße soll auch auf die Verdienste des Verstorbenen um die Ausgrabung der Römerstadt hinweisen.*[25] Hier wird auf einen Bereich seiner zahlreichen

18 Herbert MÜLLER, Die Zeit nach 1945. In: Volker DOTTERWEICH u.a. (Hg.), Geschichte der Stadt Kempten. Kempten 1989, S. 449–467, hier S. 449.

19 Zu diesem Verfahren vgl. StAKe, NL Merkt 291; StAA, Spruchkammer Kempten Akten M 310/I.

20 Vgl. ebd. und StAKe, NL Merkt 293.

21 Herbert MÜLLER, Parteien- oder Verwaltungsvorherrschaft? Die Kommunalpolitik der Stadt Kempten (Allgäu) zwischen 1929 und 1953 (Schriften der Philosophischen Fakultäten der Universität Augsburg 35). München 1988, S. 34.

22 Vgl. hierzu die Nachrufe und Biografien im Anhang Kap. 8.6 (Gesichtete gedruckte Quellen).

23 StAKe, NL Merkt 044, Merkt an den Oberbürgermeister Dr. Volkhardt, 9.12.1949. Für den Hinweis danke ich Wolfgang Petz.

24 Laut Stadtratsprotokoll vom 15.7.1954, mitgeteilt per E-Mail von Archivar Thomas Steck, Stadtarchiv Kempten am 30.6.2022.

25 StAKe, EAPL 631/14/1.3., Zeitungsartikel in Der Allgäuer, Nr. 163, 19.7.1953. Die Siedlung, in der die Merktstraße verläuft, liegt auf dem Gelände des römischen Cambodunum.

ehrenamtlichen Tätigkeiten verwiesen, die er als junger Mann begann und seit den 1920er Jahren systematisch und gezielt ausbaute.

2. Ehrenämter in Vereinen, Institutionen und Unternehmen, Ehrungen

Otto Merkt war in zahlreichen Vereinen, Verbänden und in Unternehmen Mitglied, begründete einige von ihnen und hatte häufig führende ehrenamtliche Positionen inne. In manchen saß er aufgrund seines Bürgermeisteramtes, in sehr vielen, weil er seine Mitwirkung für nützlich und notwendig hielt. Merkt war ein hervorragender Netzwerker. Sein Engagement überstieg bei weitem das normale Maß, das sonst bei Kommunalpolitikern zu beobachten ist. Die beeindruckende Auflistung im Anhang wurde auf Anforderung der Kommission für Erinnerungskultur in folgende Abschnitte gegliedert: erstens Otto Merkts politische und gesellschaftliche Betätigung bzw. seine Funktionen, die vor 1933 einsetzten, zweitens seine politische und gesellschaftliche Betätigung bzw. Mitgliedschaften in NS-Organisationen seit 1933–1945, die seit der „Machtergreifung" hinzu kamen, drittens Funktionen in Staats- oder Kommunalverwaltungen, Wirtschaftsorganisationen etc. von 1933–1945 und viertens Orden, Auszeichnungen und Ehrungen.

Sein Engagement war breit gefächert: gesellschaftliche Vereinigungen (studentische Verbindungen, Akademische Ferien-Vereinigung Algovia), militärische Kameradschaften bzw. Soldaten- und Veteranenvereine, altkatholische Kirche, heimatkundliche Vereine und wirtschaftliche Institutionen und Unternehmen. Ein wichtiges Ehrenamt war das des Kreistagspräsidenten des Kreistags von Schwaben und Neuburg (ab 1938 Bezirksverband), das er bis 1945 ausübte. In dieser Funktion war er u.a. für die psychiatrischen Heil- und Pflegeanstalten in Schwaben zuständig. Ziel seiner Funktionen in den elektrizitätswirtschaftlichen Unternehmungen (Allgäuer Überlandwerk GmbH, Lechwerke AG, Untere Iller AG, Illerstudienkommission) und in den milchwirtschaftlichen Verbänden war die infrastrukturelle und wirtschaftliche Entwicklung Kemptens und des Allgäus.[26] Bis 1945 arbeitete er mit Gauleiter Karl Wahl in der Gauhilfe Schwaben an der Finanzierung des Wohnungsbaus zusammen. Merkt gehörte zusammen mit einem größeren Netzwerk an Gleichgesinnten zum Schrittmacher der Heimat- und Geschichtspflege in Schwaben und vor allem im Allgäu.[27] Sein soziales und gesellschaftliches Engagement diente nicht nur seiner erfolgreichen Verankerung in der Kemptener und Allgäuer Gesellschaft, sondern war ihm auch ein echtes Bedürfnis.[28] Die zahlreichen Auszeichnungen und der Schriftwechsel in seinem Nachlass bezeugen, dass Otto Merkt seine Ehrenämter in der Regel sehr ernst nahm. Er war ein aktives, nicht nur nominelles Mitglied. Außerdem ehrten ihn Vereine und Institutionen, die er als Wohltäter, sowohl als Bürgermeister, aber auch als Privatperson, nicht nur finanziell, sondern häufig mit juristischem und kaufmännischem Sachverstand sowie seiner

26 Müller, Weimarer Republik (wie Anm. 17), hier S. 428–432.
27 Vgl. dazu Kap. 4.4.4.
28 Vgl. dazu Kap. 5.

Verwaltungserfahrung unterstützt hatte. Merkt schuf sich mit diesem Engagement ein breites Netzwerk, das gleichzeitig ein politisches Instrument war, um seine Infrastruktur- und Kulturpolitik für Kempten, das Allgäu und Schwaben voranzutreiben. Hier konnte er seine Projekte in seinem Sinne verfolgen, indem er nicht auf die ihm oft hinderlichen, schwerfälligen staatlichen und kommunalen Instanzen angewiesen war.[29] Einige seiner Initiativen verfolgte er jedoch zusammen mit staatlichen Behörden, wie z. B. die Gründung des Bayerischen Schutzmarkenverbands für Butter und Käse.[30]

Auffällig ist aber eine Lücke: Er war so gut wie nie parteipolitisch aktiv, weil er dem bereits erwähnten Grundsatz anhing, ein überparteilich tätiger Bürgermeister zu sein. Er schloss sich vor 1933 nur aus taktischen Gründen für die Kandidatur im Kreistag zweimal politischen Parteien an.[31] 1933 trat er der NSDAP bei, um sein Bürgermeisteramt halten zu können, und bekam auch das Amt des Kreisleiters.[32]

Die Aufzählungen im Anhang stammen überwiegend aus den Listen, die er seinem Lebenslauf im Nachlass beifügte. Dass er alles so akribisch dokumentierte, spricht für den Stellenwert, die diese Ämter und Ehrungen für ihn sowie für seine Tätigkeit als Bürgermeister hatten. Sie sind ein wichtiges Merkmal seines Amts- und Selbstverständnisses sowie seines Politikstils. Deshalb wurden sie auch ungekürzt wiedergegeben. Aber für zukünftige Forschungen gilt, dass evtl. Lücken ergänzt, alle Angaben kritisch überprüft und in den Kontext gestellt werden müssen.

3. Grundzüge der Wertvorstellungen und Überzeugungen

Otto Merkts weltanschaulichen Überzeugungen sind ein wichtiger Schlüssel, um sein Verhalten während des NS-Regimes zu verstehen.

Merkt war Mitglied der altkatholischen Kirche, deren Einstellung in ihrer Selbstzuschreibung *katholisch und deutsch* war. Die altkatholischen Kirchen entstanden als ein Zusammenschluss der Katholiken, die nach 1870 die Dogmen des ersten Vatikanums ablehnten und exkommuniziert wurden. Das Selbstverständnis, eine Protest- und Reformbewegung zu sein, blieb dauerhaft bestehen. Der Widerspruch richtete sich gegen die von ihnen gebrandmarkten Irrlehren der römisch-katholischen Kirche über die päpstliche Universalmacht und Unfehlbarkeit. Damit verbunden war das Ziel einer Kirchenreform mit gleichzeitiger Wiedervereinigung der getrennten Katholiken.[33] Ein starker antirömischer Affekt

29 Ein gutes Beispiel ist dafür u.a. seine Mitarbeit in der Gauhilfe, vgl. Kap. 4.4.3. Den Übergang des städtischen Elektrizitätswerks Kempten an das Allgäuer Überlandwerk begründete er mit der Schwerfälligkeit einer parlamentarischen Stadtregierung, die eine vernünftige wirtschaftliche Entwicklung des EW Kempten behindert habe. Vgl. dazu Otto Merkt, Zehn Jahre Allgäuer Ueberlandwerk. Kempten 1930, S. 33–35.

30 Ulrich Efkes, Der Bayerische Schutzmarkenverband für Butter und Käse. Körperschaft des öffentlichen Rechtes in Kempten im Allgäu. In: Karl Lindner, Geschichte der Allgäuer Milchwirtschaft. Kempten 1955, S. 261–288, hier S. 261.

31 Vgl. dazu Kap. 3.

32 Vgl. dazu Kap. 4.1.

33 Matthias Ring, „Katholisch und deutsch". Die alt-katholische Kirche Deutschlands und der Nationalsozialismus (Geschichte und Theologie des Alt-Katholizismus, Reihe B, 3). Bonn 2008, S. 5.

ist dabei kennzeichnend,[34] der sich zugleich gegen den politischen Katholizismus richtete. Denn der Ultramontanismus der römisch-katholischen Kirche mit ihrem Unfehlbarkeitsanspruch wurde so interpretiert, dass „die Herrschaft der römischen Kirche, in letzter Linie des Papstes über den Staat“ ein politischer Anspruch sei, der sich somit gegen den Staat richte.[35] Die Altkatholiken postulierten die altkatholische als die wahre katholische deutsche im Gegensatz zur als fremdländisch empfundenen welschen römisch-katholischen Kirche. Katholisch und deutsch zu sein, war für Altkatholiken eine untrennbare Einheit ihres Selbstverständnisses. Sie bekannten sich als gute Untertanten der weltlichen Obrigkeit und standen politisch dem Nationalliberalismus nahe. Nach der Jahrhundertwende wandten sich die Mitglieder der altkatholischen Kirche zunehmend einem nationalistischen und völkischen Konzept zu, das auch die Rassenhygiene befürwortete. Die politische Einstellung wanderte immer mehr nach rechts.[36] In diesem Klima wurde Otto Merkt schon als Kind und Jugendlicher in seinem altkatholischen und nationalliberalen Elternhaus sozialisiert. Merkt war ein aktives Kirchenmitglied und übte dort auch Funktionen in der Selbstverwaltung aus.[37] Seine Rolle innerhalb der altkatholischen Kirche ist nur rudimentär bekannt. Aber es gibt Hinweise: Er war offenbar Mitbegründer der alt-katholischen Jungmannschaften. Er nahm für sich in Anspruch, für eine Änderung der Zweckbestimmung in der Satzung des Reichsverbandes der alt-katholischen Jungmannschaften 1909 gesorgt zu haben, indem er das nationalistische und völkische Prinzip hineinschreiben ließ. Ursprünglich war der Zweck so definiert: *die männliche altkatholische Jugend des Deutschen Reiches zu sammeln, sie im Glauben zu stärken und des Kampfes der Väter um eine romfreie katholische Kirche auf nationaler Grundlage nicht vergessen zu lassen und sie so zu zielbewußten, tatkräftigen Mitgliedern der altkatholischen Gemeinden heranzubilden.* 1909 ließ Merkt den Satz ändern. Er strich *auf nationaler Grundlage* und ersetzte die Stelle mit der Formulierung: *auf völkischer Grundlage.* Außerdem ließ er in dieser Fassung das Motto der Jungmannschaft eindrucken: *Katholisch und deutsch!*[38]

Ein weiteres Merkmal von Merkts Überzeugungen war, dass er Schwierigkeiten hatte, eine parlamentarische Demokratie in all ihren Ausprägungen zu akzeptieren. Damit verbunden war seine antisozialistische und darin inbegriffen antikommunistische Einstellung. Otto Merkt wurde im Bürgertum sozialisiert und hing als in der Monarchie ausgebildeter Staatsbeamter einem autoritären Staatsverständnis an, mit einem starken Hang zum ordnungspolitischen Denken. Er war über 40 Jahre alt, als die erste demokratische Republik in Deutschland gegründet wurde. Merkt vertrat zeitlebens den Grundsatz, dass ein Bürgermeister über den Parteien stehend agieren sollte. Er formulierte das bereits in seiner Dissertation[39] und bekannte sich früh öffentlich dazu. So in München anlässlich seiner Wahl zum Zweiten Bürgermeister 1914: *Je länger ich im öffentlichen Leben stehe, desto mehr festigt*

34 Ebd., S. 5–7.

35 Ebd., S. 7–13, Zitat S. 8 f.

36 Ebd., S. 73–146.

37 Vgl. hierzu die Auflistung im Anhang Kap. 8.1.

38 Ring, Katholisch und deutsch (wie Anm. 33), S. 102. Daraus sind auch die Zitate entnommen.

39 Müller, Weimarer Republik (wie Anm. 17), S. 427 mit Anm. 78 auf S. 434. Die Dissertation befindet sich in StAKe, NL Merkt 312 und 313.

sich in mir die Überzeugung, daß nicht die politische Zusammengehörigkeit, sondern die Ehrlichkeit des Strebens jenes Verhältnis gegenseitiger persönlicher Achtung schafft, das allein auf die Dauer ein fruchtbringendes Zusammenarbeiten gewährleistet.[40] Und als 1917 seine Wiederwahl gefährdet wurde, weil er der SPD nicht entgegenkommen wollte, trat er zurück. Er begründete diesen Schritt folgendermaßen: *Ein Bürgermeister soll über den Parteien stehen, jedoch das Vertrauen aller haben. Aus mir unbekannten Gründen glaubt ein Teil der Herren Gemeindebevollmächtigten meiner bisherigen Geschäftsführung dieses Vertrauen versagen zu sollen. Damit ist mir ein gedeihliches Wirken im Dienste der Stadt* [...] *unmöglich gemacht. Ueber der Person steht das öffentliche Wohl.*[41] Dieser Satz ist programmatisch für seine Haltung. Er steht nicht über den Parteien, um neutral Menschen egal welcher politischer Orientierung, sondern um dem öffentlichen Wohl zu dienen. Das sollte ein friedliches Zusammenleben gewährleisten. Die Aufrechterhaltung von Recht und öffentlicher Ordnung stand für ihn immer an erster Stelle. Das beinhaltet die Möglichkeit, Interessen einzelner Bevölkerungsgruppen zu ignorieren. Merkt war nämlich keineswegs politisch neutral. Als ein Kind des Bürgertums machte er bürgerlich konservative Politik, was Sozialisten und Kommunisten ausgrenzte. Er vertrat ein ständisch begründetes Ordnungsprinzip.[42] Diese Einstellung teilte auch ein Großteil des Weimarer Bürgertums. Vermutlich hat sich sein Antisozialismus bereits in seiner Jugendzeit herausgebildet und wurde sicher in seiner Amtszeit in München und während der Revolutionszeit in Kempten verstärkt, als er sich der Politik des Arbeiter- und Soldatenrats erwehren musste und auch zwischenzeitlich verhaftet wurde.[43] Weil die Kemptener Sozialisten und Kommunisten seine bürgerliche Honoratiorenpolitik regelmäßig angriffen, verfestigte sich sein Antisozialismus weiter.[44]

Damit verbunden war sein Widerwille gegen eine pluralistische Parteienpolitik und die politischen Diskussionen der parlamentarischen Weimarer Republik. Sie spalteten in seinen Augen das deutsche Volk, führten zu Uneinigkeit und Streit, anstatt zu Frieden und Einigkeit. Folglich würden Volk und Nation zersetzt und geschwächt. Er war deshalb wie viele Bürgerinnen und Bürger aus dem konservativen als auch dem rechten Lager, kein Freund der Weimarer Republik. Aber Otto Merkt musste als Kommunalpolitiker mit einem parlamentarischen System leben, das er sich nicht ausgesucht hatte. Er arbeitete zwar mit dessen

40 StAKe, NL Merkt 167, Münchener Gemeinde-Zeitung, 43. Jg, Nr. 53 vom 3.7.1914, S. 901: *Je länger ich im öffentlichen Leben stehe, desto mehr festigt sich in mir die Überzeugung, daß nicht die politische Zusammengehörigkeit, sondern die Ehrlichkeit des Strebens jenes Verhältnis gegenseitiger persönlicher Achtung schafft, das allein auf die Dauer ein fruchtbringendes Zusammenarbeiten gewährleistet.*

41 StAKe, NL Merkt 168, Merkt an den Wahlkommissär Stössel, 20.5.1917 (Durchschlag).

42 Müller, Weimarer Republik (wie Anm. 17), S. 427–429.

43 Zu den Revolutionsereignissen und Räteherrschaft vgl. Müller, Weimarer Republik (wie Anm. 17), S. 407–413; Markus Naumann/Dieter Weber, Adolf J. Schmidt (1886–1980). Revolutionär, Landtagsabgeordneter, Nazigegner und erster Landrat in Kempten nach dem Zweiten Weltkrieg. Einziger Bayerischer Landrat mit einem Parteibuch der KPD. In: Allgäuer Geschichtsfreund 114 (2014), S. 85–160, hier S. 91–117, und Christian Kreikle, „Volksgemeinschaft" statt Klassenkampf. Der verloren gegangene Kampf für eine soziale Republik und der Aufstieg des Nationalsozialismus im Allgäu 1918–1933/34, Diss. Masch. Fernuniversität Hagen, 2010/2011 (die gedruckte Version ist erschienen in 2 Bänden, Saarbrücken 2012), Teil 1, S. 89–108, 142–168.

44 Müller, Weimarer Republik (wie Anm. 17), S. 413–415, 424–426.

Verfahren und konnte auch politische Erfolge vorweisen, trotzdem waren parlamentarische Aushandlungsprozesse und die mühsame Suche nach Kompromissen nicht seine Welt. Besonders deutlich wird das in seinem Amtsverständnis. Otto Merkt nahm die Bezeichnung Bürgermeister wortwörtlich. Er bezeichnete sich 1919 als *Meister der Bürger*,[45] d. h. ihm stand zu, nicht nur die Stadtverwaltung autokratisch zu führen, sondern seinen Willen auch im Stadtrat durchzusetzen.[46]

Die kommunale Selbstverwaltung, die er im Streitfall mit übergeordneten staatlichen Stellen gerne ins Feld führte, verstand er nicht als parlamentarisch organisierte Selbstbestimmung. Seine Vorstellungen legte er bereits in seiner Dissertation 1904 dar. Merkt wollte „die Kommunalverwaltung zur Selbstverwaltung der Bürokratie bzw. des Bürgermeisters, ja zur autokratischen Verwaltungsvorherrschaft und zum Widerlager der nach seiner Meinung gemeinde- und staatszerstörenden Parteiendemokratie“ aufbauen.[47]

Auch wenn Otto Merkt mit dem Weimarer System nicht glücklich war, muss er als Nationalliberaler nicht grundsätzlich demokratische Strukturen an sich ablehnen.[48] Die bisher bekannten Charakterisierungen von Otto Merkts politischer Vorstellungswelt finden sich bei Herbert Müller und Martina Steber. Meine bisherigen Stichproben an Quellen bestätigen deren Ausführungen. Auch Merkts Verhalten und seine Äußerungen während der „Machtergreifung“ der Nationalsozialisten, insbesondere seine Begeisterung bei der Einführung der Deutschen Gemeindeordnung 1935 (vergleiche dazu Kap. 4.3) stützen die Beschreibungen von Herbert Müller und Martina Steber. Merkt rückte auch in der Nachkriegszeit im Prinzip nicht von seiner Haltung ab (vergleiche dazu Kap. 6).

Zu Bedenken steht, dass aus dem Nachlass Otto Merkts bisher immer nur Teile verwendet wurden. Eine komplette und systematische wissenschaftliche Auswertung samt Verifizierung und Abgleich über andere archivalische Bestände ist noch nie erfolgt. Deshalb wären in einem solchen Fall weitere vertiefende Erkenntnisse über die Entwicklungsphasen seiner politischen Vorstellungen zu erwarten.

Seine zweimaligen Anschlüsse an Parteien während der Weimarer Republik waren taktisch motiviert, um für den Kreistag von Schwaben und Neuburg kandidieren zu können. Sie waren so konstruiert, dass er kein Mitglied einer im Kemptener Stadtrat vertretenen Fraktion war und dort seine Neutralität gewahrt blieb. Zunächst kandidierte er 1919 auf der Liste der linksliberalen Deutschen Demokratischen Partei (DDP), doch beschränkte er die Mitgliedschaft auf den Kreisverband. Er trat 1927 aus. Als Nationalliberaler war ihm die

45 Zitiert nach Ebd., S. 427. Er bezeichnete sich so in seiner Antrittsrede nach der Wiederwahl 1919.

46 Dazu vgl. v. a. MÜLLER, Parteien- oder Verwaltungsvorherrschaft (wie Anm. 21), S. 33–36. MÜLLER, Weimarer Republik (wie Anm. 17).

47 MÜLLER, Weimarer Republik (wie Anm. 17), Zitat S. 427; Müller bezieht seine Erkenntnisse aus der Dissertation von Otto Merkt. Diese befindet sich in StAKe, NL Merkt 106 mit dem Titel »Der Begriff der gemeindlichen Selbstverwaltung mit bes. Ber. des bayerischen Rechts«, abgelegt an der juristischen Fakultät der Universität Erlangen, Kempten 1904. Vgl. auch MÜLLER, Parteien- oder Verwaltungsvorherrschaft (wie Anm. 21), S. 33–55.

48 Wolfgang Petz hat mich auf eine Zuschrift von Paul Miller, Kempten, an Otto Merk hingewiesen. Paul Miller bezeichnet dabei eine Rede Otto Merkts im Stadtrat über die Weimarer Verfassung als *vom echt demokratischen Geiste beseelt*. Jedoch liegt kein Redemanuskript bei. StAKe, NL Merkt 18, Paul Miller an Otto Merkt, 14.8.1922.

DDP zu wenig national eingestellt und er war mit deren Kommunalpolitik nicht einverstanden.[49] Seit 1928 kandidierte er für den Kreistag als Parteiloser auf der Liste des Bayerischen Bauernbunds (BBB). Er entschied sich für die Protestpartei des Allgäus, weil der BBB in einer „Kontinuität des stark agrarisch geprägten Allgäuer Nationalliberalismus" stand.[50] Otto Merkt betrieb seit 1919 ziemlich erfolgreich eine kommunale Strukturpolitik, die Kempten als der *Bauernstadt* schlechthin, damit als der *Hauptstadt des Allgäus* in ihrem agrarisch strukturierten Umfeld Geltung verschaffen sollte.[51] Die Bauern sollten in Kempten alle für sie wichtigen landwirtschaftlichen Institutionen vorfinden. Insofern war auch deshalb eine Kooperation mit dem BBB naheliegend. Gleichzeitig war sein Entschluss durch seine „Verankerung in der Heimatschutzbewegung [...] in erster Linie agrarromantisch motiviert".[52]

Denn Kommunal- und Regionalpolitik bedeutete für ihn nicht nur die Schaffung von Infrastruktur für Wirtschaft und Landwirtschaft, von Bahnanschlüssen, der Sicherung der Elektrizitätsversorgung oder der Bau von Schulen und Wohnungen. Untrennbar damit verbunden ist seine Kulturpolitik, welche die Menschen an ihre Heimat binden und ihnen Identifikationsmöglichkeiten bieten sollte. Seit den 1920er Jahren betrieb er zusammen mit anderen Mitstreitern aus der Heimatschutzbewegung[53] eine Form der Heimatpflege, die auf einer Blut- und Bodenideologie aufbaute, mit seiner völkischen Einstellung harmonierte und in rassenhygienische Vorstellungen mündete. Denn Otto Merkt teilte die Sorge, dass die Stadtbewohner, insbesondere die Arbeiter, durch die Modernisierung ihrer Lebenswelt wurzellos würden und die Verbindung mit dem Boden verlören. Diese Bodenbindung sei noch auf dem Land vorhanden. Heimatpflege in der Stadt müsse die Bindung zum Boden wieder herstellen und dürfe deshalb nicht elitär sein, sondern müsse sich an die breite Masse wenden. Denn durch die Wurzellosigkeit und fehlende Heimatliebe würden die Menschen die Liebe zu ihrer Heimat und die Bindung zu Volk und Nation verlieren. Heimatpflege jedoch binde die Menschen an den Boden, an ihre Heimat, sorge dafür, dass Volk und Nation Zukunft hätten. Merkt beschrieb das anschaulich 1932 in seinem auch schriftlich verbreiteten Vortrag über die »Heimatpflege in der Stadt«, der der breiten Öffentlichkeit auch über Zeitungsartikel bekannt wurde:[54] *Warum so viel Mühe, so viel Zeit, so viel Geld aufwenden für diese Dinge? Um Menschen glücklich zu machen in trauriger Zeit. Denn der, der sich immer wieder aufs neue verbunden fühlt mit dem Boden, der ihn trägt, wird glücklich, wird zufrieden.* [...] *Darüber hinaus ein anderes, wichtigeres. Ernste, ja ernsteste Sorge um den Fortbestand unseres Volkes muß jeden erfüllen, dem die einfachsten Tatsachen*

49 Martina Steber, Politik für eine „andere Moderne". Kempten, Otto Merkt und die „Heimatpflege in der Stadt". In: Detlev Schmiechen-Ackermann (Hg.): Stadtgeschichte in der NS-Zeit. Fallstudien aus Sachsen-Anhalt und vergleichende Perspektiven. Münster u.a. 2005, S. 92–108, hier S. 93.

50 Martina Steber, Ethnische Gewissheiten. Die Ordnung des Regionalen im bayerischen Schwaben vom Kaiserreich bis zum NS-Regime (Bürgertum NF 9). Göttingen 2010, S. 228, Zitat ebd.

51 Martina Steber, Politik (wie Anm. 49), S. 92, daraus auch die Zitate. Vgl. auch Müller, Weimarer Republik (wie Anm. 17), S. 428 f.

52 Steber, Ethnische Gewissheiten (wie Anm. 50), S. 228, dort auch das Zitat.

53 Zu den Netzwerken und Akteuren der Heimatschutzbewegung in Bayerisch-Schwaben in der wilhelminischen Kaiserzeit und in der Weimarer Republik vgl. Steber, Ethnische Gewissheiten (wie Anm. 50), v. a. S. 133–162, 257–275.

54 Nachweise zur Rezeption in der Öffentlichkeit vgl. bei Steber, Politik (wie Anm. 49), S. 95, Anm. 16.

vom deutschen Geburtenrückgang und von der uns völlig fehlenden Rassen-Hygiene bekannt sind. Wir müssen arbeiten, es ist die zwölfte Stunde, soll unser Volk nicht wurzellos, kulturlos, vaterlandslos werden. Wahre Kultur erblüht aber nur auf dem Boden der Heimat, an den sie, wie Spengler sagt, pflanzenhaft gebunden ist. Wer seine Heimat nicht liebt, kann sein Vaterland nicht lieben. Wer seine Heimat besser kennt, wird sie besser lieben. Durch solche Heimatpflege erkennen wir die Kräfte, die unsere Vergangenheit, unser deutsches, unser schwäbisches Schicksal bestimmt haben und unsere Zukunft bestimmen werden, wenn diese Kraft und damit Bestand haben soll.

Heimatpflege ist der wichtigste Dienst am Volke. Wichtiger wie Wohlfahrtspflege, wichtiger wie alle Sozialpolitik. Denn diese geben Geld, nur Geld, Heimatpflege aber gibt Liebe, verschwendet Liebe an alle Volksgenossen, die mit uns guten Willens sind.[55]

Er erwähnt dabei ausdrücklich Schwaben. Tatsächlich griff er zusammen mit anderen Mitstreitern aus der Heimatschutzbewegung die Definition des Raums Allgäu und Schwaben aus der regionalen Historiographie des 19. Jahrhunderts auf und begrenzte den Raum recht konkret. Dabei orientierte er sich nicht an Verwaltungs- und Staatsgrenzen, sondern griff darüber hinaus: Das Allgäu von Otto Merkt reichte nach Württemberg hinein und bezog auch die oberbayerischen Bezirksämter Landsberg und Schongau mit ein. Außerdem zählte er das Tiroler Lechtal, das Kleine Walsertal und Vorarlberg hinzu, was in der Zwischenkriegszeit bis hin zu den im Versailler Vertrag eigentlich ausgeschlossenen Anschlussplänen Vorarlbergs führte, welche Merkt zwar nicht initiierte, aber unterstützte.[56] Zusätzlich legte er fest, wer eigentlich Allgäuer war: nur wer innerhalb dieser Grenzen geboren war. Wie schon Martina Steber bemerkte, triumphierte bei dieser Festlegung das Geburtsrecht über das Blut und die rassische Zuordnung.[57] Hinzu kamen spezifische charakterliche Zuschreibungen und die Einordnung in einen Stamm: Die Allgäuer seien typische Schwaben. Der schwäbische Stamm habe einst unter den Staufern für die große Blüte des Deutschen Reiches gesorgt. Die angebliche Freiheitsliebe der Schwaben, die sich immer aus lokalen Abhängigkeiten gelöst oder beispielsweise im Bauernkrieg dagegen gewehrt und sich dem Reich zugewandt hätten, wurde besonders hervorgehoben.[58]

Die Stammesrhetorik führte dazu, dass nicht nur Merkt schließlich ein »Großschwaben« in den beschriebenen Grenzen auch realiter als Verwaltungseinheit wieder auferstehen lassen wollte.[59] Dazu gehört auch, dass Otto Merkt und seine Mitstreiter die Begriffe »Allgäu«

55 StAKe, NL Merkt 302, Sonderdruck von: Otto Merkt „Heimatpflege in der Stadt. Erfahrungen eines Stadtvorstandes und Vereinsvorstandes" (aus: Das schwäbische Museum 1932, Nr. 5–7), S. 122.

56 Vgl. Gerhard Hölzle, Das Allgäu und die Anschlussbestrebungen Vorarlbergs nach dem Ersten Weltkrieg. In: Allgäuer Geschichtsfreund 121 (2021), S. 25–65.

57 Steber, Politik (wie Anm. 49), S. 96 f. Was aber nicht bedeutete, dass er seine völkischen und rassehygienischen Vorstellungen aufgab. Dazu vgl. Kap. 4.5.

58 Ebd. Zur Entwicklung dieser Rhetorik in der Allgäuer Publizistik und Geschichtsschreibung des 19. Jhd. vgl. Rolf Kiessling, Der Bauernkrieg in Oberschwaben. Beobachtungen zu einer regionalen Erinnerungskultur. In: Elmar L. Kuhn (Hg.), Der Bauernkrieg in Oberschwaben (Oberschwaben – Ansichten und Aussichten). Tübingen 2000, S. 513–536, hier S. 517–519.

59 Steber, Ethnische Gewissheiten (wie Anm. 50), S. 198–220, 336–346.

und »Allgäuer« so etablierten, dass Spaltungen in der Bevölkerung Kemptens und der Region überbrückt und damit eine gemeinsame Identität geschaffen werden konnte. Kemptens Gesellschaft war durch die jahrhundertelange Trennung in katholische Stiftsstadt und protestantische Reichsstadt gespalten, die bis ins 20. Jahrhundert nachwirkte. Hinzu kamen als Folge der Industrialisierung soziale Verwerfungen. Durch die Betonung Kemptens als *Hauptstadt des Allgäus*, dessen Bewohner aus dieser Logik heraus vor allem Allgäuer waren, wurde eine gemeinsame Identität konstruiert.[60] Otto Merkt setzte seine Heimatpflege praktisch und emsig um. Hauptelement war, den Menschen ihre Geschichte durch Gedenktafeln, -steine und Denkmäler im öffentlichen Raum vor Augen zu stellen. Er ließ seit 1923 über 2.000 solcher Gedenkobjekte im bayerischen und württembergischen Allgäu teilweise auf eigene Kosten aufstellen,[61] darunter zahlreiche zu Ereignissen und Protagonisten des Bauernkriegs im Allgäu. Seine Rede von 1928 anlässlich der Einweihung des Denkmals in Durach zum Bauernkrieg, die im Allgäuer Bauernblatt veröffentlicht wurde,[62] „dokumentiert sein Bemühen um eine historische Einordnung des Ereignisses im Sinne einer Memorialkultur, die nicht zuletzt auch für die eigene Gegenwart Lehren bereithält. Die »Nacherzählung der Vorgänge« wird eingebettet in einen Interpretationsrahmen."[63] Zunächst stellte er fest, dass die Bauern damals *für des Volkes Freiheit*[64] starben und heute die Freiheit hätten, für die damals gekämpft worden sei. Dann erzählte er die Bauernkriegsereignisse als Freiheitskampf nach. Am Schluss deutete er den Bauernkrieg nationalkonservativ um, indem er ihn mit Erfahrungen aus dem Ersten Weltkrieg, der Gegenwart und Zukunft verband: *Soll uns das nicht Mut geben, wenn wir vom kleinen zum großen übergehen, von damals an heute, vom Allgäu an das weite deutsche Vaterland denken? Auch wir haben´s versucht, dem deutschen Volke, die Freiheit, Nahrung und Spielraum in der Weltwirtschaft zu erringen. 4 Jahre haben wir gekämpft und mancher ließ sein Leben. Es gelang nicht. In Ost und West, in Süd und Nord hat man deutsches Land dem Feinde übergeben, wir sind auch leibeigen, zahlen an den ausländischen Herrn. Soll nicht auch uns die Morgenröte winken, ein Freiheitsbaum erblühen, wenn wir treu bleiben der Sache des Vaterlandes und – einig sind? So gemahne uns dieses Bauerndenkmal, von Bauern für Bauern errichtet, an die Vergangenheit zugleich und an die Zukunft.*[65]

60 Steber, Politik (wie Anm. 49), S. 101 f.

61 Alfred Weitnauer, Otto Merkt (1877–1951). In: Lebensbilder aus dem Bayerischen Schwaben, Bd. 9. München 1966, S. 426–451, hier S. 435.

62 StAKe, NL Merkt 323, Ansprache, gehalten bei Einweihung des Bauernmahnmales am Sonntag, den 5. August 1928 zu Durach durch Bürgermeister Merkt-Kempten, Sonderdruck aus dem Allgäuer Bauernblatt Kempten, Nr. 32 vom 11.8.1928.

63 Kiessling, Bauernkrieg (wie Anm. 58), S. 524.

64 StAKe, NL Merkt 323, Ansprache, gehalten bei Einweihung des Bauernmahnmales am Sonntag, den 5. August 1928 zu Durach durch Bürgermeister Merkt-Kempten, Sonderdruck aus dem „Allgäuer Bauernblatt" Kempten, Nr. 32 vom 11. August 1928, Zitat S. 6.

65 StAKe, NL Merkt 323, Ansprache, gehalten bei Einweihung des Bauernmahnmales am Sonntag, den 5. August 1928 zu Durach durch Bürgermeister Merkt-Kempten, Sonderdruck aus dem „Allgäuer Bauernblatt" Kempten, Nr. 32 vom 11. August 1928, Zitat S. 7 (Sperrung im Original). Vgl. auch Kiessling, Bauernkrieg (wie Anm. 58), S. 524.

Otto Merkt beschreibt hier den Ersten Weltkrieg als Kampf des deutschen Volkes um Lebensraum und um die Vormacht in der Weltwirtschaft. Der Versailler Vertrag wird als Leibeigenschaft und Knechtschaft unter ausländischen Herren interpretiert. Diese Deutung sollte die angeblich herausragende Freiheitsliebe der Allgäuer Bauern untermauern. Das ist nur ein Beispiel, wie Stück für Stück eine spezifische Allgäuer Identität, angebunden an den Nationalismus, konstruiert und in den Köpfen der Menschen verankert wurde.[66]

Aber: Nicht alle Menschen gehörten zu dieser Gemeinschaft. Die Voraussetzung, dass man in dem Raum geboren sein musste, um Allgäuer zu sein, schloss alle anderen im Allgäu lebenden Menschen aus. Aber mit diesem Konzept können theoretisch auch Menschen, deren Eltern andere als deutsche Wurzeln hatten, Allgäuer sein. Hier zeigt sich, dass Otto Merkts Überzeugungen in sich widersprüchlich sein konnten. Denn in diesem Zusammenhang ist von Bedeutung, dass Otto Merkt aufgrund seiner völkischen Einstellung die Rassenhygiene befürwortete.

Otto Merkt war von 1919 bis 1945 Präsident des Kreistags von Schwaben und Neuburg, der 1938 in Bezirksverband von Schwaben und Neuburg unbenannt wurde.[67] Diese Institution, die nicht mit der Regierung von Schwaben und Neuburg verwechselt werden darf,[68] hatte zwar denselben räumlichen Zuständigkeitsbereich wie diese, war aber eine kommunale Selbstverwaltung. Deren Vertreter, die Kreistags- bzw. Bezirksverbandsmitglieder, wurden seit 1919 von der Bevölkerung gewählt. Der Kreis- bzw. Bezirksverband war unter anderem zuständig für die Bereitstellung der Versorgung von psychisch kranken Menschen.[69] Die Verwaltung und das Alltagsgeschäft wurden vom Personal der Regierung von Schwaben und Neuburg erledigt. Erst ab 1938 baute der Bezirksverband eine kleine Verwaltung auf, die aber nicht für die psychiatrischen Einrichtungen zuständig war.[70] Aufgaben des Kreistags waren die Finanzierung der Heil- und Pflegeanstalten in Kaufbeuren, Irsee

66 Steber, Politik (wie Anm. 49).

67 Zur Geschichte der Vorläufer des Kreistags vgl. Reinhold Haggenmüller, Geschichte des Landraths von Schwaben und Neuburg 1829–1852 (Geschichte des Bezirkstags Schwaben I/Materialien zur Geschichte des Bayerischen Schwaben 1). Augsburg 1980; Bernhard Hagel, Der Landrath von Schwaben und Neuburg 1852–1919 (Geschichte des Bezirkstags Schwaben II/Materialien zur Geschichte des Bayerischen Schwaben 2). Augsburg 1982. Zur Geschichte des Kreistags bzw. Bezirksverbands ab 1919 vgl. Thomas Wich, Der Kreistag von Schwaben und Neuburg 1919–1938 und der Bezirksverband Schwaben 1938–1954 (Geschichte des Bezirkstags Schwaben III/Materialien zur Geschichte des Bayerischen Schwaben 3). Augsburg 1983; Bernhard Hagel, Vom Landrath des Oberdonaukreises zum Bezirkstag Schwaben (1828–1987) (Geschichte des Bezirkstags Schwaben V/Materialien zur Geschichte des Bayerischen Schwaben 5). Augsburg 1988; Albert Thurner, Der Bezirkstag Schwaben und seine Vorläufer von 1933 bis 1962. Krise, Niedergang und Wiederbeginn der schwäbischen Bezirksselbstverwaltung (Materialien zur Geschichte des Bayerischen Schwaben 26). Augsburg 1999.

68 Die Regierung von Schwaben und Neuburg war eine staatliche Behörde, die auf Weisung der Bayerischen Regierung und des Staatsministeriums die Gesetze und Verwaltung des Staates im Regierungsbezirk Schwaben und Neuburg umsetzt. Das ist keine Selbstverwaltung, sondern eine rein ausführende staatliche Behörde. Zur Verwechslung kommt es deshalb regelmäßig, weil beide Institutionen sich auf denselben Raum beziehen und weil es 1938 aufgrund der nationalsozialistischen Reformen zu Umbenennungen kam: Aus dem Kreis Schwaben und Neuburg wurde der heute noch als solcher bezeichnete Regierungsbezirk, aus dem Kreistag, dem Otto Merkt vorsaß, wurde der Bezirksverband.

69 Zu den Aufgaben des Kreistags von 1919 bis 1932 vgl. Wich, Kreistag (wie Anm. 67), S. 39–74.

70 Thurner, Bezirkstag Schwaben (wie Anm. 67), S. 41–43.

Abb. 2 Beim Besuch des Kreistags von Schwaben und Neuburg in der Heil- und Pflegeanstalt Günzburg, 24. Oktober 1934, Merkt vorne in der Mitte.

und Günzburg und der ambulanten psychiatrischen Versorgung. Außerdem kam er für die Therapie- und Unterbringungskosten minderbemittelter psychisch kranker Menschen auf. Ständig steigende Patientenzahlen belasteten den Haushalt des Kreistags immer mehr.[71]

Kreistagspräsident Otto Merkt beantragte drei Jahre vor der „Machtergreifung" der Nationalsozialisten die Sterilisierung von psychisch kranken Menschen in der Kreistagssitzung am 2. Dezember 1930. Er wollte die desolaten Finanzen des Kreistags entlasten und griff dabei bereits virulente Diskussionen unter Ethikern, Moraltheologen und Medizinern auf.[72] Seine Begründung des Antrags zeigt eine menschenverachtende Einstellung gegenüber

71 Zu den Heil- und Pflegeanstalten und der Versorgung psychisch kranker Menschen vgl. WICH, Kreistag (wie Anm. 67) S. 49–62. Damals waren die Heil- und Pflegeanstalten ein Sammelbecken für alle Menschen, deren Verhalten als der gesellschaftlichen und sozialen Norm nicht entsprechend empfunden wurde, egal welcher Ursache. Deshalb lebten dort auch geistig und lernbehinderte Menschen sowie sexuell aktive Frauen und Männer mit ständig wechselnden Partnern. Aber auch Menschen mit körperlichen Beeinträchtigungen, die aufgrund mangelhafter Förderung und Behandlung ein von der Norm abweichendes Verhalten entwickelt hatten, wurden in Psychiatrien versorgt. Hinzu kamen Menschen mit Erkrankungen, die heute in der Neurologie behandelt werden, wie Epilepsie.

72 Zur Entwicklung der rassehygienischen Ideen vgl. aus der inzwischen zahlreichen Forschung beispielsweise Henry FRIEDLANDER, Der Weg zum NS-Genozid. Von der Euthanasie zur Endlösung. München 2001; Ernst KLEE, „Euthanasie" im NS-Staat. Die „Vernichtung unwerten Lebens". Frankfurt/Main [11]2004, v. a. S. 15–33; Peter WEINGART/Jürgen KROLL/Kurt BAYERTZ, Rasse, Blut und Gene. Geschichte der Eugenik und Rassenhygiene in Deutschland. Frankfurt am Main 1988; Hans-Walter SCHMUHL, Rassenhygiene, Nationalsozialismus,

psychisch kranken Menschen, indem Merkt ein Zitat aus der Zeitschrift »Eugenik« übernahm und sich zu eigen machte: *Ein erdrückender und ständiger wachsender Ballast von untauglichen, lebensunwerten Menschen wird unterhalten und in Anstalten verpflegt* [...].[73] Die Verwendung des Begriffs *lebensunwert* verweist darauf, dass er diesen Menschen nicht nur ihre Fortpflanzungsberechtigung, sondern auch ihr Lebensrecht absprach.

Obwohl Otto Merkt mit seiner Einstellung nicht alleine stand,[74] hatte sein Antrag auf Zwangssterilisierung damals im Kreistag keinen Erfolg. Er erreichte sein Ziel auch nicht auf der Bayerischen Kreistagsverbandstagung 1932, aber es wurde immerhin eine Entschließung zur weiteren Prüfung des Sachverhalts an die Staats- und Reichsregierung verfasst.[75] Erst nach der Errichtung der nationalsozialistischen Diktatur wurde die Zwangssterilisierung gesetzlich verankert.[76]

Merkt verbreitete seine Ansichten gezielt bei Politikern, Medizinern, Behörden und einschlägigen Instituten. In der gedruckten Fassung seiner Vorstellungen, die er dem Bayerischen Kreistagsverband vorlegte,[77] wandte er den Begriff *Ballastexistenzen* auch auf *Blinde und Taubstumme, Gebrechliche und Blöde, unverbesserliche Trinker und zum Verbrecher Geborene und vor allem alle unheilbar Geisteskranken* an.[78] Dazu gehörten auch an Tuberkulose und Syphilis Erkrankte. Diese würden auf Kosten anderer, vor allem der unschuldig arbeitslos gewordenen Bevölkerung leben: *Niemand denkt daran, trotz der Not der übrigen, der arbeitsfähigen, sie unschädlich zu machen, wie die alten Spartaner dies getan haben.* [...] *Ist es noch zu verantworten, wenn wir schon ein Heer von Arbeitslosen unterstützen, wenn wir schon ein zweites Heer von Nichtarbeitsfähigen lebenslänglich unterhalten, daß wir noch länger zusehen, wie dieses zweite Heer Jahr für Jahr und Tag für Tag neuen Zuzug erhält, wie diese Ballastexistenzen Kinder zeugen, die wieder Ballastexistenzen sein*

Euthanasie. Von der Verhütung zur Vernichtung „lebensunwerten Lebens" 1890–1945. Göttingen 1987; Gerhard BAADER, Rassenhygiene und Eugenik – Vorbedingungen für die Vernichtungsstrategien gegen so genannte „Minderwertige" im Nationalsozialismus. In: Gerhard BAADER/Jürgen PETER (Hg.), Public Health, Eugenik und Rassenhygiene in der Weimarer Republik und im Nationalsozialismus. Gesundheit und Krankheit als Vision der Volksgemeinschaft. Frankfurt am Main 2018, S. 119–128; Jürgen PETER, Psychiatrie und Rassenhygiene. Psychiatrie um 1900. In: ebd., S. 129–165; Zur Entwicklung der Debatten über den Wert behinderten Lebens vgl. seit neuestem Dagmar HERZOG, Eugenische Phantasmen. Eine deutsche Geschichte. Berlin 2024, v. a. S. 27–97.

73 Zitat nach THURNER, Bezirkstag Schwaben (wie Anm. 67), S. 70.

74 Hans-Ludwig SIEMEN, Psychiatrie im Nationalsozialismus. In: Michael VON CRANACH/Hans-Ludwig SIEMEN (Hg.), Psychiatrie im Nationalsozialismus. Die Bayerischen Heil- und Pflegeanstalten zwischen 1933 und 1945. München 1999, S. 15–34, hier S. 21. Vgl. zur Entwicklung solcher Vorstellungen allgemein u.a. FRIEDLANDER, Weg zum NS-Genozid (wie Anm. 72), S. 27–54; KLEE, Euthanasie (wie Anm. 72), S. 15–33. Zu den Befürwortern des Antrags von Merkt 1930 ff. vgl. THURNER, Bezirkstag Schwaben (wie Anm. 67), S. 72–74; vgl. auch den überwiegend zustimmenden Schriftverkehr auf die Denkschrift von Merkt in StAKe, NL Merkt 188.

75 THURNER, Bezirkstag Schwaben (wie Anm. 67), S. 73.

76 Ebd., S. 76 f.

77 StAKe, NL Merkt 188, Otto Merkt: Öffentliche Fürsorge und Unfruchtbarmachung. Bericht erstattet dem bayerischen Kreistagsverbande, von Oberbürgermeister Dr. Merkt, Präsident des Kreistages von Schwaben und Neuburg, maschinenschriftliches Manuskript, 15.11.1932 (die Druckfassung davon liegt im selben Akt).

78 Ebd., S. 2.

werden, sein müssen, Kinder zeugen und – der öffentlichen Fürsorge überlassen. Wer in der Praxis steht, kennt die Schwindsüchtige, die dem Wohlfahrtsamte jedes Jahr ein uneheliches Kind bringt, den Syphilitiker, der hemmungslos syphilitische Kinder erzeugt, von der ersten bis zur letzten Stunde unglückliche Geschöpfe, lebensuntüchtig, den Epileptiker, den Idioten oder Perversen, deren Same im Irrenhaus oder im Zuchthause endigen m u ß. Dabei sind die Abnormalen, weil hemmungslos, bekanntlich um ein mehrfaches fruchtbarer wie die Gesunden. Ist s o l c h e s G e s c h e h e n l a s s e n n o c h l ä n g e r z u v e r a n t w o r t e n gegenüber den anderen, den Arbeitswilligen und Arbeitsfähigen, ist das wirklich sozial, so lautet die Frage.[79] Otto Merkt berief sich auf zahlreiche führende Rassehygieniker und auf die Sterilisationspraxis der USA,[80] und führte Fallbeispiele an. Er kam zu dem Ergebnis: *Sterilisierung ist keine Strafe, sondern eine soziale Heilmaßnahme,*[81] die letztendlich Leid der Nachkommen verhindern würde. Und es würden *z u m e i n e n* Mittel frei für *unsere Wirtschaft, die Gesunden, für Förderung unserer Kultur.*[82] Sein übergeordnetes Ziel war jedoch die Rassenhygiene: *Z u m a n d e r e n erhält das deutsche Volk wieder den Nachwuchs, den gesunden Nachwuchs, dessen es nachgerade dringend bedarf. Denn jedem Vaterlandsfreunde muß die bei uns rapid zunehmende Artverschlechterung verbunden mit Geburtenrückgang mit ernstester Sorge erfüllen.*[83] Merkt benutzte rassenhygienische Argumente, die den sogenannten „Volkskörper" und die „Volksgesundheit" über das Individuum stellen. So wurde der Mensch nur über seinen Nutzen für die Gesellschaft bzw. über seine Kosten definiert. Merkt zitierte wissenschaftlich wirkende, aber empirisch nicht abgesicherte Vererbungslehren sowie fehlerhafte Untersuchungsreihen, die psychische Krankheiten als grundsätzlich vererbbar klassifizierten: „Der Erblichkeitsfaktor wurde verabsolutiert, blieb letzte Erklärung für das So-sein des Menschen, schied die 'wertvollen' und starken von den 'nutzlosen' und schwachen Menschen."[84] Kranke und behinderte Menschen wurden damit zu den Auslösern einer degenerativen Entwicklung der Gesamtbevölkerung erklärt.[85] Schließlich wurde die Münchener

79 Ebd., S. 2. Die gesperrt gesetzten Stellen sind im Original mit Unterstreichung hervorgehoben. Bei seinem Verweis auf die angeblich höhere Fruchtbarkeit der von ihm so genannten *Abnormalen* beruft er sich in einer Fußnote auf eine Veröffentlichung von Josef MAYER, Gesetzliche Unfruchtbarmachung Geisteskranker, Freiburg im Breisgau 1927, S. 6 ff.

80 Zur Entwicklung und Praxis der Zwangssterilisierung in den USA vgl. FRIEDLANDER, Weg zum NS-Genozid (wie Anm. 72), S. 33–40.

81 StAKe, NL Merkt 188, Otto Merkt: Öffentliche Fürsorge und Unfruchtbarmachung. Bericht erstattet dem bayerischen Kreistagsverbande, von Oberbürgermeister Dr. Merkt, Präsident des Kreistages von Schwaben und Neuburg, maschinenschriftliches Manuskript, S. 26. Der Satz wurde von ihm unterstrichen.

82 Ebd., S. 28.

83 Ebd., S. 28.

84 SIEMEN, Psychiatrie (wie Anm. 74), S. 20. Zur Rolle der Genetik bei der Rassenhygiene in der Medizin vgl. Jürgen PETER, Der Einbruch der Rassenhygiene in die Medizin. Auswirkungen rassenhygienischen Denkens auf Denkkollektive und medizinische Fachgebiet von 1918 bis 1934. Frankfurt am Main 2004.

85 Vgl. hierzu auch SIEMEN, Psychiatrie (wie Anm. 74), hier S. 20–23. Wobei die Wissenschaftler der sog. Eugenikforschung den Zusammenhang von Erblichkeit und Degeneration nicht nur kranken Menschen unterstellten, sondern auch verschiedenen Rassen und Volksgruppen zuordneten. Zur selben Schlussfolgerung über die Bedeutung der Äußerungen von Merkt kommt THURNER, Bezirkstag Schwaben (wie Anm. 67), S. 72 f.

»Gesellschaft für Rassenhygiene«[86] auf Merkt aufmerksam. Sie wählte ihn im Januar 1933 in den Hauptausschuss. Merkt fühlte sich geehrt, lehnte das Amt aber aus Zeitmangel ab.[87]

4. Verhalten im NS-Regime

Im Fragebogen der Kommission für Erinnerungskultur wurden drei Fragenkomplexe aufgeworfen, die Otto Merkts Zeit während der NS-Herrschaft beleuchten sollten. Zum Ersten wurde nach seinem Verhalten im NS-Regime gefragt. Zweitens sollte eine *aktive Beteiligung an Verbrechenskomplexen bzw. aktives, initiatives Verhalten, um anderen unter Nutzung der Möglichkeiten, die das NS-Regime bereitstellt, zu schaden* dargestellt werden. Drittens wurde nach *Mitwirkung bzw. Mitarbeit in einer Funktion, die das System ideologisch, politisch, ökonomisch, sozial oder kulturell stabilisiert bzw. propagandistisch stützt,* gefragt. Weil sich die drei Fragenkomplexe inhaltlich überschneiden, werden sie im Folgenden zusammengefasst behandelt. Dabei musste bei dem dritten Fragenkomplex angesichts der Ämterfülle von Merkt eine Beschränkung auf die wichtigsten und auffälligsten Funktionen vorgenommen werden. Es ergaben sich bei der Behandlung der Fragen zahlreiche Forschungslücken.

4.1 Verhalten während der „Machtergreifung" in Kempten

Um die Ereignisse während der „Machtergreifung" 1933 in Kempten um Otto Merkt verstehen zu können,[88] müssen vorab die Konfliktlinien erklärt werden. Auf der einen Seite stand die Stadtverwaltung Kempten mit Oberbürgermeister Merkt, auf der anderen standen die Nationalsozialisten. Aber Letztere waren in zwei Gruppierungen gespalten, in deren Macht-

86 1904 wurde die »Internationale Gesellschaft für Rassenhygiene« gegründet, 1905 die »Berliner Gesellschaft für Rassenhygiene« und 1907 eine Münchner Ortsgruppe. Aus letzter ging 1910 die »Deutsche Gesellschaft für Rassenhygiene« hervor. 1915 wurde der Name in »Deutsche Gesellschaft für Rassenhygiene (Eugenik)« geändert. In ihr waren verschiedene Berufsfelder vertreten, die Mediziner dominierten jedoch. Über den Austausch und Zusammenschluss der Mitglieder und den Publikationsorganen des Verbands wurden die Ideen der Rassenhygiene, darunter auch die Zwangssterilisierung von angeblich erbkranken Menschen verbreitet. Vgl. Peter, Einbruch (wie Anm. 84), S. 127–130.

87 StAKe, NL Merkt 168: Professor Lenz an Otto Merkt, 2.2.1933 (Information über die Wahl Merkts in den Hauptausschuss der Münchner Gesellschaft für Rassenhygiene); Rückantwort von Merkt vom 4.2.1933 (Ablehnung des Amtes aus Zeitgründen).

88 Otto Merkts Verhalten im Frühjahr 1933 wurde von Herbert Müller dargestellt: Müller, Parteien- oder Verwaltungsvorherrschaft (wie Anm. 21), S. 39–47; Herbert Müller, Kempten im Dritten Reich. In: Volker Dotterweich u.a. (Hg.), Geschichte der Stadt Kempten. Kempten 1989, S. 435–448. Er stützte sich dabei neben eigenem Quellenstudium auch auf die Arbeit von Ortwin Domröse, Der NS-Staat in Bayern von der Machtergreifung bis zum Röhm-Putsch (Miscellanea Bavarica Monacensia 44). München 1974. Ergänzend vgl. auch die Ausführungen von Sven Keller zu den Vorgängen um den Gauleiter Karl Wahl: Sven Keller, Gauleiter Karl Wahl: Regierungspräsident im Nebenamt. In: Marita Krauss/Rainer Jedlitschka (Hg), Verwaltungselite und Region. Die Regierungspräsidenten von Schwaben 1817 bis 2017. München 2017, S. 185–194. Die folgende Beschreibung stützt sich auf die Ergebnisse dieser Wissenschaftler. Die Autorin dieses Biogramms hat stichprobenartig einige Quellen eingesehen, um sich einen eigenen Eindruck zu verschaffen, der letztendlich die Aussagen bestätigte.

kampf Merkt mitten hineingeriet: in den Dualismus von SA und NSDAP. Die SA erlangte in der Anfangsphase des nationalsozialistischen Herrschaftsaufbaus großen Einfluss auf die Staatsverwaltung, weil Stabschef Ernst Röhm SA-Sonderkommissare bei den bayerischen Regierungspräsidenten einsetzen konnte, „die in der Region eine Art Reinheitsgebot nationalsozialistischer Politik überwachen und notfalls durchsetzen sollten."[89] In Schwaben war das Major a.D. Hermann Ritter von Schöpf, der somit parallel zu Gauleiter Karl Wahl von der NSDAP-Seite agierte. Das dualistische System zog sich durch bis zur Bezirksebene, die NSDAP-Kreisleiter bekamen ebenfalls SA-Kommissare auf ihrer Ebene zur Seite gestellt. Im Falle des Stadtkreises Kempten war jedoch Anton Brändle in Personalunion Kreisleiter und SA-Sonderkommissar. Brändle geriet damit in einen Interessenskonflikt, denn er diente nun parallel zwei konkurrierenden Vorgesetzen: Karl Wahl und Ritter von Schöpf.[90] Die SA begriff sich als die Speerspitze der Revolution, als diejenige Kraft, welche die „Machtergreifung" durchführte und am Laufen hielt. Sie besetzte die Rathäuser, verhaftete gegnerische Parteien und demonstrierte auch in Kempten durch öffentliche Präsenz und erste Übergriffe auf jüdische Geschäftsleute ihren Machtanspruch.[91] Zudem ging es den SA-Mitgliedern sehr häufig um ihre eigene Bereicherung. Ihre radikale, unberechenbare, unkoordinierte und gewalttätige Vorgehensweise ließ die Nationalsozialisten bei sympathisierenden bürgerlichen, aber auf Recht und Ordnung pochenden Schichten in Misskredit geraten.[92] Hitler benutzte die SA anfangs für seine Zwecke, bremste dann aber, als er merkte, dass ihn die Vorgehensweise der SA Sympathien in der Bevölkerung kostete. Diese Entwicklung gefährdete seine Position und die Legitimation der NS-Herrschaft. Bereits im Juli 1933 mahnte er bei SA-Chef Röhm an, dass die Revolution kein *permanenter Zustand* sei,[93] und drängte auf Mäßigung. Der SA gegenüber standen mit Hitler die NSDAP-Gefolgsleute, die mit Hilfe ihrer Parteiämter und der Übernahme staatlicher Positionen die „Machtergreifung" in geordnete Bahnen lenken wollten. Hinzu kam, dass die NSDAP auf die Mitarbeit der Beamten im Staat angewiesen war. Sie konnte die Posten gar nicht mit genügend qualifiziertem Personal aus ihren eigenen Reihen besetzen, auch nicht die Bürgermeisterämter.[94] Für die Abläufe in Kempten waren auf Parteiseite in Schwaben Gauleiter Karl Wahl, auf der Ebene der bayerischen Regierung Staatskommissar Hermann Esser und Ministerpräsident Ludwig Siebert entscheidend. Die Ereignisse in Kempten waren ein Symptom des bayerischen und

89 Keller, Gauleiter (wie Anm. 88), S. 187.

90 Domröse, NS-Staat (wie Anm. 88), S. 185–262, die Vorgänge in Kempten insb. S. 190–194; für Schwaben, Keller, Gauleiter (wie Anm. 88), S. 187–189.

91 So belegen beispielsweise Zeitungsartikel und Schriftverkehr in StAKe, NL Merkt 185 die Präsenz von SA und SS im öffentlichen Raum, die auch öffentlich bekannt gemachten Verhaftungen und erste Übergriffe auf jüdische Mitbürger. So z. B. Berichte der Allgäuer Zeitung vom 10.3.1933 und Allgäuer Tagblatt 10.3.1933, 11.3.1933, sowie Verfügung des Bezirksamts Kempten, Stadtkommissär vom 12.3.1933 (mit Anweisung der Aufstellung von Posten der SA auf öffentlichen Raum und zur Patrouille der SA in der Stadt samt Anordnung der Zusammenarbeit mit der Polizeischutzmannschaft).

92 Juristisch und ordnungspolitisch argumentierte auch Merkt, als er sich gegen die geschäftsschädigenden Maßnahmen der SA gegen jüdische Geschäftsleute wandte: StAKe, NL Merkt 185, Berichte des Allgäuer Tagblatts, 11.3.1933 (Aus dem Kemptener Rathaus) und Allgäuer Zeitung, 11.3.1933 (Stadtrat und Hakenkreuz).

93 Zitiert nach Domröse, NS-Staat (wie Anm. 88), S. 192.

94 Horst Matzerath, Nationalsozialismus und kommunale Selbstverwaltung (Schriftenreihe des Vereins für Kommunalwissenschaften e.V. Berlin 29). Stuttgart 1970, S. 87–89.

Abb. 3 Der rehabilitierte Merkt und Oberstleutnant Eduard Dietl am 1. Mai 1933, dem „Tag der Arbeit".

schwäbischen Machtkampfes innerhalb der Nationalsozialisten. Sehen wir uns die Ereignisse um Otto Merkt genauer an.[95]

Merkt versuchte vergeblich die Hissung der Hakenkreuzfahne am Rathaus am 9. März 1933 durch die SA und SS zu verhindern. Oberstleutnant Dietl durfte zu Merkts Bedauern ebenso wie die Polizei auf Anordnung der bayerischen Regierung und der Reichsregierung nicht eingreifen. Dass er den „überzeugten Anhänger des Nationalsozialismus"[96] Dietl zur Hilfe rufen wollte, war Merkts Sorge um die öffentliche Ruhe und Ordnung geschuldet. Merkt führte rechtliche Gründe und den unzulässigen Eingriff in die kommunale Selbstverwaltung für seine Verweigerungshaltung an und argumentierte nicht mit einer Ablehnung des Nationalsozialismus.[97] Diese Konstruktion tauchte erst in seinem Spruchkammerver-

95 Die folgenden Ausführungen folgen alle Müller, Parteien- oder Verwaltungsvorherrschaft (wie Anm. 21), S. 39–47; Müller, Kempten im Dritten Reich (wie Anm. 88); Domröse, NS-Staat (wie Anm. 88), S. 190–194; Keller, Gauleiter (wie Anm. 88), S. 187–189. Es werden Einzelbelege nur noch bei Zitaten angeführt.

96 Müller, Parteien- oder Verwaltungsvorherrschaft (wie Anm. 21), S. 40. Zu Eduard Dietl vgl. u.a. Jakob Knab, Generaloberst Dietl. In: Gerd R. Ueberschär (Hg.), Hitlers militärische Elite. Bd. 2: Vom Kriegsbeginn bis Weltkriegsende. Darmstadt 1998, S. 28–36.

97 StAKe, NL Merkt 185, Otto Merkt an Max Gebhardt, 9.3.1933. Dort begründet er seine Verweigerung, die Hakenkreuzfahne und die schwarz-weiß-rote Fahne hissen zu dürfen mit folgenden Worten: *Denn die beiden Fahnen sind heute politische, nicht gesetzliche Symbole. Ich aber bin der Hüter des Gesetzes in hiesiger Stadt und habe mich einer jeglichen politischen Stellungnahme zu enthalten.* Vgl. auch Müller, Parteien- oder Verwaltungsvorherrschaft (wie Anm. 21), S. 39.

Abb. 4 Merkt empfängt Mitglieder der bayerischen Staatsregierung in Hegge, 6. Mai 1933.

fahren auf.[98] Der lokalen NSDAP-Führung erklärte er einen Monat später: *Ich schätze ihre Bewegung und Sie wissen nicht, wieviel Sympathie in diesem Raum für Sie ist. Doch die Hakenkreuzflagge war noch nicht die gesetzliche.*[99] Otto Merkt bestand auf seinem Grundsatz, keine parteipolitischen Einflüsse, auch nicht die der NSDAP, in der städtischen Verwaltung zuzulassen und glaubte zunächst an eine Beruhigung der Lage. Doch als er die Entlassung des Kemptener Reichsbannerführers und SPD-Stadtrats Albert Wehr aus der Haft zuließ,[100] wurde er von NSDAP-Mitglied Max Köglmaier,[101] Adjutant und späterer Staatssekretär des bayerischen Innenministers Wagner, telefonisch gerügt.[102] Daraufhin beschwerte sich Merkt am 11. März 1933 bei Generalleutnant Ritter von Epp,[103] dem Beauftragten der nationalsozialistischen Reichsregierung in München. Er war der Auffassung, dass die Nationalsozialisten an ihm nicht vorbeikamen. Epp gegenüber argumentiert er, dass das Verhalten

98 Zu seinen Nachkriegsnarrativen siehe Kap. 6.

99 Zitat nach Müller, Parteien- oder Verwaltungsvorherrschaft (wie Anm. 21), S. 40.

100 Weil bei Wehr keine Waffen gefunden wurden, sah Merkt keine Veranlassung, sich der von den zuständigen Behörden angekündigten Entlassung zu widersetzen. Vgl. StAKe, NL Merkt 185, Otto Merkt an Ritter von Epp, 11.3.1933.

101 Vgl. Kurzbiographie von Max Köglmaier in: Hermann Rumschöttel/Walter Ziegler (Hg.), Staat und Gaue in der NS-Zeit. Bayern 1933–1945. München 2004, S. 749 f.

102 StAKe, NL Merkt 185, Vormerkung von Otto Merkt vom 11.3.1933.

103 Zu ihm vgl. die Kurzbiographie in Rumschöttel/ Ziegler (Hg.), Staat und Gaue (wie Anm. 101), S. 742.

von Köglmaier die Sympathien für die neue Regierung schmälere: *Solche Sympathien wird sie aber brauchen.* Er verwies auf seine nationale Einstellung, als deren Gewährsmänner er nicht nur den Führer der NSDAP-Stadtratsfraktion in Kempten Oskar Esser, sondern auch seinen *Freund und Kollegen,*[104] den Lindauer Oberbürgermeister Siebert, seit April 1933 Ministerpräsident,[105] anführte. Obwohl Merkt nachgab und Wehr schließlich erneut verhaften ließ,[106] stürmte am nächsten Tag die SA das Rathaus. Merkt wurde in seiner Wohnung in Schutzhaft genommen und als Oberbürgermeister für abgesetzt erklärt.[107] Seine guten Beziehungen zu Staatskommissar Hermann Esser[108], auf dessen Anweisung Merkt nach wenigen Stunden freigelassen wurde, retteten ihn und er konnte wieder in sein Amt zurückkehren. Der Vater von Hermann Esser, Oskar,[109] verurteilte wenige Tage später die Verhaftung durch die SA und entschuldigte sich *namens der Partei*[110] bei ihm. Er wollte auch durch eine öffentliche Richtigstellung in der Presse Merkts Ruf wieder herstellen.

Aufgrund des Eingreifens von Oskar und Hermann Esser kam es zu einer Spaltung in der lokalen NSDAP und zu einer Auseinandersetzung zwischen SA und Parteifunktionären. In Kempten zerstritten sich die Konfliktparteien über die Person und die Amtsführung von Otto Merkt. Es wurde sogar eine Parteikommission unter der Leitung des Ritters von Schöpf gebildet. Dort verhandelte man mit der NSDAP-Führung über den Ausschluss der Personen, welche für die Absetzung von Merkt verantwortlich waren. Dabei wurden die

104 StAKe, NL Merkt 185: Otto Merkt an Ritter von Epp, 11.3.1933, Betreff: Beschwerde über Herrn Kögelmeier [sic!]. Darin beide Zitate. Vgl. auch Müller, Parteien- oder Verwaltungsvorherrschaft (wie Anm. 21), S. 40.

105 Der Jurist Ludwig Siebert war von 1919 bis 1933 Oberbürgermeister von Lindau und 1930 in die NSDAP eingetreten. 1932 wurde er Landtags- und 1933 Reichstagabgeordneter. Von 1933 bis zu seinem Tod 1942 war er bayerischer Ministerpräsident und zugleich Finanzminister. Von 1936 bis 1942 führte er auch das Wirtschaftsministerium. Vgl. Kurzbiogramm zu Siebert (1874–1942) in: Rumschöttel/Ziegler, Staat und Gaue (wie Anm. 101), S. 755, sowie Hermann Rumschöttel, Ministerrat, Ministerpräsiden und Staatskanzlei. In: Rumschöttel/Ziegler, Staat und Gaue (wie Anm. 101), S. 41–75 sowie Matthias Rösch: „Hammer oder Amboß"? Zur Rolle des Bayerischen Finanzministeriums 1933–1945. Strukturen, Entwicklungslinien, Fragestellungen. In: Rumschöttel/Ziegler, Staat und Gaue (wie Anm. 101), S. 217–243, sowie Paul Erker, „NS-Wirtschaftsaufschwung" in Bayern? Das Siebert-Programm und die nationalsozialistische Wirtschaftspolitik (1933– 939). In: Rumschöttel/Ziegler, Staat und Gaue (wie Anm. 101), S. 245–294. Vgl. auch Daniel Rittenauer, Das Amt des Ministerpräsidenten in der NS-Zeit. München 2018 (Schriftenreihe zur bayerischen Landesgeschichte 169); Michael Kitzing, Ministerpräsident Ludwig Siebert: Eingekeilt zwischen den NS-Granden. In: Wolfgang Proske (Hg.), Täter, Helfer, Trittbrettfahrer. Bd. 12: NS-Belastete aus dem Allgäu. 2. Auflage Gerstetten 2022, S. 299–309. Zuletzt: Daniel Rittenauer, „Mitvollstrecker der Überführung des Landes Bayern in das Einheitsreich" – der Bayerische Ministerpräsident in der NS-Zeit. In: Rainald Becker/ Christof Botzenhart (Hg.), Die Bayerischen Ministerpräsidenten 1918–2018, Regensburg 2024, S. 169–178.

106 StAKe, NL Merkt 185: Otto Merkt an Ritter von Epp, 11.3.1933.

107 Müller, Parteien- oder Verwaltungsvorherrschaft (wie Anm. 21), S. 40.

108 Zu Hermann Esser und seinen Beziehungen zu Kempten vgl. Paul Hoser, Hermann Esser und Kempten. In: Allgäuer Geschichtsfreund 121 (2021), S. 67–95, hier S. 67–85. Zu Hermann Esser vgl. auch das Kurzbiogramm in: Rumschöttel/Ziegler (Hg), Staat und Gaue (wie Anm. 101), S. 743.

109 Oskar Esser war 1920, gut zwei Jahre vor der Ortsgruppengründung in Kempten durch seinen Sohn, der NSDAP beigetreten. Er zog 1929 mit anderen Nationalsozialisten in den Stadtrat ein und wurde auch Fraktionsvorsitzender: Hoser, Hermann Esser (wie Anm. 108), S. 84 f.

110 Müller, Parteien- oder Verwaltungsvorherrschaft (wie Anm. 21), S. 40. Quelle: StAKe, NL Merkt 185, Vormerkung Otto Merkt vom 13.3.1933. Vgl. auch Hoser, Hermann Esser (wie Anm. 108), S. 85.

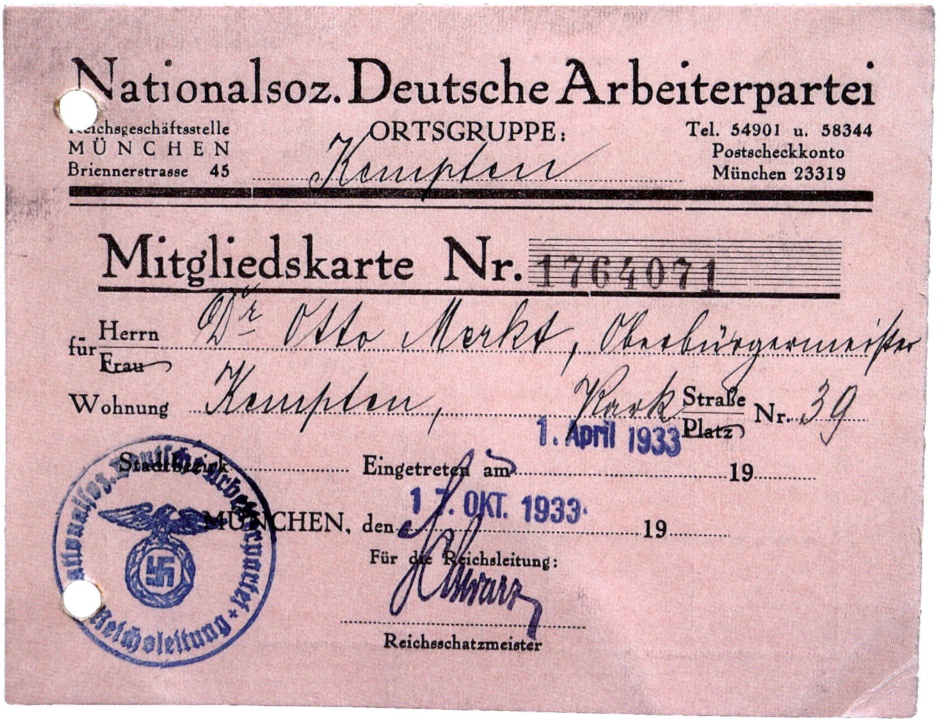

Nationalsoz. Deutsche Arbeiterpartei

Reichsgeschäftsstelle MÜNCHEN Briennerstrasse 45

ORTSGRUPPE: Kempten

Tel. 54901 u. 58344 Postscheckkonto München 23319

Mitgliedskarte Nr. 1764071

für Herrn ~~Frau~~ Dr Otto Merkt, Oberbürgermeister

Wohnung Kempten, Park Straße ~~Platz~~ Nr. 39

~~Stadtbezirk~~ .... Eingetreten am 1. April 1933 .... 19 ....

MÜNCHEN, den 17. OKT. 1933 .... 19 ....

Für die Reichsleitung:

Schwarz

Reichsschatzmeister

Nationalsoz. Deutsche Arbeiterpartei Reichsleitung

Abb. 5 Merkts Mitgliedskarte der NSDAP trägt als (fiktives) Eintrittsdatum den 1. April 1933.

Ämter der Parteiführung in Kempten Stadt und Land neu besetzt. Anton Brändle wurde Kreisleiter für Kempten-Stadt, verlor nun aber den SA-Beauftragten-Posten. Schöpf berief den Kaufmann Karl Deiring zum Beauftragten der SA beim Stadtkommissar.[111] Der Landwirt Georg Schädler aus Niedersonthofen wurde Kreisleiter für Kempten-Land.

Merkt selbst ging davon aus, dass sich die Situation beruhigte, zog die Konsequenzen aus seiner Verhaftung und bekannte sich zum neuen Regime. Er legte am *nationalen Tag* der Reichstagseröffnung am 22. März 1933 öffentlich in einer Rede ein Bekenntnis zur *nationalen Revolution* ab.[112] Außerdem wurde der Platz am Jägerdenkmal auf Stadtratsbeschluss in »Hitlerplatz« umbenannt.[113] Am 4. April erfuhr der Stadtrat, dass Merkt in die NSDAP eintreten wolle. Obwohl er erneut betonte, dass ein Bürgermeister unpolitisch sein müsse, stellte er fest, dass sich die Lage geändert habe. Es gäbe keine verschiedenen,

111 MÜLLER, Parteien- oder Verwaltungsvorherrschaft (wie Anm. 21), S. 40 f.

112 StAKe, NL Merkt 185: Bericht des Allgäuer Tagblatts vom 22.3.1933, S. 7 f., (*Der nationale Tag in Kempten*), Rede von Merkt S. 7 rechts und Allgäuer Zeitung, 22.3.1933, S. 9.

113 StAKe, NL Merkt 185, Allgäuer Tagblatt, 25.3.1933 *Kemptens schönster Platz vom Stadtrat „Hitlerplatz“ benannt!*

miteinander konkurrierenden Parteien, überhaupt keine Wahlen mehr und keine parlamentarische Regierung, sondern eine von den Parteien unabhängige und dauernde nationale deutsche Regierung, hinter die als *Vorkämpferin der neuen Gedanken e i n e Partei,* die NSDAP stehe. Er folgerte daraus: *Wer seiner Stadt als Bürgermeister restlos dienen will, muß hinter der Regierung stehen. Soll dies vorbehaltslos der Fall sein, so muß er auch der Partei angehören.*[114]

Der wankelmütige Ritter von Schöpf stützte erst Merkt, dann ließ er ihn wieder fallen. Deshalb verfügte Deiring am 5. April auf Anweisung von Schöpf und in Absprache mit dem Innenministerium die Beurlaubung Merkts vom Oberbürgermeisteramt. Als Vorwand wurden angebliche Unregelmäßigkeiten bei der Kemptener Sparkasse angeführt.[115] Merkt verlor daraufhin auch seinen Rückhalt im Kreistag in Augsburg. Bei seinem Aufenthalt am 6. April in Augsburg wurde Merkt verhaftet. Seine brieflichen Hilferufe an Esser und Siebert blieben nicht ungehört. Sie griffen ein und bewirkten am 11. April seine Freilassung. Von Schöpf lenkte angesichts der prominenten Unterstützung ein und unterschrieb Merkts Antrag auf Aufnahme in die Partei.[116] Merkt wurde am 15. April feierlich wieder als Oberbürgermeister eingesetzt. Danach kam es erneut über ihn zu Auseinandersetzungen zwischen Kreisleiter Anton Brändle, der inzwischen Merkt (widerwillig) stützte, und der SA vor allem in der Person von Ritter von Schöpf. Als Anton Brändle infolgedessen sein Amt verlor, setzte sich Otto Merkt taktisch klug für ihn ein. Brändle wurde allerdings erst später rehabilitiert.[117] Hinzu kam, dass in Schwaben Gauleiter Karl Wahl gegen den unberechenbaren Ritter von Schöpf agitierte, der seine Machtposition bedrohte. Merkt fand sich noch im Sommer 1933 in einer Koalition mit Karl Wahl und Anton Brändle wieder, die gemeinsam über ihre Netzwerke gegen Schöpf agitierten. Bereits im Sommer 1933 verschoben sich die Machtverhältnisse zugunsten der Kemptener Verwaltung und des Oberbürgermeisters.[118] In Schwaben war der Machtkampf erst 1934 ausgestanden: Schöpf wurde im Januar 1934 als SA-Sonderkommissar abgesetzt und schließlich sogar aus der SA ausgestoßen. In Bayern endete die Episode der SA-Sonderkommissare mit Morden und der Liquidierung von Röhm im Juni 1934.[119]

Merkt begründete später seinen Eintritt in die NSDAP und die Übernahme des Parteiamtes eines Kreisleiters für Kommunalpolitik, mit dem er sich selbst kontrollierte, damit, dass er seinen Oberbürgermeisterposten behalten wollte, um einen nationalsozialistischen, in der Kommunalpolitik unqualifizierten Bürgermeister zu verhindern.[120] Otto Merkt benötigte das Amt nicht, um wirtschaftlich zu überleben. Er hatte keine Familie und war

114 StAKe, Nachlass Merkt 185, »An die Herrn Stadträte und berufsmässigen Mitglieder des Stadtrats«, Otto Merkt, 4.4.1933. Gesperrt geschriebene Stelle so im Original. Indirekt und verkürzt zitiert auch von Müller, Parteien- oder Verwaltungsvorherrschaft (wie Anm. 21), S. 41.

115 Die Bevölkerung wurde über die Presse darüber informiert: Vgl. Artikel der Neuen Nationalzeitung Augsburg am 13.3.1933, Allgäuer Beobachter (Memmingen) 14.3.1933, beide in: StAKe, NL Merkt 185. Die Reaktion der Neuen Nationalzeitung vom 25.3.1933 auf Berichtigungswünsche von Merkt in Abschrift ebd.

116 Müller, Parteien- oder Verwaltungsvorherrschaft (wie Anm. 21), S. 40–42.

117 Ebd., S. 42–43.

118 Ebd., S. 44.

119 Keller, Gauleiter (wie Anm. 88), S. 188.

120 Zu seinen Nachkriegsnarrativen siehe Kap. 6.

finanziell und beruflich so gesichert, dass er seine Ämter hätte aufgeben und als Rechtsanwalt arbeiten können. Viele andere haben nach der Gewalterfahrung einer Verhaftung resigniert. Merkt wollte bleiben, weil er sich für die Stadt Kempten als „Sachwalter ihrer kommunalpolitischen Ziele“[121] verstand, von der Macht und seinem Lebenswerk nicht lassen konnte und weil er so viele ideologische Übereinstimmungen mit den neuen Machthabern hatte, dass es keinen Grund für ihn gab, zu gehen.

Es wird rasch deutlich, dass sich Merkts völkischen, rassehygienischen, antiparlamentarischen, autokratischen sowie antisozialistischen Überzeugungen mit der Ideologie der Nationalsozialisten und ihren Interessen und insbesondere mit dem Konstrukt der sogenannten „Volksgemeinschaft“ deckten.[122] Aus dieser wurden alle ausgeschlossen, die ideologisch, rassisch, von ihren Erbanlagen oder aus sonstigen Gründen nicht dazu passten, wie Kommunisten, Sozialisten, sogenannte nicht arische Menschen, Behinderte, Menschen mit Erbkrankheiten, Homosexuelle u.v.a.m. Merkt arrangierte sich rasch mit der NS-Herrschaft und begrüßte sie auch. Er bezeichnete sich selbst als Vorkämpfer nationalsozialistischer Ideen der Rassenhygiene und der daraus abgeleiteten Zwangssterilisierung. Seinen Parteieintritt begründete er vor den Stadträten folgendermaßen: *Umzulernen brauche ich nicht. National bin ich, seitdem ich erwachsen bin, und sozial zu sein, lehrt den Bürgermeister die Zeit. Einzelne Programmpunkte der Partei wie Rassenhygiene und deren erste Forderung, die Sterilisation des hoffnungslosen Erbgutes, habe ich in Wort und Schrift als einziger unter meinen Kollegen seit Jahren verfochten.*[123]

Herbert Müller charakterisiert die Position Merkts im Sommer 1933 folgendermaßen: „Merkt war für seine einflußreiche Stellung vielfach legitimiert. Er konnte auf seine juristische Befähigung und langjährige kommunalpolitische Erfahrung, die demokratische und unwiderrufliche Wahl zum Oberbürgermeister auf Lebenszeit im Jahre 1929, seine Wiedereinsetzung durch die lokale NSDAP und SA auf Veranlassung mächtiger Freunde in München, seine Mitgliedschaft in der NSDAP sowie die Absicherung seiner lokalen Position durch den Vorsitz im Kreistag und späteren Bezirksverband verweisen. Er gewann dadurch wieder eine Geltung, die regionalen Rang hatte.“[124] Seine Position festigte sich auch durch seine Bekanntschaft mit Reichsinnenminister Frick, mit dem er in Erlangen studiert hatte.[125]

Merkt befürwortete das Führerprinzip. Als schließlich bei der Einführung der neuen Gemeindeordnung 1935 die Bürgermeister zusätzlich gestärkt und die Stadträte zu lediglich beratenden Beiräten degradiert wurden, war er begeistert.[126] Spätestens zu diesem Zeitpunkt kann man Merkts Haltung nicht nur als antiparlamentarisch, sondern auch als

121 Müller, Parteien- oder Verwaltungsvorherrschaft (wie Anm. 21), S. 272.

122 Zum Begriff der „Volksgemeinschaft“ der Nationalsozialisten vgl. Michael Wildt, „Volksgemeinschaft“, Version: 1.0, in: Docupedia-Zeitgeschichte, 03.06.2014, http://docupedia.de/zg/wildt_volksgemeinschaft_v1_de_2014, DOI: http://dx.doi.org/10.14765/zzf.dok.2.569.v1 (2.7.2023).

123 StAKe, NL Merkt 185, »An die Herrn Stadträte und berufsmässigen Mitglieder des Stadtrats«, Otto Merkt, 4.4.1933.

124 Müller, Parteien- oder Verwaltungsvorherrschaft (wie Anm. 21), S. 44.

125 Ebd., S. 45.

126 Ebd., S. 46; Steber, Volksgemeinschaft, Führerkult und Terror (wie Anm. 3), S. 132, 134 f.

antidemokratisch bezeichnen. Auch mit seinem Widerwillen gegen Sozialisten und Kommunisten war er anschlussfähig. Zudem begrüßte er als überzeugter Militär den Wiederaufbau des deutschen Heeres. Die Tatsache, dass er sich 1935 als Verwaltungsspezialist zur Wiederverwendung in der Wehrmacht anbot, war sicher nicht nur Taktik, um auch über die Wehrmacht seine Stellung zu festigen,[127] sondern offenbar auch ein echtes Bedürfnis.[128] Merkt war sich auch nicht zu schade, öffentlich die Kemptener Bevölkerung zur Wahl Hitlers bei Abstimmungen aufzurufen.[129]

Die NS-Forschung hat in den letzten Jahrzehnten herausgearbeitet, dass nationalsozialistische Herrschaft nicht nur über Terror und Schrecken etabliert wurde. Es gab immer Integrationsangebote über Zustimmung und Verführung. Diesen Januskopf hat Hans-Ulrich Thamer als „Verführung und Gewalt" bezeichnet.[130] Wer der Verführung erlag, war für die mentale Legitimierung der NS-Herrschaft letztendlich wertvoller als derjenige, der erst mit Gewalt und Angst eingeholt werden musste. Aber es gab nicht nur die Verführung sondern auch eine aktive Mitwirkung von Menschen im NS-Staat, die sich zunächst nicht, teilweise auch nie als Nationalsozialisten begriffen. Sehr häufig reichten dafür Teilübereinstimmungen in ihren Überzeugungen und Interessen aus. Otto Merkt mussten die Nationalsozialisten, wie wir oben gesehen haben, nicht erst verführen. Seine Wertvorstellungen und Überzeugungen waren in vielerlei Hinsicht anschlussfähig. Aber Otto Merkt hatte noch eine andere Funktion: Er war derjenige, über den die bürgerlich-konservative Kemptener Gesellschaft an die neuen Herrscher gebunden werden konnte. Merkt erkannte das sofort. Nicht umsonst betonte er bei seiner Beschwerde über Max Köglmaier die Gefahr, dass sich die neuen Herrscher Sympathien verspielen würden, die sie aber benötigten. Letztendlich brauchten die Nationalsozialisten den in Kempten verehrten und beliebten Otto Merkt, um ihre Herrschaft vor Ort zu stabilisieren.[131] Abgesehen davon anerkannten sie seine Qualifikation und Leistung. Merkt arbeitete in der Folgezeit mit Kreisleiter Anton Brändle und vor allem Gauleiter Karl Wahl, der in Personalunion 1934 auch Regierungspräsident von Schwaben und Neuburg wurde, längere Zeit gut zusammen.[132] Wahl gehörte zu den NSDAP-Funktionären, die Menschen für ihre Sache vor allem durch Integrationsangebote in die „Volksgemeinschaft" und nicht durch Gewalt gewinnen wollten. Er stützte sehr häufig anpassungsbereites, qualifiziertes Fachpersonal und stabilisierte über diesen Weg seine Herrschaft.[133]

127 Müller, Parteien- oder Verwaltungsvorherrschaft (wie Anm. 21), S. 45 (Zitat). Das Schreiben von Merkt dazu mit ausführlicher Begründung vgl. in StAKe, NL Merkt 169: Schreiben Otto Merkt, Major der Reserve a.D. an den Kommandeur des Wehrbezirks-Kommandos Kempten, 28.5.1935.

128 Merkt war sehr geprägt durch seinen Militärdienst im Ersten Weltkrieg. Er pflegte Verbindungen zur Militärgarnison und zu Soldaten- und Veteranenverbänden, wie die zahlreichen Mitgliedschaften und Ehrungen beweisen. Vgl. dazu oben unter 2. sowie im Anhang unter 8.4. Zu Otto Merkts Unterstützung der Reichswehr auch: Müller, Weimarer Republik (wie Anm. 17), S. 428.

129 Müller, Parteien- oder Verwaltungsvorherrschaft (wie Anm. 21), S. 328, Anm. 36.

130 Hans-Ulrich Thamer, Verführung und Gewalt. Deutschland 1933–1945. Berlin 1986.

131 Zur Problematik des Sympathieverlustes durch die Verhaftungsexzesse der SA bei „kooperationswilligen" Teilen der Beamtenschaft und der Bevölkerung vgl. auch Domröse, NS-Staat (wie Anm. 88), S. 85.

132 Müller, Parteien- oder Verwaltungsvorherrschaft (wie Anm. 21), S. 45.

133 Zu dieser Strategie Wahls vgl. auch Bernhard Gotto, Nationalsozialistische Kommunalpolitik. Administrative Normalität und Systemstabilisierung durch die Augsburger Stadtverwaltung 1933–1945 (Studien

Zusammenfassend lässt sich feststellen, dass Otto Merkt sich nicht deshalb gegen die Flaggenhissung und „Machtergreifung“ am Rathaus stellte, weil er gegen den Nationalsozialismus war. Er sprach es im November 1933 selbst aus: *Bei Übernahme der Macht durch die nationalsozialistische Bewegung wurde ich für etliche Tage aus dem Gleise geworfen, weil ich gegenüber einer gewaltsamen Flaggenhissung die Rechte des Hausherrn zu wahren versucht hatte. Doch erkannte die Partei alsbald, daß das kein Widerstand gegen die Ziele der Bewegung war. Hatte ich doch seit Jahren im stillen auf das Beste mit der Partei und ihren Führern zusammengearbeitet und ihnen manchen Dienst erwiesen. Denn mein Stadtrat war halb rot und halb schwarz. Ich aber war weder rot noch schwarz, sondern stand dem Bauernbunde nahe, betätigte mich aber politisch nicht, weil ich der Meinung war, der Bürgermeister müsse über den Parteien stehen. Das war richtig, solange es mehrere Parteien gab. Seitdem es aber nur e i n e Partei gibt, hat der Bürgermeister sich als Vollzugsorgan der Staatsregierung zu betrachten.*[134] Der Verweis auf seine langjährige Unterstützung der NS-Bewegung war nicht aus der Luft gegriffen. Tatsächlich hatte Merkt wie viele Kemptener Bürger die NS-Bewegung als einen Teil des bürgerlichen Lagers und willkommenen Gegenpol zum linken politischen Lager begriffen und deshalb deren Versammlungen und Hitlerauftritte vor 1933 unterstützt.[135]

4.2 Der Politikstil Otto Merkts, sein Bruch mit Karl Wahl und die zwangsweise Versetzung in den Ruhestand 1942

Merkt war in erster Linie Kommunal- und Regionalpolitiker. Die Bedürfnisse der Stadt Kempten und des Allgäus bzw. Schwabens standen für ihn an erster Stelle, parteipolitische Erwägungen interessierten ihn im Grunde weiterhin nicht. Sein Politikstil und die

zur Zeitgeschichte 71). München 2006, S. 109. Diese Strategie konnte aber auch ein NS-Oberbürgermeister erfolgreich in seiner eigenen Verwaltung anwenden, wie z. B. in Augsburg: Gotto, Kommunalpolitik, S. 109–139, insb. 129–132. Ein weiteres Beispiel in Schwaben ist die Belassung von Heinrich Berndl als Erster Bürgermeister in Memmingen, der durch seine besondere Anpassungsbereitschaft dieses Amt bis 1945 behielt: Paul Hoser, Die Geschichte der Stadt Memmingen. Vom Neubeginn im Königreich Bayern bis 1945. Stuttgart 2001, S. 171–193, insb. S. 192 f.; Paul Hoser, Spielraum und Grenzen nationalsozialistischer Parteiherrschaft am Beispiel Memmingens. In: Andreas Wirsching (Hg.), Nationalsozialismus in Bayerisch Schwaben. Herrschaft – Verwaltung – Kultur (Augsburger Beiträge zur Landesgeschichte Bayerisch-Schwabens 9). Ostfildern 2004, S. 185–230; zuletzt Paul Hoser, Dr. Heinrich Berndl: 1932–1945 und 1952–1966 Oberbürgermeister der Stadt Memmingen. In: Wolfgang Proske (Hg.), Täter, Helfer, Trittbrettfahrer. NS-Belastete aus dem Allgäu. Gerstetten 2021, S. 43–55. Zu Wahls Integrationspolitik vgl. Martina Steber, „Im Ringen um die deutsche Volksgemeinschaft“. Ideologische Grundlagen der NS-Herrschaft im Gau Schwaben. In: Bernhard Gotto/Michael Cramer-Fürtig (Hg.), „Machtergreifung“ in Augsburg. Anfänge der NS-Diktaktur 1922–1937 (Beiträge zur Geschichte der Stadt Augsburg 4). Augsburg 2008, S. 61–73. Zu Karl Wahl als Regierungspräsident vgl. auch: Keller, Gauleiter (wie Anm. 88), S. 185–194.

134 Zitiert nach Müller, Parteien- oder Verwaltungsvorherrschaft (wie Anm. 21), S. 45. Die gesperrte Stelle ist bei Müller in kursiv gesetzt.

135 Zu den Hintergründen vgl. Steber, Volksgemeinschaft, Führerkult und Terror (wie Anm. 3), S. 133 f. Vgl. dazu auch Gerhard Hölzle, „Volksgenossen!“. Hitler und andere Redner in Kempten bis 1932. In: Allgäuer Geschichtsfreund 114 (2014), S. 65–84, v. a. S. 66 f.

Prioritätensetzung seiner Kommunalpolitik, die er bereits in der Weimarer Republik entwickelt hatte, orientierten sich ausschließlich an den Interessen Kemptens und des Allgäus sowie als Kreispräsident an denen Schwabens.[136] Gesetzliche und politische Vorgaben von Reichs- und Landesregierung setzte er geräuschlos um, wenn sie seinen Interessen dienten. Wenn nicht, dann suchte und fand er gern trickreich und hartnäckig Wege und Allianzen, um auf anderen legalen Wegen an sein Ziel zu gelangen, wie wir unten am Beispiel der Gauhilfe sehen werden. Seine zahlreichen Ehrenämter in Institutionen, mit denen er wirtschafts-, sozial- und kulturpolitische Inhalte verfolgte, waren ein solcher Weg. Wenn das nicht möglich war, wählte Merkt gerne die direkte Konfrontation. Daraus entwickelten sich zunehmend Konflikte mit der nationalsozialistischen Regierung und NSDAP-Funktionären, die langsam aber sicher seine Position untergruben.

Zunächst half Merkt jedoch seine Beliebtheit, seine anerkannte Fachkenntnis und seine Zusammenarbeit mit Gauleiter Karl Wahl. Als Otto Merkt 1937 anlässlich einer Überprüfung wegen einer ehemaligen Mitgliedschaft in einer Loge Probleme bekam, verteidigte ihn Karl Wahl als unentbehrlich und integer. Merkt sei *ein außerordentlich begabter und ebenso kenntnisreicher, unermüdlich tätiger und fleißiger Beamter, der nur den Ehrgeiz hat, seiner Vaterstadt Kempten und dem Allgäuer Land mit seiner ganzen Arbeitskraft zu dienen, um dort kulturell, wirtschaftlich und sozial ein Gemeinwesen zu formen, das in ganz Deutschland Achtung und Beachtung findet. Für sich äußerst anspruchslos und bescheiden und nur für die Arbeit kennend* [sic!] *sucht er mit zäher Tatkraft, mit großem Weitblick und mit Geschick alles dieser seiner Idee dienstbar zu machen. Sein Arbeitsfeld ist daher nicht auf seine Tätigkeit als Bürgermeister der Stadt Kempten beschränkt und konnte es von vornherein nicht sein.* Es folgt eine lange Aufzählung der Ämter, Initiativen und Verdienste Merkts und schließlich eine Charakterisierung seines Politikstils: *Gegen sich selbst hart und anspruchsvoll in Höchstleistungen hat er auch die Verwaltung der seiner Führung anvertrauten Stadt darnach ausgerichtet. Nicht immer hat er sich dabei Freunde gewonnen, nicht zuletzt auch, weil er sich nicht gerne von jedermann in seine weiterreichenden Pläne hineinschauen läßt und weil er in der Verfolgung seiner hohen Ziele u.U. auch mit der erforderlichen Härte und mit einem für den Allgäuer ja bezeichnenden Eigensinn vorgeht. Die Zusammenarbeit mit ihm gestaltet sich daher nicht immer einfach und leicht. Trotzdem muß aber bei gerechter Beurteilung seines Wirkens seine Führerpersönlichkeit und sein verdienstvolles Arbeiten für die Stadt Kempten rückhaltslos anerkannt werden. In der Verwaltung der Stadt Kempten muß mit besonderem Lobe erwähnt werden, daß unter seiner zielklaren Führung die Stadt Kempten einen großen wirtschaftlichen und kulturellen Aufschwung genommen hat, dass Dr. Merkt es aber durch eine schon seit Jahren geübte äußerst umsichtige und kluge Spar- und Rücklagen-Politik vermochte, seine Vaterstadt trotzdem nicht mit nennenswerten Schulden zu belasten, ja sogar ihr Vermögen gemehrt hat, sodaß die Vermögens- und Finanzlage der Stadt als musterhaft bezeichnet werden darf. Dr. Merkt darf mit Grund zu den fähigsten Kommunalpolitikern gezählt werden, dessen Ausscheiden aus dem Dienste einmal eine ganz empfindliche Lücke hinterlassen wird. Seine vaterländische und nationale Gesinnung ist über jeden Zweifel erhaben.*[137]

136 MÜLLER, Parteien- oder Verwaltungsvorherrschaft (wie Anm. 21), S. 272.

137 BHStA, MINN 80447, Regierung von Schwaben und Neuburg an das Staatsministerium des Innern, 22.6.1937, nicht gezeichnet [Karl Wahl]. Dass der Brief von Karl Wahl in seiner Eigenschaft als Regierungs-

Hier klingt bereits an, dass Otto Merkts Politikstil unter den Nationalsozialisten nicht immer auf Begeisterung stieß und die Zusammenarbeit mit ihm konflikthaft sein konnte. Bereits 1939 deutete sich an, dass sich Karl Wahl allmählich von ihm distanzierte.[138] Hinzu kommt, dass trotz der Stärkung der Bürgermeisterposition in der Gemeindeordnung von 1935 die städtischen Oberhäupter immer mehr damit kämpften, dass sich „die Gewichte zunehmend zugunsten der NSDAP und des zentralisierenden Staates"[139] verschoben. Die kommunalen Verwaltungen hatten immer weniger Entscheidungsfreiheiten und gerieten immer mehr in Abhängigkeit von den übergeordneten Ministerien und Parteistellen, die in zahlreichen Angelegenheiten mitredeten und als Aufsichts- und Genehmigungsinstanzen das letzte Wort behielten. Die Kommunen wurden zunehmend zum Vollzugsorgan der Staatsverwaltung und der Partei und dadurch die Selbstverwaltung angegriffen.[140] Der kommunalpolitische Handlungsspielraum von Merkt verminderte sich deshalb zusehends, was er bereits 1935 beklagte.[141] Otto Merkt geriet vor allem in der Frage des Wohnungsbaus allmählich in Gegensatz zu Karl Wahl. Letztendlich war seine taktisch unkluge Vorgehensweise der letzte Funken, der seine Entfernung aus dem Amt bewirkte. Otto Merkt unterschätzte seine Abhängigkeit von der Partei.[142]

präsident kam, geht aus einem Bericht des Staatsministeriums des Innern, gez. Max Köglmaier, an den Reichsinnenminister vom 29.6.1937 im selben Akt hervor. Anlass für diesen Schriftverkehr war die Tatsache, dass Otto Merkt als ehemaliges Mitglied der Johannisloge, der er von 1901 bis 1909 angehört hatte, angedroht worden war, dass ihm die Zuständigkeit für die Personalangelegenheiten in der Stadtverwaltung Kempten entzogen werden sollten. Das hätte im Grunde bedeutet, dass er als OB hätte zurücktreten müssen.

138 Müller, Parteien- oder Verwaltungsvorherrschaft (wie Anm. 21), S. 331, Anm. 55.

139 Ebd., S. 50.

140 Dazu Matzerath, Nationalsozialismus (wie Anm. 94), v.a. S. 132–164, 229 passim. In zahlreichen kommunalen Aufgabengebieten wurden die Gemeinden immer mehr von der Reichsregierung und Partei eingeschränkt, insbesondere in der Finanzpolitik, durch rigide Vorschriften und Genehmigungsvorbehalte der Aufsichtsbehörden und Ansprüche der Partei. Es hing v.a. von der Vernetzung der Stadtregierung und ihrer Parteifunktionäre zu höheren Stellen der NSDAP und des Staates, sowie von der Bedeutung der Stadt innerhalb des NS-Herrschaftssystems und ihrer örtlichen Rüstungsindustrie ab, inwieweit die Bürgermeister Handlungsspielräume für ihre Kommunen eröffnen konnten. Beispielsweise zur Finanzpolitik vgl. Katrin Holly, Gestaltungsspielräume kommunaler Steuerpolitik 1930–1945 in Augsburg und Memmingen. In: Sabine Mecking/Andreas Wirsching (Hg.), Stadtverwaltung im Nationalsozialismus. Systemstabilisierende Dimensionen kommunaler Herrschaft (Forschungen zur Regionalgeschichte 53). Paderborn u.a. 2005, S. 243–273, hier: S. 263–273; Katrin Holly, Öffentliche Arbeitsbeschaffungsmaßnahmen und kommunale Finanzkrise. In: Michael Cramer-Fürtig/Bernhard Gotto (Hg.), „Machtergreifung" in Augsburg. Anfänge der NS-Diktatur 1933–1937 (Beiträge zur Geschichte der Stadt Augsburg 4). Augsburg 2008, S. 87–96, hier S. 89–96; Paul-Moritz Rabe, Die Stadt und das Geld. Haushalt und Herrschaft im nationalsozialistischen München (München im Nationalsozialismus. Kommunalverwaltung und Stadtgesellschaft 3). Göttingen 2017, bes. S. 156–296, 360–362, 367–369. Vgl. bspw. für andere Handlungsfelder auch Augsburg, Gotto, Kommunalpolitik (wie Anm. 133), der im Gegensatz zu Matzerath v.a. die systemstabilisierende Funktion der Kommune herausarbeitet.

141 Müller, Parteien- oder Verwaltungsvorherrschaft (wie Anm. 21), S. 50. Müller zitiert hier aus Matzerath, Nationalsozialismus (wie Anm. 94), S. 425.

142 Zur Rolle der Abhängigkeit der Position der Oberbürgermeister von der Partei vgl. u.a. Dieter Rebentisch, Die politische Stellung der Oberbürgermeister im Dritten Reich. In: Klaus Schwab (Hg.), Oberbürgermeister. Boppard a. Rh. 1981, S. 125–155.

Zunächst konnte Merkt die NS-Wohnungspolitik für Kempten „geschickt“[143] nutzen und erfolgreich zahlreiche Siedlungs- und Wohnungsbauprojekte umsetzen. Trotzdem war der Wohnungsfehlbestand 1940/41 in Kempten immer noch enorm.[144] Bereits früh zeichnete sich ab, dass die vollmundig verkündete finanzielle Förderung des Wohnungsbaus der NS-Regierung zunehmend dem Primat der Wiederaufrüstung geopfert wurde.[145] Otto Merkt hatte deshalb auch mit dem Gauleiter die Kreishilfe (später Gauhilfe) für den Wohnungsbau gegründet, die Finanzierungslücken schloss, die durch die Verlagerung der Gelder in die Rüstung entstanden waren (dazu unten mehr). In Kempten kam hinzu, dass die beengte Stadt Bauland nur noch durch eine Eingemeindung des benachbarten St. Mang bekommen konnte. Und hier geriet Otto Merkt in den ideologischen Widerspruch nationalsozialistischer Politik. Zum einen wollten die Nationalsozialisten im Sinne einer Blut- und Bodenideologie, die ihrer Agrarromantik und Großstadtfeindlichkeit entsprang, Kleinsiedlungen und reagrarisierenden Wohnungsbau fördern. Zugleich wurde damit Bauland auf dem Land benötigt, was im Widerspruch zu ihrem Anspruch, Erbhofbesitz ungeschmälert zu erhalten, stand. Der Konflikt Bauland versus Erbhofpolitik zwischen Merkt und Kreisbauernführer Georg Schädler, auch Kreisleiter von Kempten-Land, schwelte schon länger. Otto Merkt propagierte seit 1933 erfolglos die Eingemeindung von St. Mang gegen Schädler. Er machte den Fehler, wiederholt taktisch unklug in aller Öffentlichkeit Kritik an der nationalsozialistischen Wohnungsbau- und Erbhofpolitik zu üben, statt nur auf dem internen Dienstweg, den Bürgermeister anderer Städte wählten. Er diskreditierte somit öffentlich das NS-Regime und verlor deshalb an Rückhalt. Dabei stand er grundsätzlich mit den sozialpolitischen und reagrarisierenden Zielen der NS-Wohnungspolitik im Einklang.[146]

143 Müller, Parteien- oder Verwaltungsvorherrschaft (wie Anm. 21), S. 268 f., auf S. 268 das Zitat.

144 Ebd., S. 269 f.

145 Zur NS-Wohnungspolitik: Tilman Harlander, Zwischen Heimstätte und Wohnmaschine. Wohnungsbau und Wohnungspolitik in der Zeit des Nationalsozialismus (Stadt – Planung – Geschichte 18). Basel u.a. 1995; Manfred Walz, Wohnungsbau- und Industrieansiedlungspolitik in Deutschland 1933–1939. Dargestellt am Aufbau des Industriekomplexes Wolfsburg-Braunschweig-Salzgitter (Campus-Forschung 111). Frankfurt, New York 1979; Tilman Harlander/Katrin Hater/Franz Meiers, Siedeln in der Not. Umbruch von Wohnungspolitik und Siedlungsbau am Ende der Weimarer Republik (Stadt – Planung – Geschichte 10). Hamburg 1988; Ute Peltz-Dreckmann, Nationalsozialistischer Siedlungsbau. Versuch einer Analyse der die Siedlungspolitik bestimmenden Faktoren am Beispiel des Nationalsozialismus. München 1978. Auch andere Kommunen litten an dieser NS-Wohnungsbaupolitik und artikulierten sie auch. Im Falle von München und Augsburg waren das aber NS-Oberbürgermeister, die fest im Sattel saßen und diplomatischer agierten. Sie konnten aufgrund ihrer Beziehungen zu Reichsministerien andere Wege zur Wohnungsbauförderung aufmachen. In Memmingen gab es dieselben Probleme, dort hatte man aber nicht so weitreichende Beziehungen in die Regierung und versuchte das Problem deshalb mit Hilfe von Genossenschaften und Gauhilfe zu bewältigen. Gotto, Kommunalpolitik (wie Anm. 133), S. 214–259, die Klagen von Oberbürgermeister Mayr vgl. S. 249. Differenzierter zu Augsburg und zu Memmingen untersucht derzeit noch Katrin Holly, Die Finanzierung des Wohnungsbaus. In: Dies., Kommunale Finanzpolitik in Augsburg und Memmingen 1930–1945. Determinanten und Handlungsspielräume (Arbeitstitel), Diss. ungedrucktes Manuskript. Zu München: Ulrike Haerendel, Kommunale Wohnungspolitik im Dritten Reich. Siedlungsideologie, Kleinhausbau und „Wohnraumarisierung“ am Beispiel Münchens (Studien zur Zeitgeschichte 57). München 1999.

146 Müller, Parteien- oder Verwaltungsvorherrschaft (wie Anm. 21), S. 268–273, zu seiner offenen Kritik S. 270–272. Die nationalsozialistische Regierung der Stadt Augsburg hatte beispielsweise dieselben Probleme beim Wohnungsbau wie Merkt und kritisierte diese auch, aber wählte dafür nicht die Öffentlichkeit, sondern

Otto Merkt stolperte 1941 über seinen dritten Versuch, Sankt Mang einzugemeinden, weil er Grundstücke beanspruchte, die Schädler als Erbhofgut einstufte. Als sich beide im Bezirksverband jeweils Verbündete für ihre Sache suchten und dadurch die Parteieinheit gefährdeten, griff Karl Wahl ein. Merkt steckte eine Niederlage ein.[147] Der Gauleiter teilte Max Köglmaier im Innenministerium mit, dass er Merkt *wegen seines frechen Verhaltens zurecht gewiesen habe.*

Ich habe inzwischen mit den maßgebenden Stellen in Kempten und auch mit den Mitgliedern des Kreistages, dessen Präsident ja Dr. Merkt ist, Fühlung genommen, um über die evtl. Abberufung des Merkt Rücksprache zu nehmen, aber weder die einschlägigen Stellen in Kempten noch die Kreistagsmitglieder halten es für zweckmässig [sic!], *wenn der Merkt während des Krieges verabschiedet wird. Ich versichere Ihnen, daß, wenn Dr. Merkt noch einmal sich etwas zuschulden kommen läßt, er dann ohne Rücksicht auf den Krieg seines Postens enthoben wird. Es ist selbstverständlich, daß Merkt keinen Tag länger als bis zur Erreichung des 65. Lebensjahres im Amte belassen wird. Ich warte ungeduldig auf diesen Termin, weil ich selbst sehr froh bin, wenn Merkt von der Bildfläche verschwindet. Ich muß auch hier wieder betonen, daß Merkt zweifellos ein äußerst tüchtiger Gemeindebeamter ist, aber* [er] *ist und bleibt ein Sonderling, der mit seiner ganzen Auffassung in das Getriebes* [sic!] *des nationalsozialistischen Staates nicht mehr hieneinpasst* [sic!]. *Bestünden die Beziehungen zu Esser und Frick nicht, so glaube ich sagen zu können, daß ich Merkt längst von seinem Posten entfernt hätte, weil er mir schon mehr als einmal, trotz seiner guten Arbeit auf die Nerven gegangen ist. Also warten wir noch ab, bis wir Merkt in Ehren ausscheiden lassen können.*[148]

Wahl kritisierte nur Merkts takt- und rücksichtslosen Politikstil, nicht die Qualität seiner Arbeit noch seine ideologische Einstellung zum Nationalsozialismus. Merkt war nicht fähig, seinen konfrontativen Umgang auf diplomatischere Methoden umzustellen, übersah zudem die Machtrealitäten und dass die immer stärker werdende Rolle der Partei seine Stellung untergrub. Letztendlich wirkte sich auch sein später Parteieintritt aus und dass ihm bei den alten Parteigarden das „Ansehen eines überzeugten Nationalsozialisten" fehlte.[149] Deshalb war er auch besonders vom Wohlwollen des Gauleiters abhängig. Schließlich verlor er auch die Unterstützung der NSDAP-Stadtratsfraktion, die sich auf die Parteiseite schlug und hinter Schädler und Wahl stellte. Seine früheren Fürsprecher Esser und Siebert hatten zunehmend an Einfluss verloren und konnten ihn nicht mehr schützen.

Otto Merkt widersetzte sich 1942 vergeblich der Aufforderung Karl Wahls mit Erreichen der Altersgrenze sein Amt abzugeben. Karl Wahl versetzte ihn deshalb in seiner Eigenschaft als Regierungspräsident am 26. Juli1942 in den Ruhestand.[150] Merkt behielt aber den Posten als Bezirksverbandspräsident und zahlreiche weitere Ehrenämter, die nicht mit seiner Funktion als Oberbürgermeister verbunden waren.

den Dienstweg, vgl. GOTTO, Kommunalpolitik (wie Anm. 133), S. 214–229; auch HOLLY, Finanzierung des Wohnungsbaus (wie Anm. 145), v. a. Abschnitt E.1.4.7.

147 MÜLLER, Parteien- oder Verwaltungsvorherrschaft (wie Anm. 21), S. 50 und S. 331 Anm. 57.

148 BHStA, MINN 50447, Karl Wahl an Staatssekretär Köglmaier, 27.6.1941.

149 MÜLLER, Parteien- oder Verwaltungsvorherrschaft (wie Anm. 21), S. 50.

150 Ebd., S. 51.

4.3 Oberbürgermeister der Stadt Kempten 1933–1942

Merkt sorgte offenbar für einen reibungslosen Betrieb der Kommunalverwaltung, die nationalsozialistische Politik vor Ort umsetzte. Eine Stadtverwaltung besorgt nicht nur eigene Aufgabenbereiche, sondern erledigt zusätzlich solche, die eigentlich dem Land oder Reich obliegen, aber deren Durchführung zweckmäßigerweise den Kommunen übertragen wird. Bisher ist nur die Kemptener Wohnungsbaupolitik näher bekannt.[151] Martina Steber hat auf die Forschungsdesiderate zur Geschichte der Stadt Kempten und ihrer Kommunalpolitik während des Nationalsozialismus und zur Rolle Otto Merkts bereits ausführlich hingewiesen. Sie hat an Beispielen aufgezeigt, wie Merkt nationalsozialistische Politik bereitwillig umsetzte und die sich daraus ergebenden Fragen zu kommunalen Handlungsfeldern beschrieben.[152] An dieser Stelle sei hier nur noch ein Beispiel zur Verdeutlichung ergänzt. Werner Scharrer erwähnt in seinem Beitrag über das Kaufhaus Fillisch, dass in Kempten die Warenhaus- und Filialsteuer im Oktober 1933 auf den doppelten Satz erhöht worden ist. Laut Scharrer wollte man damit jüdische Geschäftsinhaber treffen.[153] Das Beispiel zeigt, dass Finanzpolitik ein Verfolgungsinstrument sein kann, was inzwischen in der Forschung über die Judenverfolgung in Bayern und im Reich nachgewiesen wurde.[154] Es stellen sich in dem konkreten Fall folgende Fragen: Waren die Liquiditätslücken so groß, dass die Stadt Kempten auf die Erhöhung dieser Steuer angewiesen war und hat sie vielleicht andere Steuern ebenfalls im selben Zeitraum erhöht? Woher kam der Antrag und wie wurde er begründet? Wie ging Merkt damit um? Wie sah die alltägliche Praxis bei der Steuererhebung aus? Wurden Handlungsspielräume zugunsten der Steuerschuldner genutzt und wenn ja, wie wurden sie gehandhabt?

Grundsätzlich stellen sich beim Blick auf die nationalsozialistische Kommunalpolitik in Kempten folgende Fragen: Wie wurde sie umgesetzt und welche Handlungsspielräume in welche Richtung auch immer wurden genutzt? Wer definierte die Handlungsspielräume? Gab es Eigeninitiativen der Stadtverwaltung, die vielleicht strenger waren, als es der Gesetzgeber und die NSDAP vorsahen? Welche Rolle spielte Merkt dabei? Gab er die Vorgaben, war er Getriebener der örtlichen NS-Funktionäre, eigeninitiativ und inwieweit handelten die städtischen Stellen und Funktionäre unabhängig von Merkt? Hat Merkt gegen Vorgaben der NSDAP und des Staates gehandelt und – ganz wichtig – warum?

Dass durch eine funktionierende kommunale Politik und Verwaltung die nationalsozialistische Herrschaft stabilisiert wurde, auch polykratische Reibungsflächen entschärft werden konnten, ist inzwischen in zahlreichen wissenschaftlich Untersuchungen bewiesen

151 Ebd., S. 267–273.

152 Steber, Volksgemeinschaft, Führerkult und Terror (wie Anm. 3), insbes. S. 130–146.

153 Werner Scharrer, „… zu außergewöhnlich billigen Preisen in anerkannt soliden Qualitäten". Das Kaufhaus Fillisch (Zintl) in Kempten und seine Geschichte. In: Allgäuer Geschichtsfreund 106 (2006), S. 63–108, hier S. 98.

154 Axel Drecoll, Der Fiskus als Verfolger. Die steuerliche Diskriminierung der Juden in Bayern 1933–1941/42. München 2009; Christiane Kuller, Bürokratie und Verbrechen. Antisemitische Finanzpolitik und Verwaltungspraxis im nationalsozialistischen Deutschland. München 2013.

Abb. 6 Merkt in Uniform beim Verlassen des Kornhauses anlässlich eines Vortrags von Kultusminister Schemm am 19. Februar 1934.

worden,[155] aber für Kempten noch ein Forschungsdesiderat. Den Forderungen von Martina Steber, dass die Geschichte der Stadt Kempten im Nationalsozialismus untersucht werden muss, indem gesellschafts-, verwaltungs-, struktur- und politikgeschichtliche Analysen miteinander verzahnt werden, wird vollumfänglich zugestimmt. Es ist begrüßenswert, dass inzwischen dazu ein Forschungsprojekt initiiert wurde. Es sind daraus einige Erkenntnisse zum Handeln Otto Merkts zu erwarten.

155 Hier nur ein paar ausgewählte Arbeiten zu Augsburg und Memmingen: GOTTO, Kommunalpolitik (wie Anm. 133); HOSER, Geschichte der Stadt Memmingen (wie Anm. 133), bes. S. 171–290; HOSER, Spielraum (wie Anm. 133); Maren JANETZKO, Die „Arisierung“ mittelständischer jüdischer Unternehmen in Bayern 1933–1939. Ein interregionaler Vergleich. Ansbach 2012. Vgl. auch die Beiträge zu Memmingen und Augsburg und andere Kommunen in Peter FASSL (Hg.), Ausplünderung der Juden in Schwaben während des Nationalsozialismus und der Kampf um Entschädigung (Irseer Schriften N. F. 14). Konstanz 2020. Verschiedene Beispiele in: Sabine MECKING/Andreas WIRSCHING (Hg.), Stadtverwaltung im Nationalsozialismus. Systemstabilisierende Dimensionen kommunaler Herrschaft (Forschungen zur Regionalgeschichte 53). Paderborn u.a. 2005. Vgl. auch die Arbeiten aus einem Forschungsprojekt über München in der Schriftenreihe »München im Nationalsozialismus. Kommunalverwaltung und Stadtgesellschaft«: RABE, Die Stadt und das Geld (wie Anm. 140); Mathias IRLINGER, Die Versorgung der „Hauptstadt der Bewegung“. Infrastrukturen und Stadtgesellschaft im nationalsozialistischen München. Göttingen 2018; Annemone CHRISTIANS-BERNSEE, Amtsgewalt und Volksgesundheit. Göttingen 2013; Jan NEUBAUER, Arbeiten für den Nationalsozialismus. Die Stadt München und ihr Personal im „Dritten Reich. Göttingen 2020; Florian WIMMER, Die völkische Ordnung von Armut. Kommunale Sozialpolitik im nationalsozialistischen München. Göttingen 2014.

4.4 Funktionär und Netzwerker

Merkt handelte in einem komplexen und sehr dynamischen Umfeld zusammen mit anderen Menschen. Er hatte Mitstreiter und Gegenspieler. Er war in gesellschaftliche Zusammenhänge eingebunden und musste mit anderen Personen aus Verwaltung, Politik, Gesellschaft und Wirtschaft zusammenarbeiten. Deshalb müssen auch seine Tätigkeiten in den Vereinen, Verbänden und der Wirtschaft einbezogen werden. Merkt war ein hervorragender Netzwerker. Zahlreiche Zuwendungen – häufig aus seinem privaten Vermögen – an verschiedenste Vereine und Institutionen für karitative, kulturelle oder öffentlich gemeinnützige Zwecke, waren ihm sicher ein persönliches Anliegen, sicherten ihm aber auch das Wohlwollen breiter Bevölkerungskreise. Seine zahlreichen Mitgliedschaften, Ehrenämter, führenden Funktionen in Verbänden, Vereinen und Unternehmen verschafften ihm Einfluss auf breiter Ebene und dienten der Durchsetzung seiner politischen Ziele. Dabei begnügte er sich in der Regel nicht mit symbolischen und passiven Mitgliedschaften, sondern arbeitete intensiv gestaltend mit.[156] Auch daraus erklärt sich seine enorme Beliebtheit in der Bevölkerung und die Anerkennung seiner Arbeitsleistung. Das frühe Zugeständnis, ihm sein Bürgermeisteramt unwiderruflich auf Lebenszeit zu gewähren, ist ein Indiz dafür. Dies konnten auch die Nationalsozialisten nicht ignorieren. Sie begriffen offenbar, dass es sinnvoller war, Merkt im Amt zu lassen und damit auch ein Integrationsangebot in den NS-Staat zu schaffen: für Merkt und für die Bevölkerung.

In den folgenden Kapiteln 4.4.1–4.4.5 werden einige der Tätigkeiten und Funktion Otto Merkts in Verbänden, Unternehmen, Vereinen und Kirche thematisiert, die während der Recherche als besonders wichtig auffielen.

4.4.1 Die Akademische Ferien-Vereinigung Algovia

Otto Merkt war von 1896 bis zu seinem Tod 1951 Mitglied der Akademischen Ferien-Vereinigung Algovia zu Kempten. Sie besteht heute noch. Mitglieder waren damals nur Männer, die in Kempten Abitur gemacht hatten, studierten bzw. studiert hatten. Merkt bekleidete führende Positionen und war seit 1901 Philistersekretär. Die Algovia ehrte Otto Merkts Verdienste mehrmals, u.a. mittels der Errichtung der Ekkehard-Stiftung durch das Philisterium 1927, die minderbemittelte Studenten aus Kempten unterstutzt. Im selben Jahr wurde Merkt auch zum Ehrenphilister ernannt.[157]

156 Das erkannte auch Gauleiter Karl Wahl, vgl. BayHStA, MINN 80447, Karl Wahl an das Staatsministerium des Innern, 22.6.1937: Dort zählt er zahlreiche der ehrenamtlichen Funktionen von Otto Merkt auf und fährt dann fort: *Dabei arbeitet er in all diesen Vereinigung und Verbänden auf das regste mit, die Vereinigungen und Verbände schätzen seine wertvolle Arbeitskraft und er selbst ist zur eifrigsten Mitarbeit angespornt, um auch hier die Aufmerksamkeit auf Kempten und das Allgäu zu lenken. Mit Ausnahmen seiner Tätigkeit im Allgäuer Überlandwerk versieht er diese für ihn mit Arbeit reich gesegneten Posten unentgeltlich. Für ihn, der völlig bedürfnislos ist, handelt es sich hier nicht um Nebeneinnahmen. Soweit er für seine Mitarbeit bezahlt wird, setzt er seinen Stolz darin, diese Mittel gemeinnützigen Zwecken zuzuwenden. Mehrere Stiftungen hat er bereits für seine Vaterstadt und das Allgäu aus diesen Mitteln gemacht. Durch weitere Stiftungen sollten diese noch bedacht werden.*

157 Zu den Funktionen und Ehrungen von Otto Merkt vgl. im Anhang 8.1.und 8.4. Die Stiftung wurde deshalb mit dem Namen Ekkehard versehen, weil dies Merkts Name in der Verbindung war.

Abb. 7 Merkt (sitzend als dritter von rechts) beim Stiftungsfestausflug der Algovia an der Wertach 1925.

Die Algovia, in der auch Nationalsozialisten aktiv waren, war das wichtigste bürgerliche Netzwerk in Kempten.[158] Sie war nicht nur einfach ein geselliger Verein der städtischen Elite, sondern spielte auch eine Rolle in der städtischen Verwaltung und Politik. Denn zahlreiche ihrer Mitglieder besetzten dort Positionen spätestens seit der Weimarer Republik. Die Algovia begrüßte die nationalsozialistische Herrschaft und passte sich entsprechend an, indem sie rasch das Führerprinzip übernahm. Sie war offenbar ein Bindeglied zwischen konservativ, antidemokratisch und national eingestelltem Bürgertum und dem Nationalsozialismus in Kempten. Dass die nationalsozialistische Herrschaft in Kempten in den meinungsführenden bürgerlichen Gesellschaftsschichten mindestens akzeptiert, wenn nicht

158 Zur Algovia und den folgenden Ausführungen vgl. Müller, Parteien- oder Verwaltungsvorherrschaft (wie Anm. 21), S. 49–52, 252–254; Clemens Mennicken, … *aber ein Allgäu ist es nicht.* Heimatkonstruktion und Heimaterfahrung Kemptener Soldaten im Zweiten Weltkrieg. In: Wirsching, Nationalsozialismus in Bayerisch-Schwaben (wie Anm. 133), S. 31–55, hier S. 35 f.; Steber, Volksgemeinschaft, Führerkult und Terror (wie Anm. 3), S. 138 f.

gestützt wurde, ist vermutlich auch auf die Algovia zurückzuführen. Die Rolle dieser Vereinigung in der Stadtgesellschaft und der Stadtverwaltung, sowie ihrer Netzwerke muss dringend tiefergehend erforscht werden. Unklar ist auch, ob und inwieweit Merkt die Algovia und ihre Mitglieder für seine Politik benutzte und einsetzte. Wünschenswert wäre es, wenn über die im Nachlass von Otto Merkt vorliegenden Dokumente hinaus auch das Archiv der Algovia für Forschungen frei gegeben werden könnte. Ansonsten besteht die Gefahr, dass sowohl die Rolle der Algovia in Stadtgesellschaft und -politik als auch die Otto Merkts in der Vereinigung nicht korrekt bewertet werden können und offene Fragen Spekulationen überlassen bleiben. Vielleicht könnte dann auch geklärt werden, ob die Mitglieder der Algovia tatsächlich geschlossen einer Meinung waren. Dieses Archiv wäre vielleicht auch hilfreich, Otto Merkts Überzeugungen und persönliches Wesen noch besser zu erfassen.

Darüber hinaus müssen dringend weitere Netzwerke und Verbindungen der Kemptener Gesellschaft in den Blick genommen werden. Denn bisher sind nur die Netzwerke und Verbindungen der in der Heimatpflege und Heimatforschung Tätigen erforscht. Es ist zu erwarten, dass das inzwischen laufende Forschungsprojekt über Kempten im Nationalsozialismus hierzu neue Erkenntnisse bringt.

4.4.2 Strukturpolitik in milchwirtschaftlichen Verbänden und in der Elektrizitätswirtschaft

Bisher wenig bekannt ist auch die Rolle Merkts in den wirtschaftlichen Verbänden und in der Industrie, vor allem der Milch- und Viehwirtschaft[159] und der Elektrizitätsversorgungsunternehmen (EVU), deren Einflussbereich sich auf das Allgäu und Bayerisch-Schwaben bezogen.

Die Förderung des Bauernstands hatten sich die Nationalsozialisten auf die Fahnen geschrieben, denn in ihren agrarromantischen Vorstellungen spielten die Bauern eine zentrale Rolle, ebenso für ihre Autarkiepolitik. Die Landwirtschaft war für die Sicherung der Ernährung wichtig, um die Zustimmung zu Wiederaufrüstung und Krieg bei der Bevölkerung nicht zu verlieren. Die real umgesetzte Agrarpolitik blieb hinter dem Anspruch zurück, schuf in der Landwirtschaft erhebliche Probleme und führte zu Konflikten mit der bäuerlichen Bevölkerung.[160] Die verschiedenen milchwirtschaftlichen Verbände, die Merkt teilweise mitgegründet hatte bzw. bei denen er in führender Position auch während des NS-Regimes mitarbeitete, erfuhren durch die Neuorganisation des Reichsnährstands

159 Dazu existiert der Band von Karl LINDNER (Hg.): Geschichte der Allgäuer Milchwirtschaft. 100 Jahre Allgäuer Milch im Dienst der Ernährung. Kempten/Allgäu 1955, der die Initiativen und Rolle Merkts zwar dokumentiert, aber nicht kritisch hinterleuchtet. Die Beiträge stammen dort von Merkts Weggefährten und Zeitgenossen. Der Nachfolgeband mit dem Titel Die Allgäuer Milchwirtschaft auf dem Weg ins 21. Jahrhundert, hg. vom Milchwirtschaftlichen Verein Allgäu-Schwaben e.V. Kempten 2008 trägt zu keiner differenzierteren Sichtweise Merkts bei. Es handelt sich hier um eine Selbstdarstellung der darin behandelten Verbände und Institutionen und nicht um eine wissenschaftlich betriebene kritische Auseinandersetzung mit ihrer Geschichte auf der Grundlage neuer Forschungen. Deshalb fehlen auch weitgehend Quellenbelege und werden in den Beschreibungen über die Zeit vor 1945 häufig einfach die Inhalte des Bandes von 1955 übernommen. Zur Intention des Bandes vgl. auch Anm. 165.

160 Zu Bayern vgl. Theresia BAUER, Nationalsozialistische Agrarpolitik und bäuerliches Verhalten im Zweiten Weltkrieg. Eine Regionalstudie zur ländlichen Gesellschaft in Bayern (Münchner Studien zur neueren und neuesten Geschichte 14). Frankfurt am Main u. a. 1996.

im Nationalsozialismus Einschränkungen bzw. wurden aufgelöst. So traf es beispielsweise deshalb 1935 den von Otto Merkt initiierten Schutzmarkenverband für Butter und Käse, der sich liquidieren musste, weil seine Aufgaben an andere milchwirtschaftliche Verbände übergingen.[161] Dafür wurde der Milch- und Fettwirtschaftsverband Allgäu neu gegründet und auf Protest der von der Auflösung betroffenen Verbände und der Kreisbauernschaft Schwaben-Süd zur Nachfolgeorganisation des Schutzmarkenverbandes sowie der Börse mit Sitz in Kempten erklärt.[162] Und offenbar kam auch 1938 die vom Staat angeordnete Auflösung des Milchwirtschaftsverbands Allgäu e.V. für seine Mitglieder und die Führungsebene überraschend.[163] Dass die Interessen der milchwirtschaftlichen Verbände nicht immer mit denen der nationalsozialistischen Politik übereinstimmten, ist bisher nur andeutungsweise bekannt.[164] Otto Merkts Handeln und das seiner Mitstreiter in der nationalsozialistischen Agrarpolitik auf dem Feld der Milchwirtschaft, Determinanten und Handlungsspielräume, sowie Konflikte oder Übereinstimmungen mit der nationalsozialistischen Landwirtschaftspolitik sind nicht erforscht.[165]

161 Efkes, Bayerische Schutzmarkenverband (wie Anm. 30), S. 263, 268. Otto Merkt wurde bei der Gründung 1929 zum Ersten Vorsitzenden gewählt.

162 Steber, Politik (wie Anm. 49), S. 99 f. Zu Merkt als Vorsitzender der Allgäuer Butter- und Käse-Börse von 1921 bis zu deren Auflösung 1934 vgl. Emmerich Heilinger, Süddeutsche Butter- und Käse-Börse – Marktbarometer für die Milchwirtschaft. In: Die Allgäuer Milchwirtschaft auf dem Weg ins 21. Jahrhundert (wie Anm. 159), S. 519–536, hier S. 521–526. Wobei Heilinger sich einfach auf die Darstellungen in Lindner, Geschichte der Allgäuer Milchwirtschaft (wie Anm. 159) beruft bzw. seitenlang aus dem Beitrag des Vorsitzenden der Börse Hölzle, der das Amt von 1984 bis 1992 innehatte, in der Festschrift zum 75jährigen Jubiläum zitiert. Woher Hölzle sein Wissen hat, wird nicht belegt.

163 Franz Renz, Der Milchwirtschaftliche Verein im Allgäu e.V. In: Lindner, Geschichte der Allgäuer Milchwirtschaft (wie Anm. 159), S. 237–259, hier S. 241 f. Seine Beschreibung der Vorgänge wird bei Emmerich Heilinger, Durch eigene Kraft zum Ziel. Vom „Milchwirtschaftlicher Verein im Allgäu e.V." zum „Milchwirtschaftlicher Verein Allgäu-Schwaben e.V.". In: Die Allgäuer Milchwirtschaft auf dem Weg ins 21. Jahrhundert (wie Anm. 159), S. 319–376, hier S. 324, völlig unhinterfragt zitiert.

164 Vgl. bspw. Renz, Der Milchwirtschaftliche Verein im Allgäu (wie Anm. 163), S. 241 f.

165 Bisher gibt es den 1955 herausgegebenen Band von Lindner, Allgäuer Milchwirtschaft (wie Anm. 159). Er wurde aus dem Vermögen des Schutzmarkenverbands für Butter und Käse, das 1935 bei dessen Auflösung in eine Stiftung zur Erforschung der Milchwirtschaft im Allgäu überführt wurde, finanziert. Vgl. Efkes, Bayerischer Schutzmarkenverband (wie Anm. 30), S. 268. Dieser Band nimmt in keiner Weise kritisch die Funktionäre der milchwirtschaftlichen Verbände in den Blick. Viele der Autoren waren in dieser Sparte in führenden Funktionen während des Nationalsozialismus tätig. Zudem lässt die Biographie über Otto Merkt aus der Feder von Lindner am Anfang des Bandes (S. 1–6), die überschwänglich Otto Merkt feiert, auf eine völlig unkritische Sicht schließen. Diese Sicht auf die Protagonisten spiegelt sich auch in dem Nachfolgeband von 2008, vgl. bezeichnend dazu das Einleitungskapitel von Emmerich Heilinger, Zum Werden des Buches als Nachfolgeband der „Geschichte der Allgäuer Milchwirtschaft". In: Die Allgäuer Milchwirtschaft auf dem Weg ins 21. Jahrhundert (wie Anm. 159), S. 13–18 insb. S. 13 f. Wünschenswert wäre eine kritische Aufarbeitung wie sie bspw. inzwischen für den in Württemberg tätigen milchwirtschaftlichen Lobbyisten Oskar Farny erfolgt ist: Robert Schmidtchen, Lobbyismus als Lebenszweck? Vom Allgäu über den Großdeutschen Reichstag zum Minister in Stuttgart und Bonn: Oskar Farny (1891–1983) (Historia Altera 4). Stuttgart 2019. Zu Farny vgl. auch in Wilhelm Stocker, Die Staatliche Milchwirtschaftliche Lehr- und Versuchsanstalt Wangen im Allgäu. In: Lindner, Geschichte der Allgäuer Milchwirtschaft (wie Anm. 159), S. 223–234, hier S. 229 f.

Ebenso fehlt eine Untersuchung des Engagements von Otto Merkt in der Elektrizitätswirtschaft, die sich seit Anfang des 20. Jahrhunderts und insbesondere seit dem Ersten Weltkrieg allmählich zu einer der wichtigsten Energielieferanten entwickelte. Otto Merkts Idealvorstellung ging eigentlich dahin, dass das Allgäu einheitliche und eigene Wege, unabhängig von Großkonzernen, in dieser wichtigen Infrastruktur gehen sollte. Sein Motto *Das Allgäu den Allgäuern!*[166] wollte er auch hier verwirklicht sehen. Aber schon bei seinem Amtsantritt war die Realität eine andere: Im Allgäu waren zahlreiche verschiedene Versorger aktiv.[167] Otto Merkt versuchte, sowohl als Oberbürgermeister von Kempten wie auch in seiner Eigenschaft als Kreistagspräsident von Schwaben, Einfluss auf die Elektrizitätsversorgung zu nehmen und als Sachwalter der Verbraucher zu agieren. Das kommunale Elektrizitätswerk Kempten gliederte er 1919 in das Allgäuer Überlandwerk ein, u.a. weil absehbar war, dass die kommunale Stromerzeugung nicht mehr den Bedarf decken konnte. Er fürchtete, dass der Zusatzstrom dann bei den Lech-Elektrizitätswerken Augsburg beschafft werden müsste und diese so erhöhten Einfluss auf das Allgäu bekommen könnten. Es war sein Ziel, das Allgäuer Überlandwerk zum dominanten Stromanbieter der Region auszubauen.[168] Er hatte Posten im Allgäuer Überlandwerk (AÜW), bei den Lech-Elektrizitätswerken Augsburg AG (LEW) und bei der Unteren Iller AG (UIAG). Im AÜW fungierte Merkt in seiner Eigenschaft als Oberbürgermeister von Kempten als stellvertretender Geschäftsführer, weil das Städtische Elektrizitätswerk dort aufgegangen war. In den Aufsichtsräten der LEW und der UIAG saß er in seiner Funktion als Kreistagspräsident, weil der Kreistag (Stamm-)aktien der LEW und 5 % Anteil an der Unteren Iller AG besaß.[169] Die unterschiedliche Entstehungsgeschichte und Struktur der beiden Energieversorger AÜW und LEW barg Konfliktpotential. Die LEW hatte als Aktiengesellschaft ausgehend von ihren Wasserkraftwerken am Lech nördlich von Augsburg die Kommunen seit 1901 im nördlichen Schwaben elektrifiziert und war dann mit Abschluss des Staatsvertrags 1913 auf Wunsch der Bayerischen Staatsregierung bis ins nördliche Allgäu vorgedrungen. Sie war eine Tochtergründung der Elektrizitäts-Aktien-Gesellschaft vormals Lahmeyer & Co. und ging mit ihr 1923 an die

166 22. Verwaltungsbericht der Stadt Kempten für die Jahre 1931/32 und 1932/33. Kempten [1933], S. 18.

167 Zur Elektrifizierung des Allgäus vgl. Katrin Holly, Strom für das Allgäu – Anfänge der Elektrifizierung im Süden Bayerisch-Schwabens. In: Katrin Arens (Hg.), Sägen, Wasserkraft und Stromerzeugung. Die Sägemühle Hettisried – ein Familienbetrieb mit Technikgeschichte (Leben – Wohnen – Arbeiten 1). Illerbeuren und Stuttgart 2022, S. 123–134.

168 Vgl. Merkt, Zehn Jahre, (wie Anm. 29), S. 34, 39f .

169 Die Gründung samt Einstieg des Kreistags Schwaben in die Untere Iller AG erfolgte bereits 1921. An ihr hatten die Bayernwerk AG München 60 Prozent, die LEW 40 Prozent erworben, die Bayernwerk AG verkauften dem Kreistag Schwaben 5 Prozent Anteil. Es wurden zwei Wasserkraftwerke an der Unteren Iller bei Untereichen und Illertissen gebaut, die ab 1930 in Betrieb gingen. Der Strom wurde zu 60 % von der Bayernwerk AG, zu 40 % von den LEW abgenommen und von diesen an die Endverbraucher weiter verteilt. Bei dieser Beteiligung saß Otto Merkt als Vertreter des Kreistags im Aufsichtsrat. Vgl. Manfred Pohl, Das Bayernwerk 1921 bis 1996. München 1996, S. 201 f.; Wich, Kreistag (wie Anm. 64), S. 39 f. Bisher ist nicht bekannt, dass es nach der Inbetriebnahme der Anlagen 1930 wesentliche Konflikte mit der NS-Politik gab. Weil die beiden Elektrizitätsversorger zugleich Anteilseigner als auch Stromabnehmer waren, dürften auch wegen der Strompreisgestaltung keine Konflikte mit der NS-Preispolitik entstanden sein. Eine detaillierte Untersuchung der Unteren Iller AG liegt allerdings nicht vor.

RWE AG über. Das AÜW war ursprünglich ein lokales, privates Elektrizitätswerk, gegründet von Anton Böhm. Durch den Zusammenschluss mit dem Elektrizitätswerk Kempten 1919/20 und zahlreicher weitere Kommunen und Elektrizitätsgenossenschaften als GmbH entwickelte es sich neben anderen zu einem der größeren Versorger im westlichen Allgäu.[170] Dabei kam es naturgemäß auch zu einer Konkurrenz zwischen LEW und AÜW um den Allgäuer Raum. Diese Auseinandersetzung wurde im September 1933 zwar zwischen den beiden Kontrahenten beigelegt, indem sie einen Gebietsabgrenzungsvertrag schlossen und auch der Stromaustausch beschlossen wurde. Ob das nur der Tatsache geschuldet war, dass das AÜW mit seinem Zusatzstrombezug unabhängiger vom Ausland werden wollte oder politischer Druck dahinterstand, ist nicht klar.[171] Die LEW wurden als Aktiengesellschaft von den Nationalsozialisten als rein gewinnorientierter Großkonzern und Ableger des „Stinnes"-Konzerns RWE misstrauisch betrachtet. Die Reichsregierung setzte nach der „Machtergreifung" jedoch die Hoffnungen zahlreicher NSDAP-Aktivisten auf eine dezentrale, sozialistische Elektrizitätswirtschaft und Abschaffung der großindustriellen Unternehmen nicht um. Im Gegenteil, sie stärkte in ihrem Elektrizitätswirtschaftsgesetz von 1936 trotz darin verankerter stärkerer staatlicher Kontrolle und Mitwirkungsmöglichkeiten letztendlich die großen Elektrizitätsversorger.[172] Die nationalsozialistische Energiepreispolitik, die den Unternehmen weitgehend die Tarifstruktur und Preisgestaltung vorschrieb, berücksichtigte offenbar nicht ausreichend die Bedürfnisse der ländlichen Abnehmer, die über teure Strompreise klagten. Deswegen wollten einige Gemeinden auch aus dem Allgäu, befeuert von der Propaganda örtlicher Parteigenossen, aus der Versorgung mit den LEW ausscheren, woran sie letztendlich an der staatlichen Haltung scheiterten.[173] Ob das AÜW ähnliche Probleme hatte, ist nicht untersucht. Trotz seiner eher genossenschaftlichen Struktur sind derartige Konflikte nicht auszuschließen. Hinzu kommt, dass die Elektrizitätsversorgung grundsätzlich schon immer staatlichen Regulierungen und Interessen unterlag. Der Staat redete immer mit, ob bei der Konzessionsvergabe von Wassernutzungsrechten, bei der Genehmigung zum Aufbau von Netzanlagen oder bei der Strompreisgestaltung. Während der

170 Otto Merkt, Zehn Jahre (wie Anm. 29); Holly, Strom für das Allgäu (vgl. Anm. 162), dort zu den LEW S. 124–126, zum AÜW S. 127 f. Zu den LEW vgl. auch Katrin Holly, Elektrizität erobert den Alltag. Die Rolle der Lech-Elektrizitätswerke AG bei der Elektrifizierung in Bayerisch-Schwaben von 1945 bis zum Beginn der 1970er Jahre. In: Peter Fassl (Hg.), Beiträge zur Nachkriegsgeschichte von Bayerisch-Schwaben 1945–1970. Tagungsband zu den wissenschaftlichen Tagungen von 2006, 2007 und 2008. Augsburg 2011 (Schriftenreihe der Bezirksheimatpflege Schwaben zur Geschichte und Kultur 2), S. 285–365, hier S. 287–297.

171 Zur Beilegung des Raumkonflikts vgl. Historisches Unternehmensarchiv der Lechwerke AG (UA LEW), DS-G 0029, S. 43–57; sowie 23. Verwaltungsbericht der Stadt Kempten für die Jahre 1933/34 und 1934/35, Kempten [1935], S. 51 und 52 f. In dem Verwaltungsbericht wird auf S. 52 dargelegt, dass das AÜW den Stromlieferungsvertrag angeblich freiwillig mit den LEW abschlossen.

172 Bernhard Stier, Staat und Strom. Die politische Steuerung des Elektrizitätssystems in Deutschland 1890–1950 (Technik und Arbeit 10). Upstadt-Weiher 1999, S. 442–489.

173 So z. B. in Memmingen, vgl. Hoser, Geschichte der Stadt Memmingen (wie Anm. 133), S. 439–441. Auf Seite 440 auch der Hinweis auf Türkheim und Donauwörth. Zu den Plänen von Gemeinden, sich von den LEW zu lösen, vgl. UA LEW, V-1.975, Niederschrift über die 85. Aufsichtsratssitzung der Lech-Elektrizitätswerk AG am 9.7.1937, S.19–21; Rudolf Rauter, Licht für Donauwörth. Die Entwicklung der Stromversorgung in Donauwörth, Nordschwabens freundlicher Mitte, von den ersten Anfängen bis zum Jahr 1945. Nördlingen 1984, S. 292–296.

NS-Zeit war die Stromwirtschaft zusätzlich rüstungsrelevant und kriegswichtig. Beim Ausbau und Betrieb der Anlagen wurden deshalb häufig Zwangsarbeiter eingesetzt. Auch von den LEW ist das bekannt und wird derzeit aufgearbeitet. Beim AÜW waren nachweislich zwischen Dezember 1942 und Mai 1943 (und vermutlich auch darüber hinaus) Zwangsarbeiter eingesetzt. Es gehörte als eine von zehn Firmen zu den Erstunterzeichnern des Lagergemeinschaftsvertrags vom 18. Juli 1942 für ein Ostarbeiterlager, welches zunächst im Fabrikhochhaus der Spinnerei und Weberei Kempten an der Keselstraße untergebracht war und Ende 1943 in ein neu errichtetes Barackenlager unmittelbar südlich der Tierzuchthalle umzog. Die Stadt Kempten fungierte dabei als geschäftsführende Gesellschafterin.[174]

Grundsätzlich war Otto Merkt als stellvertretender Geschäftsführer beim AÜW wesentlich stärker am Tagesgeschäft beteiligt als in seiner Funktion im Aufsichtsrat bei den LEW oder in den UIAG.[175] Die Haltung von Otto Merkt in diesem energiepolitischen Geflecht und sein Agieren inmitten unterschiedlicher Interessen mehrerer Elektrizitätsversorger, der staatlichen, nationalsozialistischen Strompolitik, den Verbraucherwünschen und seiner eigenen Allgäupolitik ist nicht erforscht.

4.4.3 Mitarbeit in der Kreishilfe/Gauhilfe

Die Kreishilfe, später umbenannt in Gauhilfe, wurde von Gauleiter Karl Wahl mit Hilfe Merkts in dessen Eigenschaft als Kreistagspräsident gegründet. In sie flossen die Mittel aus der Karl-Wahl-Stiftung zur Förderung des Wohnungsbaus ein; hinzu kam Stammkapital vom Kreistag und von zahlreichen Kommunen Schwabens.[176] Die Nationalsozialisten waren mit dem Anspruch angetreten, den aus der Weimarer Republik geerbten eklatanten Wohnungsmangel zu beseitigen. Weil sie letztendlich der Rüstungs- und Kriegsfinanzierung den Vorzug gaben, konnten sie diesen Anspruch nicht erfüllten. Dieses Versagen war geeignet die Legitimität ihrer Herrschaft zu untergraben, weil die Bevölkerung sehr wohl bemerkte, dass die propagierten angeblichen Erfolge nicht der Wirklichkeit standhielten. Die Gauhilfe sollte eine Lücke in der Finanzierung des Wohnungsbaus schließen, die entstanden war, weil die Finanzpolitik der NS-Regierung alle finanziellen Ressourcen des Staates und des freien Kreditmarkts in die Rüstungsfinanzierung umleitete. Dadurch kam der soziale Wohnungsbau praktisch zum Erliegen. Die Gauhilfe baute nicht selbst, sondern gab verbilligte Darlehen aus und war damit im Grunde ein verkapptes Kreditinstitut. Damit

174 Den Hinweis auf die Quelle zur Zwangsarbeit beim AÜW verdanke ich Markus Naumann: StAKe, Ausländerakten. Ostarbeiterlager, Schuber 26; vgl. Romana Buchenberg/Markus Naumann, Zwangsarbeiter in Kempten im Zweiten Weltkrieg und ihr Schicksal nach Ende des Krieges. In: Allgäuer Geschichtsfreund 106 (2006), S. 125–172, hier S. 135 f. Zur Zwangsarbeit bei den LEW vgl. demnächst Lukas Wollscheid/Katharina Roth/Matthias Georgi, Strom für Bayerisch-Schwaben. Die Geschichte der Lechwerke (vorläufiger Titel), Regensburg voraussichtlich 2024.

175 Über das Allgäuer Überlandwerk existieren lediglich die Festschrift von Otto Merkt anlässlich des zehnjährigen Jubiläums und weitere Festschriften zu späteren Jubiläen, die keine Auskunft über die Zeit des AÜW während des Nationalsozialismus geben. Vgl. hierzu die Auflistung der Titel im Anhang unter 9.2. Im Verwaltungsrat der AÜW wurden im Mai 1933 Stadträte durch Nationalsozialisten ersetzt, vgl. 22. Verwaltungsbericht der Stadt Kempten für die Jahre 1931/1932 und 1932/33, S. 26.

176 Zur Gauhilfe allgemein Thurner, Bezirkstag Schwaben (wie Anm. 67), S. 106–110, und Müller, Parteien- oder Verwaltungsvorherrschaft (wie Anm. 21), S. 269.

wollte man die von der Reichsregierung eingefrorenen nachrangigen Kredite, die überhaupt erst die Finanzierung günstiger Wohnungen ermöglichten, ersetzen. Dazu nahm die Gauhilfe Gelder bei Sparkassen bzw. der Bayerischen Gemeindebank auf, was den Kommunen aufgrund restriktiver gesetzlicher Beschränkungen nicht mehr möglich war. Dieses Vorgehen unterlief Richtlinien des Reichsfinanzministeriums und führte zu einem Konflikt im Genehmigungsverfahren.[177] Merkt war von der Gründung 1936 bis 1945 in führender Position tätig. Die geschäftsführende Stelle wurde 1937 nach Kempten verlegt. Merkt war der eigentliche Geschäftsführer, unterstützt von kaufmännischen und technischen Leitern.[178] Karl Wahl, der als Vorsitzender des Aufsichtsrats fungierte, präsentierte sich mit Hilfe der Gauhilfe propagandistisch in der Öffentlichkeit als Wohltäter, weil er so auch seinen Herrschaftsanspruch festigen konnte. Hier manifestierte sich eine Zusammenarbeit, welche die Interessen von Karl Wahl und Otto Merkt zusammenführte und deren Bedeutung bisher offenbar unterschätzt wurde.

Die Autorin dieses Biogramms hat im Rahmen ihrer Forschungen über die Finanzpolitik Memmingens und Augsburgs von 1930 bis 1945 die Rolle der Gauhilfe beim Wohnungsbau in beiden Städten untersucht und ist dabei zu den oben beschriebenen ersten Ergebnissen gekommen.[179] Aber eine vertiefte Analyse der Zusammenarbeit von Karl Wahl und Otto Merkt in der Gauhilfe und deren Dynamik sowie ihrer Funktion bei der Stabilisierung der NS-Herrschaft in Schwaben steht noch aus, welche die Autorin inzwischen begonnen hat.

4.4.4 Heimatpflege im Nationalsozialismus

Merkt sorgte in seiner Funktion als Kreistagspräsident von Schwaben und Neuburg für die Installation der Kreisheimatpflege seit 1929 durch Kreistagsbeschluss. Er begründete zahlreiche Historische Vereine und Vereinigungen, darunter maßgeblich den Schwäbischen Museumsverband, mit und war in diesen häufig an führender Stelle tätig. Er selbst betrieb Forschungen und Heimatpflege auf ausgewählten Gebieten. Sein Konzept der Heimatpflege war vom Heimatschutzgedanken auf völkischer Grundlage und von einer antisozialistischen und großstadtfeindlichen Agrarromantik geprägt. Er propagierte die „Volksgemeinschaft" und in deren Konsequenz auch die sogenannte „Rassenhygiene". Merkt gehörte zusammen mit seinen Mitstreitern zu den frühen Propagandisten dieser Ideen in Schwaben. Seine Vorstellungen waren anschlussfähig an die nationalsozialistische Ideologie.[180]

177 Dazu vgl. den Akt im Bundesarchiv Berlin, R 1501, Nr. 143916. Allgemein zur Wohnungsbaupolitik und deren Finanzierung in der NS-Zeit vgl. die in Anm. 145 aufgeführte Literatur. Vgl. auch Renate Kastorff-Viehmann/Ursula von Petz/ Manfred Walz, Stadtentwicklung Dortmund: Die moderne Industriestadt 1918–1946. Standortsicherung der Industrie, Wohnungsbau, Stadtplanung (Dortmunder Beiträge zur Raumplanung 70). Dortmund 1995. Zu Augsburg auch Gotto, Nationalsozialistische Kommunalpolitik (wie Anm. 133), S. 214–225.

178 StAKe, NL Merkt 271.

179 Vgl. Holly, Die Finanzierung des Wohnungsbaus (wie Anm. 145).

180 Zum Vorstehenden vgl. v. a. Steber, Ethnische Gewissheiten (wie Anm. 50), S. 229, 237–243, 443–467, sowie die Literatur im Anhang unter 9.1 im Abschnitt Regionalismus, Heimatschutz, Heimatpflege von Martina Steber und Eva Bendl. Zu Merkts ideologischen Grundlagen in der Heimatpflege vgl. auch Kap. 3.

Mit der nationalsozialistischen „Machtergreifung" versuchte auch die NSDAP mit der Gründung des »Verbandes zur Förderung und Pflege schwäbischer Kultur« alle Institutionen in der Heimatpflege, der Museen, der Heimatvereine, der Kunst und Kultur zentral zu organisieren und auf die NS-Ideologie einzuschwören. Die egalisierenden und volkstumsideologischen Vorstellungen mit ihrer Konzentration auf Heimat und „Schwabentum" deckten sich weitgehend mit denen von Otto Merkt über die schwäbische Heimatpflege. Der Gaukulturwart Heinz Zwisler schätzte Merkts Arbeit, die der Kreisheimatpflege, des Schwäbischen Museumsverbandes und des Historischen Vereins Allgäu.[181]

Aber die Auflösung des Schwäbischen Museumsverbands zeigte, dass Otto Merkts Einfluss durch das Primat der Partei in der nationalsozialistischen Kulturpolitik beschnitten wurde. Die räumliche Zuständigkeit des Schwäbischen Museumsverbands war über die bayerischen Grenzen hinaus bis nach Württemberg hinein konzipiert worden. Merkt bezog sich dabei auf die Vorstellung vom alten Oberschwaben, eng verbunden mit seinen Großschwabenträumen.[182] Doch dieses Konzept widersprach den NSDAP-Gaugliederungen und stieß nicht nur bei Gaukulturwart Zwisler auf Skepsis, sondern v.a. auch bei den württembergischen Parteifunktionären. Deshalb wurden Zuständigkeiten strikt auf die Region des Regierungsbezirks Schwaben und Neuburg begrenzt, was letztendlich die Auflösung des Verbandes und die Integration der Institutionen der bayerisch-schwäbischen Sektion in den neu gegründeten Verband zur Förderung und Pflege schwäbische Kultur durch Gaukulturwart Zwisler zur Folge hatte. Otto Merkt verlor zunehmend an Einfluss.[183] Die NS-Heimatschutzpolitik orientierte sich an der bayerischen Staatlichkeit. Doch das „politische Fernziel der fanatischen Heimatideologen um Otto Merkt bestand nicht in der politischen Selbständigkeit des Kreises Schwaben und Neuburg, sondern in der Bildung eines »Reichslandes Großschwaben« im Zuge einer Reichs-Neugliederung".[184]

Der Kreistag von Schwaben und Neuburg wurde zunehmend zum Zustimmungs- und Finanzierungsorgan der Gauleitung degradiert und selbst die Kreisheimatpflege entglitt dem Einfluss von Kreistagspräsident Otto Merkt immer mehr. Deren Mitarbeiter wurden zwar weiterhin vom Kreis bzw. Bezirksverband bezahlt und arbeiteten in dessen Auftrag, aber die Übersiedlung des Kreisheimatpflegers Bartholomäus Eberl von Kempten nach Augsburg und dessen hauptamtliche Anstellung ab 1934 hatten eine zunehmende Einbindung in die von der NSDAP bestimmten Strukturen der Gaukulturarbeit zur Folge. Zudem wurde das Amt unbenannt. Statt Kreisheimatpfleger war Eberl nun der Heimatpfleger des Gaus Schwaben. Obwohl Otto Merkt diese Umbenennung sogar angeregt hatte, zeigt dies nur, wie sehr die Heimatpflege nun auf die organisatorischen Strukturen der NS-Kulturpolitik ausgelegt wurde.[185]

Trotzdem wurde die Gauheimatpflege vom Kreis bzw. Bezirksverband Schwaben kontinuierlich personell ausgebaut und gestärkt. Seit 1935 unterstützte mit Alfred Weitnauer ein

181 Steber, Ethnische Gewissheiten (wie Anm. 50), S. 349–375.

182 Zur Gründungsgeschichte des Schwäbischen Museumsverbands vgl. Steber, Ethnische Gewissheiten (wie Anm. 50), S. 257–272.

183 Ebd., S. 369–371.

184 Ebd., S. 371.

185 Ebd., S. 375.

weiterer hauptamtlicher Gauheimatpfleger das Gaukulturamt.[186] Ludwig Ohlenroth wurde im Herbst 1940 als Heimatpfleger für Vor- und Frühgeschichte fest angestellt und damit seine bisher erbrachten Leistungen für die Prähistorie offiziell anerkannt.[187] Die Festigung der Position der Gauheimatpfleger war vor allem das Verdienst Bartholomäus Eberls, der versuchte, die Gauheimatpflege mittels Anbindung an die Partei zu stärken und ihr gegenüber seinen Führungsanspruch (nicht unbedingt erfolgreich) zu formulieren.[188] Die Gauheimatpflege jonglierte ständig zwischen den Ansprüchen von NSDAP und NS-Staat, bei gleichzeitigem laufendem Bedeutungsverlust ihres eigentlichen Arbeitgebers, dem Kreis bzw. Bezirksverband Schwaben. Otto Merkt war bis 1940 bereits von der Funktionsweise des NS-Staats desillusioniert und versuchte Eberls Bestrebungen zu bremsen. Merkt wollte die Bindung an die Partei abmildern, die Heimatpflege stärker abgrenzen und eine Hinwendung zu staatlichen Institutionen forcieren.[189]

Aber das bedeutete keine inhaltliche Distanzierung. Obwohl Otto Merkts regionales Konzept nun auf den bayerisch-schwäbischen Raum zurückgeschnitten worden war und er auf eine stärkere organisatorische Unabhängigkeit der Gauheimatpflege von der Partei pochte, gab er damit nicht seine grundsätzlichen ideologischen Grundlagen zur Heimatpflege, die mit denen der Nationalsozialisten korrespondierten, auf.[190]

4.4.5 Mitarbeit und Initiativen in der Altkatholischen Kirche

Otto Merkt unterstützte direkt nach der „Machtergreifung" (letztendlich nicht umgesetzte) Bestrebungen in der Altkatholischen Kirche, einen Aufruf an alle „deutschen Katholiken" zu verfassen, der auf altkatholische Praktiken verwies, die so in der römisch-katholischen Kirche nicht existierten. Insbesondere wurde die altkatholische Kirche als ein politikfreier Raum beschrieben. Das war ein Integrationsangebot an stramme, aber katholische, gläubige Nationalsozialisten. Als man sich gegen den Aufruf entschied, riet Merkt den altkatholischen Funktionären stattdessen auf örtlicher Ebene zu agieren und über den Kontakt zu einzelnen führenden Nationalsozialisten zu arbeiten.[191] Merkt war es also wichtig, die Altkatholische Kirche Nationalsozialisten als Alternative zur römisch-katholischen Kirche anzubieten. Die Nationalsozialisten banden Otto Merkt in ihr System ein, indem sie ihn letztendlich auf dem OB-Posten beließen. Jetzt machte Merkt den Nationalsozialisten ein Integrationsangebot in seine Welt.

Die Altkatholische Kirche bemühte sich jahrelang erfolglos darum, von der NS-Regierung offiziell als die wahre und einzige deutsche katholische Kirche im Reich installiert zu werden. Es gibt Hinweise, dass Otto Merkt in diese Bemühungen involviert gewesen war.[192] Welche Rolle er tatsächlich spielte, ist unklar.

186 Ebd., S. 387.

187 Ebd., S. 400.

188 Ebd., S. 388–405. Zu den Tätigkeitsfeldern der Gauheimatpflege vgl. ebd., S. 439– 442.

189 Ebd., S. 402–405.

190 Vgl. beispielsweise seine Unterstützung für das Allgäuer Mundartstück »Funkensonntag« der Mundartschriftstellerin Else Eberhard-Schobacher von 1936: Ebd., S. 427, 449 f.

191 Ring, Katholisch und deutsch (wie Anm. 33), S. 278 f.

192 Ebd., S. 295, 495,

Otto Merkts Versuche, den öffentlichen Raum für die Veranstaltungen und Versammlungen der »Katholisch-Nationalkirchlichen-Bewegung« (später »Katholisch-Nationalkirchlicher Volksverein«) im Kemptener Raum zu nutzen, scheiterten wie die anderer Altkatholiken im übrigen Reich. Partei und NS-Regierung verwiesen die Bewegung auf kirchliche Räume.[193]

4.5 Haltung zur Judenverfolgung und zum Antisemitismus

Trotz seiner völkischen Einstellung und der Befürwortung der Rassenhygiene pflegte Otto Merkt freundschaftlichen Umgang mit jüdischen Mitbürgern in Kempten, darunter besonders zu dem Bankier Sigmund Ullmann. Es gibt Zeitzeugenberichte in Zeitungsberichten[194] und vor allem Unterstützungsschreiben von jüdischen Mitbürgern Kemptens im Spruchkammerakt von Otto Merkt, die seine Unterstützung, Hilfe und menschliche Zuwendung eindrucksvoll und anrührend belegen.[195] Ergänzt werden diese durch die eigene Darstellung von Otto Merkt in seinem Spruchkammerverfahren[196] und einzelnen Auszügen aus seinem Tagebuch.[197] Die darin geschilderten Vorgänge sind vor allem in drei journalistischen, nicht wissenschaftlichen Publikationen veröffentlicht worden, ergänzt durch die Erhebung eigener Zeitzeugenberichte von jüdischen Überlebenden.[198]

Demnach habe Otto Merkt in der Reichspogromnacht zum Schutz jüdischer Häuser sowie jüdischer Bürger und Bürgerinnen die Ortspolizei eingesetzt, um die SA bzw. SS von gewalttätigen Aktionen abzuhalten. Zudem habe er die Entlassung des in dieser Nacht verhafteten Bruno Kohn aus der Haft bewirkt. Als jüdische Familien nach der Reichspogrom-

193 Ebd., S. 554.

194 Beispielsweise zur „Reichskristallnacht" in: Allgäuer Zeitung, Lokalausgabe: Der Allgäuer. Kemptner Tagblatt, 8.11.1988, S. 23, Rubrik Lokales: *Die „Reichskristallnacht" in Kempten. Wenigstens blieben Betsaal und Friedhof unangetastet,* und 9.11.1988, S. 23, Rubrik Kempten und Umgebung: *Wie zwei jüdische Frauen mit ihren Familien die Nacht vom 9. November 1938 in Kempten erlebten. In der Stadt war tiefster Frieden – für die anderen. Verhaftungen, Drohanrufe, klirrende Fenster – aber auch Polizeischutz vor SS und Gestapo;* 9.11.1998, *„Wir hatten entsetzlich Todesangst". Heute vor 60 Jahren: Zeitzeugen erinnern sich an die „Reichskristallnacht" 1938.*

195 StAA, Spruchkammer Kempten Akten M 310/I (Spruchkammerakt Otto Merkt): darin sind besonders eindrücklich die Schreiben jüdischer Opfer zugunsten Otto Merkts, z. B. Eidesstattliche Erklärung von Bruno Kohn am 25.6.1946 (Original); Eidesstattliche Bestätigung von Dr. Albert Rosenthal, Kempten, 1.7.1946 (Original); Elisabeth Troßbach am 16.6.1946 an die Spruchkammer Kempten-Stadt; Vgl. auch die Sammlung zu seinem Spruchkammerverfahren im Nachlass von Otto Merkt: StAKe, NL Merkt, 289–293.

196 StAA, Spruchkammer Kempten Akten M 310/I (Spruchkammerakt Otto Merkt), beispielsweise Otto Merkt am 30.9.1947 an die Spruchkammer Kempten-Stadt, Zur Mitteilung vom 19.9.1947 (Widerlegung der Klageschrift) mit Beilagen oder Otto Merkt am 28.06.1947 an die Spruchkammer Kempten-Stadt mit Beilagen oder Schlussantrag des Betroffenen (Otto Merkt) vom 22.03.1948. Zahlreiche dieser Verteidigungsschriften sind auch in der Spruchkammersammlung in seinem Nachlass enthalten: StAKe, NL Merkt 289–293.

197 StAKe, NL Merkt 180.

198 Ralf Lienert, Die Geschichte der Juden in Kempten. Kempten 1998; Gernot Römer, Der Leidensweg der Juden in Schwaben. Schicksale von 1933–1945 in Berichten, Dokumenten und Zahlen. Augsburg 1983; Gernot Römer, Es gibt immer zwei Möglichkeiten … Mitkämpfer, Mitläufer und Gegner Hitlers am Beispiel Schwabens. Augsburg 2000.

nacht ihre wirtschaftlichen Existenzgrundlagen verloren, steckte er einigen Geldspenden zu. Einem jüdischen Ehepaar verhalf er bei dessen Übersiedlung nach München zu einer Wohnung, indem er offenbar seine alten Beziehungen zur Münchner Stadtverwaltung aktivierte. Daher war es dem Ehemann möglich, als Arzt für Münchner Juden wieder ein Auskommen zu erhalten. Merkt versuchte offenbar vergeblich nicht nur Sigmund Ullmann, sondern auch anderen alten und schwachen Juden die Deportation zu ersparen. Er sei mit Sigmund Ullmann befreundet gewesen und habe mit ihm auch nach 1933 Kontakt gehalten. Er habe den jüdischen Friedhof und die jüdischen Kultgeräte gerettet.

Ein Journalist hat aus den Zeitzeugenberichten zur „Reichskristallnacht" geschlossen, dass sie wegen Merkts Handeln vergleichsweise mild abgelaufen sei,[199] was angesichts der von einer Jüdin geschilderten Todesangst euphemistisch anmutet.[200] Hinzu kommt: Selbst wenn Merkt tatsächlich Mitleid mit der bedrängten jüdischen Bevölkerung hatte, kann man davon ausgehen, dass er als machtbewusster Oberbürgermeister, der zudem ausgesprochen ordnungspolitisch dachte, nicht zulassen konnte, dass seine Autorität als Chef der Ortspolizei und Stadtoberhaupt in Kempten untergraben wurde, weshalb er die SA/SS in ihre Schranken verwies. Schon 1933 argumentierte er beim Versuch, die SA während der Machtergreifungsphase von geschäftsschädigenden Aktionen gegen jüdische Geschäftsleute abzuhalten, ordnungspolitisch und juristisch.[201] Man kann sich auch fragen, warum nur Bruno Kohn und nicht auch die anderen während der „Reichskristallnacht" verhafteten jüdischen Männer freikamen. Es stimmt auch nicht, wie in einer der Publikationen gefolgert, dass die Versuche Otto Merkts, die Deportation zu verhindern, der Anlass für den Verlust seines Oberbürgermeisteramtes war.[202] Auch kann man Otto Merkt aufgrund seiner

199 Gernot Römer 1988 in seinem Vortrag in Kempten: *In Kempten* [...] *sei es damals ‚einigermaßen menschlich zugegangen'. Der seinerzeitige Oberbürgermeister habe versucht, auch jüdischen Bürgern vieles zu ersparen.* Vgl. in Allgäuer Zeitung, Lokalausgabe: Allgäuer Tagblatt, 9.11.1988, in der Rubrik Lokales, Artikel mit dem Titel: *Pogromnacht machte nur Ausmaß der Verfolgung deutlich.*

200 So die Tochter von Bruno Kohn in: Allgäuer Zeitung, Lokalausgabe: Der Allgäuer. Kempter Tagblatt, 9.11.1988, S. 23, Rubrik Kempten und Umgebung: *Wie zwei jüdische Frauen mit ihren Familien die Nacht vom 9. November 1938 in Kempten erlebten. In der Stadt war tiefster Frieden – für die anderen. Verhaftungen, Drohanrufe, klirrende Fenster – aber auch Polizeischutz vor SS und Gestapo.* Dann 1998 in Lienert, Geschichte der Juden (wie Anm. 198), S. 63, mit Namensnennung, erneut 1998 mit Namensnennung durch Lienert in: Allgäuer Zeitung, Lokalausgabe: Der Allgäuer. Kempter Tagblatt, 9.11.1998, S. 25: *„Wir hatten entsetzliche Todesangst". Heute vor 60 Jahren: Zeitzeugen erinnern sich an die „Reichskristallnacht" 1938.*

201 StAKe, NL Merkt 185, Berichte des Allgäuer Tagblatts, 11.3.1933 (Aus dem Kemptener Rathaus) und Allgäuer Zeitung, 11.3.1933 (Stadtrat und Hakenkreuz).

202 Lienert, Geschichte der Juden (wie Anm. 198), S. 87. Ralf Lienert gibt keinen Quellennachweis an, kommt aber offenbar zu diesem Schluss, weil er vermutlich unkritisch eine Wertung von Bruno Kohn zugunsten Merkts in dessen Spruchkammerverfahren verwertet. Vgl. StAA, Spruchkammer Kempten Akten M 310/I (Spruchkammerakt Otto Merkt), Bruno Kohn am 25.6.1946, Eidesstattliche Erklärung (Original): [...] *Herr Dr. Merkt wurde im Jahre 1942, obwohl ihm das Amt des Oberbürgermeisters auf Lebensdauer verliehen war, seiner Stellung enthoben. Dies war wohl in erster Linie darauf zurückzuführen, dass er s.Zt. mit allen ihm zu Gebote stehenden Mitteln versuchte, den ihm befreundeten Bankier Sigmund Ullmann vor dem Abtransport bezw. der Verschleppung nach Theresienstadt zu retten. Herr Dr. Merkt hat sich durch sein Eintreten für die Juden Kemptens s.Zt. das Missfallen des Gauleiters Wahl zugezogen, der die Haltung des Genannten den Juden gegenüber zum willkommenen Anlass nahm, den Parteibonzen Brändle auf den Posten des Oberbürgermeisters der*

Unterstützung für die jüdischen Mitbürgerinnen und Mitbürger nicht als einen Widerständler gegen den Nationalsozialismus einstufen.[203]

Solche Fehlinterpretationen entstehen, wenn Quellen und Zeitzeugenberichte weder quellenkritisch hinterfragt noch über andere Quellen verifiziert sowie nicht in den Kontext eingeordnet werden und vorhandene wissenschaftliche Forschung nicht ausreichend zur Kenntnis genommen wird. Zeitzeugenberichte, auch die von Opfern der nationalsozialistischen Gewaltherrschaft, müssen sorgfältig bewertet werden. Die Zeitzeugen lügen i. d. R. nicht, aber ihre Aussagen sind subjektiv, oft persönlich zurecht gelegte Interpretationen und Erklärungen von Geschehnissen und Erlebnissen, sehr häufig ohne tatsächlichen Einblick in die Hintergründe, hier speziell von Otto Merkts Handeln und Amtsenthebung, und in die komplizierten Verflechtungen der NS-Herrschaft.[204] Insbesondere werden die Konstruktio-

Stadt Kempten zu berufen. [...]. Dass Bruno Kohn überhaupt keinen Einblick in die tatsächlichen Vorgänge der Amtsenthebung von Merkt haben konnte, bleibt völlig unbeachtet. Otto Merkt hat außerdem in seiner Verteidigungsschrift 1946 ebenfalls diese Behauptung aufgestellt: Vgl. StAA, Spruchkammer Kempten Akten M 310/I (Spruchkammerakt Otto Merkt), Merkt an Spruchkammer Kempten-Stadt, undatiert [vmtl. 1946], S. 6. Zu den tatsächlichen Hintergründen von Otto Merkts Amtsenthebung vgl. in diesem Beitrag oben unter Kap. 4.2.

203 Gernot Römer stilisiert Otto Merkt zum Widerständler gegen den Nationalsozialismus, vgl. Römer, Möglichkeiten (wie Anm. 198), S. 93–98. Römer kennt Merkts Forderungen zur Zwangssterilisierung, auch die von Herbert Müller erarbeiteten Vorgänge zur „Machtergreifung" und die Bekenntnisse Merkts zum Nationalsozialismus. Trotzdem kommt er wegen der Unterstützung der jüdischen Bevölkerung und über eine Aussage von Kreisleiter Brändle im Spruchkammerakt zu einem falschen Schluss: Kreisleiter Brändle formulierte damals: *Wenn es eine Widerstandsbewegung in Kempten gegeben hat, so heißt sie Dr. Merkt.* Zitiert von Römer, Möglichkeiten (wie Anm. 198), S. 98, ohne Quellennachweis. Die Quelle befindet sich in StAA, Spruchkammer Kempten Akten M 310/I (Spruchkammerakt Otto Merkt), Anlage Nr. 67, Abschrift eines Schreibens von Anton Brändle an Franz Gäßler vom 5.10.1947 (beglaubigte Abschrift), auch enthalten in StAKe, NL Merkt 290. Gernot Römer zog daraus den Fehlschluss, dass Otto Merkt als ein Widerständler einzustufen sei. Römer übersieht völlig den Kontext der Widerspenstigkeit von Merkt, der bereits von mir oben im Kap. 4.2. und 4.3. beschrieben wurde. Römer missdeutet deshalb Merkts Verhalten, obwohl er nachweislich die Arbeit von Herbert Müller über die Kemptener Stadtverwaltung kannte, da er sie als Quelle aufführt. Römer übersieht auch, dass die Zeitzeugen, die er als Gewährsleute für seine Einstufung heranzieht, die tatsächlichen Sachverhalte von Otto Merkts Verhalten nicht korrekt einordnen konnten. Ihre Aussagen sind subjektive Deutungen der Motivation von Merkt. Weder Bruno Kohn noch Kreisleiter Brändle erkannten, dass Merkts Unterstützung der Juden und sein Kampf für seine kommunalpolitischen Ziele keine Distanzierung von der NS-Ideologie an sich bedeutete.

204 Der Journalist Gernot Römer und der Fotograf Ralf Lienert belegen Einzelaussagen in ihren Publikationen, die nicht mit wissenschaftlichem Anspruch, sondern für die breite Bevölkerung geschrieben wurden, nur lückenhaft oder wenig nachvollziehbar. Die Autorin ist bei der Lektüre von deren Arbeiten zu folgendem Schluss gekommen: Lienert stützt sich offenbar vor allem auf die Zeitzeugen, deren Aussagen in den Jahren davor in Tageszeitungen veröffentlicht wurden und auf die Publikation von Römer und eigene Zeitzeugenerhebungen. Beide haben eigene Verlautbarungen von Otto Merkt herangezogen, die in seinem Nachlass im Stadtarchiv Kempten und in dem Spruchkammerakt im Staatsarchiv Augsburg vorliegen. Herangezogen wurden vor allem Merkts Verteidigungsschriften, die er für sein Spruchkammerverfahren erstellte, ebenso sein Kriegstagebuch und offenbar seine Tagebuchnotizen („Stimmungen"), die im Nachlass im Stadtarchiv Kempten vorliegen. Eine besondere Rolle spielen die Unterstützungsschreiben für Merkt nicht nur von jüdischen Zeitgenossen in seinem Spruchkammerakt. Trotz der angesprochenen Mängel sind die Arbeiten von Römer und Lienert damals insofern verdienstvolle Publikationen gewesen, weil sie als erste in der breiten Öffentlichkeit ein Bewusstsein für die Geschichte der Juden in Kempten bzw. Schwaben und ihre Verfolgung im Nationalsozialismus geschaffen haben.

nen Otto Merkts in seinen Verteidigungsschriften in seinem Spruchkammerverfahren nicht hinterfragt. Die journalistisch und nicht wissenschaftlich arbeitenden Autoren kannten die Arbeit von Herbert Müller über die Kemptener Stadtverwaltung,[205] in der die Narrative von Otto Merkt bereits richtiggestellt werden, und zogen trotzdem falsche Schlüsse, indem sie die Aussagen in den Spruchkammerakten überbewerteten.[206] Allerdings erschienen die Arbeiten von Martina Steber, in denen sie die völkische Einstellung von Otto Merkt erstmals gründlich wissenschaftlich erforschte und einordnete (vgl. hierzu oben in Kap. 3), erst Jahre später. Diese Ideologie steht jedoch scheinbar im Widerspruch zu seiner Hilfe für die bedrängten jüdischen Menschen in Kempten, die in warmen Worten seine wohltuende Unterstützung schildern. Allerdings: Jüdische Bürger und Bürgerinnen, die nicht in den Genuss seiner Hilfen kamen, ihn vielleicht anders erlebt haben und während des Holocausts ihr Leben verloren, kommen naturgemäß nicht mit Unterstützungsschreiben in seinem Spruchkammerverfahren zu Wort.

Von Otto Merkt gibt es eine Niederschrift, die zeigt, dass die Kemptener Bevölkerung Mitleid mit den bedrängten Jüdinnen und Juden hatte. Es liegt nahe anzunehmen, dass es ihm vielleicht ähnlich erging. Er schrieb am 8. Oktober 1942 in seiner Kriegschronik: *In Kempten hat man die Juden abtransportiert; zuerst vor etwa einem Jahr die jungen und vor zwei Monaten dann auch die alten. Ob sie noch am Leben sind, weiß niemand. Nun zeigt sich die allgemeine Erscheinung, daß alles Mitleid mit ihnen hat. Die Leute sagen: sie können doch nichts dafür, daß sie Juden sind; sie haben niemand etwas getan, sie sind alt und hilflos; warum muß das sein?*[207]

Doch bereits eineinhalb Jahre früher, am 31. März 1941, wird deutlich, dass er seine rassenhygienische und völkische Einstellung auch Juden gegenüber nicht aufgeben konnte. In einem Eintrag in seinem Tagebuch vom 1. März 1941, der im August 2024 zufällig entdeckt wurde, prangerte er zwar an, dass es nicht in Ordnung sei die Juden zu *quälen*, distanzierte sich aber nicht von deren „Ausschaltung" aus dem deutschen Staat: *Behandlung der Juden in der vergangenen Woche in Kempten. Wenn der Führer und der Stellvertreter des Führers wüßten, wie ihre Anordnungen in der Praxis von untergeordneten Organen übertrieben und damit mißachtet werden, sie würden sicher dagegen einschreiten. Denn der Führer hat befohlen:*

205 Müller, Parteien- oder Verwaltungsvorherrschaft (wie Anm. 21). Lienert und Römer führen die Arbeit als Quelle auf: Lienert, Geschichte der Juden (wie Anm. 198), S. 177; Römer, Möglichkeiten (wie Anm. 198), S. 197.

206 Die Autorin hat anlässlich der Tagung zur Geschichte und Kultur der Juden in Schwaben 2023 in der Schwabenakademie Irsee einen Vortrag gehalten, in dem sie sich mit der Entstehung dieser Nachkriegsnarrative beschäftigte und deren Entstehungswege nachvollzog: Katrin Holly, Nachkriegsnarrative über die Reichspogromnacht in Kempten, unveröffentlichtes Vortragsmanuskript 2023.

207 StAKe, NL Merkt 204, Kriegschronik, Eintrag vom 8.10.1942. Ich danke Herbert Müller, dass er mir seine Transkription dieser Quelle zur Verfügung gestellt hat. Nach dieser ist hier die Stelle zitiert. Karl Filser hat davon bereits die letzten beiden Sätze 1994 veröffentlicht: Karl Filser, Zur jüngeren Geschichte der Juden in Kempten. In: Peter Fassl (Hg.), Geschichte und Kultur der Juden in Schwaben. Wissenschaftliche Tagung der Heimatpflege des Bezirks Schwaben in Zusammenarbeit mit der Schwabenakademie Irsee am 14./15. Oktober 1989 in Irsee (Irseer Schriften 2). Sigmaringen 1994, S. 105–116, hier S. 116, dort noch die alte Quellenangabe: StadtA Kempten, Nachlaß Merkt, Kriegschronik, Eintrag vom 8.10.1942.

ausschalten, nicht: quälen.[208] Ein Jahr später rechtfertigte er am 31. März 1942 die Verdrängung der Juden aus dem gesellschaftlichen und wirtschaftlichen Leben und deren Deportation als notwendig und unverzichtbar: *Politisch notwendig, militärisch notwendig, in einer Zeit, die völlig andere Wege geht. Hierüber kommt den Unteren ein Urteil nicht zu. Sie sehen lediglich, wie die Befehle der Oberen sich auswirken.*[209] In einem Eintrag der Kriegschronik vom September 1942 wird deutlich, dass er sich nicht sicher ist, ob die Deportierten noch leben.[210] Laut eines Zeugen aus der Nachkriegszeit waren Merkt offenbar die Vernichtungsaktionen bekannt und er fand sie angeblich falsch.[211] Aber die Äußerungen vom 1. März 1941 und 31. März 1942 zeigen deutlich, dass er sich nicht grundsätzlich von der NS-Ideologie und der „Ausschaltung" der jüdischen Mitbürger aus Staat, Wirtschaft und Gesellschaft distanzierte und somit auch nicht als Widerständler eingestuft werden kann.

Es besteht dringender Forschungsbedarf, um Merkts Selbstdarstellung, seine Nachkriegsnarrative und die der Zeitgenossen unter Einbeziehung weiterer Quellen aus anderen Beständen und Archiven zu verifizieren und quellenkritisch einzuordnen und den (scheinbaren?) Widersprüchen zwischen völkischer und rassenhygienischer Einstellung Merkts und seinem Handeln gegenüber verfolgten Juden auf dem Grund zu gehen. Dabei muss auch in den Blick genommen werden, welche Rolle die Stadtverwaltung und Otto Merkt tatsächlich bei der Verdrängung der Juden aus dem wirtschaftlichen und gesellschaftlichen Leben und bei der „Arisierung" ihrer Firmen, ihrer Immobilien und ihres privaten Vermögens (Haushalts- und Wertgegenstände, Kunst) gespielt haben. Insbesondere der Vorgang der „Rettung" der jüdischen Kultgegenstände und des jüdischen Friedhofs muss dabei vertieft untersucht werden. Die Tatsache, dass der Stadtrat in Kempten Mitte Oktober 1933 die Warenhaus- und Filialsteuer massiv erhöhte, um die meist jüdischen Inhaber wirtschaftlich zu belasten,[212] ist ein kleiner Hinweis, dass sich die Stadtverwaltung an der wirtschaftlichen Verdrängung von Juden in der Stadt beteiligte. Vertiefende Erkenntnisse dazu sind aus dem derzeit laufenden Forschungsprojekt über den Nationalsozialismus in Kempten zu erwarten.

208 StadtA Kempten, NL Merkt 180, Stimmungen, Eintrag vom 1.3.1941. Es handelt sich um einen Zufallsfund von Wolfgang Petz, dem ich für den Hinweis danke. Auf was für ein Ereignis *in der vergangenen Woche* sich Otto Merkt bezieht, konnte über die Literatur nicht verifiziert werden. Es handelt sich aber offenbar um ein lokales oder regionales Ereignis.

209 Zitiert nach Filser, Geschichte der Juden (wie Anm. 207), S. 116. Dort Quellenangabe: StadtA Kempten, Nachlaß Merkt, Kriegschronik, Eintrag vom 31.3.1942, gemeint ist NL Merkt 204. Dieses Zitat wurde erstmals 1994 von Filser publiziert. Das Zitat habe ich genauso auch im Transkript von Herbert Müller gefunden.

210 StAKe, NL Merkt 204, Eintrag vom 1.9.1942 (Transkript Herbert Müller).

211 StAKe, NL Merkt 290, Beilage 29: Dr. Wilhelm Sepp am 10.2.1947 an Otto Merkt (Abschrift). In diesem persönlichen Brief an Merkt erinnert sich Dr. Sepp an ein Gespräch mit Merkt 1942, in dem man sich über die Gerüchte über die Massenvernichtung an Juden unterhielt und Merkt geäußert habe: *Wenn für diese Schuld unser Volk einmal büßen muß – und ich wenigstens glaub an eine göttliche Gerechtigkeit – dann Gnade uns Gott!*

212 Scharrer, Kaufhaus Fillisch (wie Anm. 153), hier S. 98. Leider ohne Quellennachweis.

4.6 Haltung zur Zwangssterilisation und „Euthanasie"

Wie bereits in Kap. 3 dargelegt, befürwortete Merkt die sogenannte Rassenhygiene und Zwangssterilisation von Menschen, die nicht ins Konzept der sogenannten Volksgemeinschaft hineinpassten, und bezeichnete sich selbst in dieser Hinsicht als Vorkämpfer nationalsozialistischer Ideen.[213] Die rasch nach der „Machtergreifung" von der nationalsozialistischen Regierung eingeführte Zwangssterilisation von Menschen mit Erberkrankungen setzte die seit 1930 erhobenen Forderungen von Merkt um. Es gibt in der Literatur einen dokumentierten Fall, dass der Stadtrat Kempten, ohne dazu eine gesetzliche Verpflichtung oder Verfahrungszuständigkeit zu haben, einen Mann zur Zwangssterilisierung beim Erbgesundheitsgericht Kempten vorschlug. Denn die wirtschaftlich desolate Lage seiner Familie ließ den Schluss zu, dass sie in absehbarer Zeit von der städtischen Fürsorge abhängig werden könnte.[214] Ob es noch mehrere Fälle dieser Art gab und welche Rolle Merkt dabei spielte, kann nur anhand einer umfangreichen Sichtung in den Akten des Erbgesundheitsgerichts Kempten und der Stadtverwaltung Kempten ermittelt werden.

Da Merkt als Kreistagspräsident, wie in Kap. 3 beschrieben, psychisch kranken Menschen auch das Lebensrecht absprach, könnte der Schluss gezogen werden, dass er sowohl die Patientenmorde, die in den psychiatrischen Anstalten des Kreistags bzw. Bezirksverbands Schwaben und Neuburg durchgeführt wurden, als auch die inhumanen medizinischen Versuchsreihen unterstützt haben könnte.[215] In der bisher gesichteten Literatur konnten keine Hinweise gefunden werden, die Merkts Beteiligung und Haltung dazu dokumentieren. Telefonate mit Dr. Petra Schweizer-Martinschek (Archiv des Bezirks Schwaben) und Herrn Resch (ehemaliger Verwaltungsleiter des Bezirkskrankenhauses Kaufbeuren) sowie PD Dr. Felicitas Söhner (Forschungen zur Heil- und Pflegeanstalt in Günzburg) bestätigten, dass in der Forschung bisher die Rolle Merkts nicht belegt werden konnte. Merkt stritt nach dem Krieg in einer Vormerkung jegliches Wissen und jegliche Beteiligung ab und beschrieb die Vorwürfe der Hungerkost als nicht glaubhaft:[216] Im Ersten Weltkrieg seien wegen der schlechten Versorgung ebenfalls überdurchschnittlich viele Patienten gestorben. Diese ausführliche Vormerkung vom 13. Juli 1945 war eine Reaktion auf einen Zeitungsbericht, in dem über die Ermordung der Patienten in Kaufbeuren/Irsee berichtet worden war. Er war dazu von keiner Stelle aufgefordert worden. Er führte insbesondere an, dass der Bezirksverband lediglich für die Finanzierung zuständig war. Er habe mit dem Betriebsalltag der Häuser nichts zu tun gehabt, die sich selbst verwaltet hätten und ansonsten mit der Regierung von Schwaben Kontakt hielten. Dieser Sachverhalt stimmt, weil der Regierung von Schwaben

213 STEBER, Volksgemeinschaft, Führerkult und Terror (wie Anm. 3), S. 132. Vgl. auch Kap. 3.

214 Hella BIRK, Das „Gesetz zur Verhütung erbkranken Nachwuchses". Eine Untersuchung zum Erbgesundheitswesen im bayerischen Schwaben in der Zeit des Nationalsozialismus (Studien zur Geschichte des Bayerischen Schwaben 33). Augsburg 2005, S. 82.

215 Zur Literatur hierzu verweise ich auf Kap. 9.1, Rubrik Kreistag/Bezirksverband Schwaben (und Neuburg), sowie Rubrik Psychiatrie/Gesundheitswesen/Zwangssterilisierung/Euthanasie.

216 StAKe, NL Merkt 260, Vormerkung Merkt vom 13.7.1945.

in dieser Angelegenheit die Verwaltung oblag. Es war die Aufgabe des Amtsreferenten der Regierung von Schwaben und Neuburg, Kreisleiter Hans Vogel, die Verbindung zu den Anstalten zu halten. Er erhielt zudem im Mai 1940 vom Bezirksverband die Vollmacht, dort *Angelegenheiten einfacher Art* selbständig erledigen zu dürfen.[217] Er genehmigte im April 1945 auch einer der Pflegerinnen, die extra zur Tötung von Patienten nach Kaufbeuren kam, eine Sondervergütung für ihre Leistungen. Es ist nicht bekannt, ob Vogel seine Kenntnisse über diese Vorgänge an den Bezirksverband und Merkt weitergab.[218]

Herbert Müller hat mir seinen Nachweis zur Verfügung gestellt, in dem deutlich wird, dass Otto Merkt spätestens seit August 1940 von der Euthanasie wusste. In einem Tagebucheintrag vom 21. August 1940 schreibt Merkt, dass er davon erfahren habe, dass 75 Patienten der Heil- und Pflegeanstalt Günzburg nach Zwiefalten gebracht werden sollten. Diese wichtige Schlüsselstelle lautet in voller Länge: *Heute war ich in Augsburg. Ich bin Präsident des Bezirksverbandes Schwaben und somit der allein verantwortliche Leiter der Irrenanstalten in Kaufbeuren und Günzburg. Es wurde mir ein Schriftstück vorgelegt, dem zufolge auf Grund Befehls des Reichsverteidigungs-Kommissärs 75 Pfleglinge der Anstalt Günzburg an eine Anstalt Zwiefalten abzuliefern sind. Eine eigene Transport-Gesellschaft holt sie ab. Und dann die Mitteilungen, dass von diesen 75 am 2. Tage 8, am 3. Tage 14, am 4. Tage 6 usw. gestorben seien. Man möge die Angehörigen verständigen und brauche fortan nicht mehr zu zahlen. Der Beamte des Landesfürsorgeverbandes meinte, man probiere mit diesen Leuten Giftkampfstoffe aus. Von anderer, parteipolitischer Seite hörte ich, daß sie in Zwiefalten gesiebt wurden, ob für unheilbar erklärt, aber seit 5 Jahren in einer Anstalt. Eine Kommission untersuche und spreche dann das Todesurteil. Die Leute würden dann anderswo – wo, unbekannt – mit Kohlenmonoxydgas vom Leben zum Tode befördert. Man hoffe, auf diese Weise die Anstalten und die öffentliche Fürsorge um 20% entlasten zu können. Unter den Toten sind Juden, Weltkriegsteilnehmer, Bruder eines in Polen Gefallenen. Was mag die Wahrheit sein? Wer hat das angeordnet?*

Dazu mein einstiges Wort von der Krähe, die [sich] *den Fuß bricht und die der Fuchs holt. Damals Theorie, Vergleich mit der Natur. Darf die Menschheit ein Gleiches tun?*[219]

Merkt hat eine ziemlich gute Kenntnis von den Vorgängen bis hin zu den Tötungsmethoden. Er hat offenbar Probleme damit, dass sie unterschiedslos vorgenommen wurden, dass auch Juden, Weltkriegsteilnehmer bzw. ein Bruder eines in Polen gefallenen Soldaten betroffen waren. Dass diese nicht verschont wurden, entzieht sich offenbar seinem Verständnis.

217 Thurner, Bezirksverband Schwaben (wie Anm. 67), S. 94. Dort auch das Zitat. Hans Vogel (1896–1945), Lehrer, u. a. 1923 Gründungsmitglied der NSDAP Lindenberg, 1925–1932 Ortsgruppenleiter, ab 1932 ein offenbar gefürchteter Kreisleiter von Lindenberg im Allgäu, ab 1937 auch Lindau; 1933–1945 zuerst 2., dann 1. Bürgermeister von Lindenberg im Allgäu. Hans Vogel wurde als Bezirksrat seit August 1933 der Leiter des Referats über die schwäbischen Kreisheil- und Pflegeanstalten. Vorgeschlagen wurde er von Gauleiter Karl Wahl. Vgl. Karl Schweizer, Hans Vogel, Kreisleiter von Lindau und Lindenberg: „Wer Staatsfeinden behilflich ist, wird ebenfalls straffällig". In: Wolfgang Proske (Hg.), Täter, Helfer, Trittbrettfahrer. Bd. 12: NS-Belastete aus dem Allgäu. 2. Auflage Gerstetten 2022, S. 322–346.

218 Thurner, Bezirksverband Schwaben (wie Anm. 67), S. 94 f.

219 Die Quelle befindet sich in StAKe, NL Merkt 180, Autograf Otto Merkt, Stimmungen, Eintrag vom 21.8.1940. Mir liegt das Transkript von Herbert Müller und seine Fotografie der Stelle vor (vgl. auch Abb. 8).

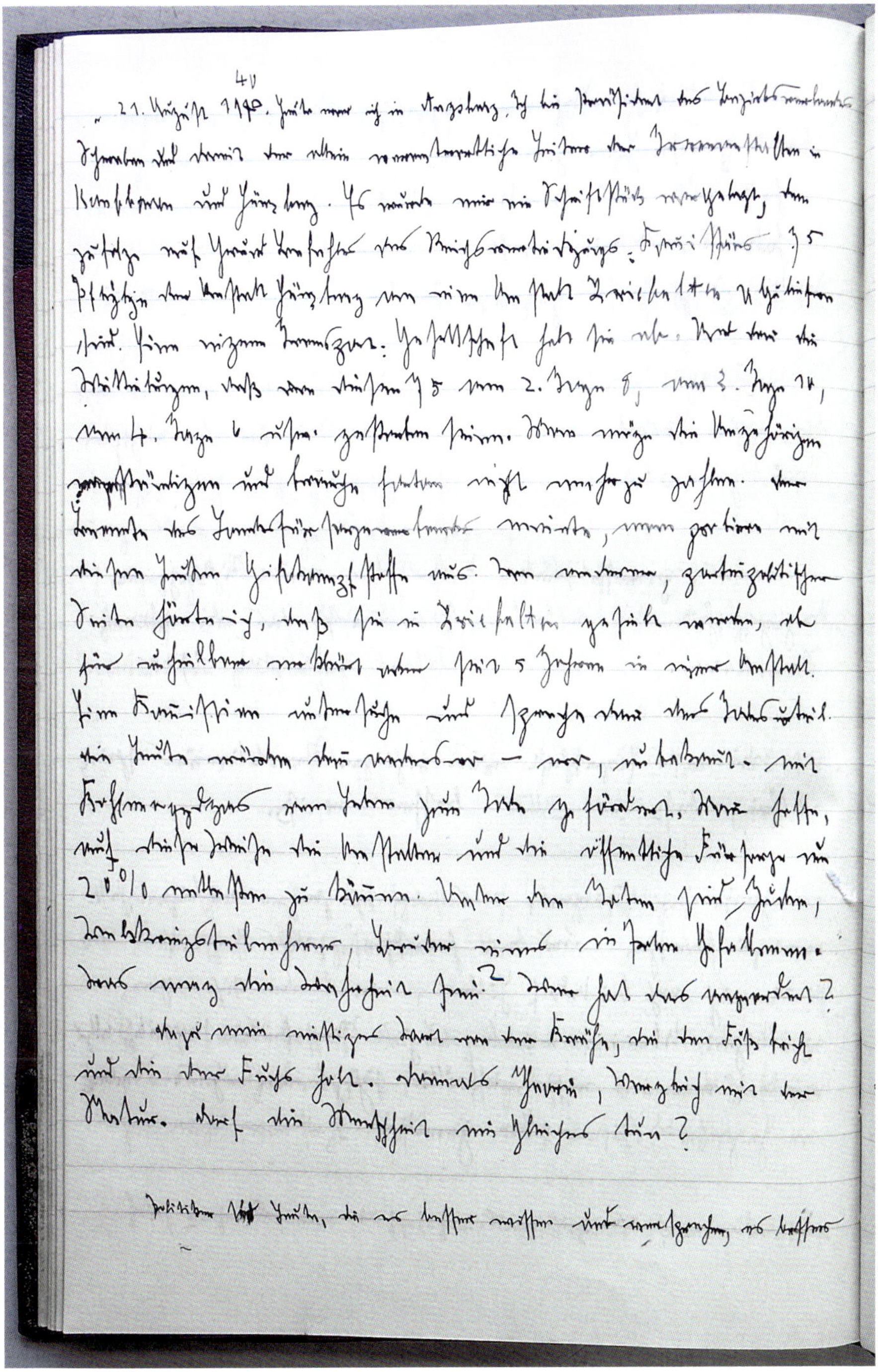

Abb. 8 Autograf Merkts, aus »Stimmungen«, Eintrag vom 21. August 1940.

Schließlich bezieht er sich auf die Tierwelt und ihre Auslese: Die Krähe bricht sich den Fuß und wird vom Fuchs geholt. Dann fragt er, ob die Menschheit dasselbe wie die Natur machen dürfe: Offenbar hat er Skrupel. Aber obwohl er am Anfang dieser Passage deutlich darauf verweist, dass er der *allein verantwortliche Leiter der Irrenanstalten in Kaufbeuren und Günzburg* sei – sich hier also nicht wie in der oben vorgestellten Vormerkung vom 13. Juli 1945 hinter der Verwaltungstätigkeit der Regierung von Schwaben und Neuburg verschanzt – ist nicht bekannt, dass er etwas gegen die Tötungen unternahm. Dabei hat er sich offenbar noch bei nicht näher genannten Parteistellen erkundigt. Dass er von den Vorgängen in den eigenen Häusern, den Hungererlassen und den medizinischen Versuchen wusste, ist hier nicht ausgesagt und nach wie vor nicht nachweisbar.

Es ist jedoch schwer vorstellbar, dass der immer gut informierte Merkt nichts davon mitbekommen haben sollte. In seinem Nachlass liegen die Jahresberichte der Heil- und Pflegeanstalt Kaufbeuren und Irsee, in der auch Sterbezahlen, Ab- und Zugänge dokumentiert sind.[220] Hinzu kommt, dass der schwäbische Bezirksverband auf seiner letzten Sitzung am 25. Juli 1944 in der Kaufbeurer Heil- und Pflegeanstalt auf Antrag von Dr. Valentin Faltlhauser *die Errichtung eines Verbrennungsofens zur Einäscherung der Leiche*[n] *von Pfleglingen der Heil- und Pflegeanstalt in Kaufbeuren* für 15.000 RM genehmigte.[221] Hintergrund war die Tatsache, dass aufgrund der vielen Tötungen in der Kaufbeurer und Irseer Anstalt die Begräbnisplätze nicht mehr ausreichten. Diese Tatsache und die zahlreichen Beerdigungen waren der Bevölkerung dort aufgefallen und hatten Aufsehen erregt.[222] Albert Thurner folgert: „Es erscheint hier durchaus möglich, daß die Mitglieder des schwäbischen Bezirksverbands die Erlaubnis zum Bau des Krematoriums gaben, ohne über die wahren Hintergründe der hohen Sterblichkeit, nämlich die bewußte und organisierte Tötung von Anstaltsinsassen, informiert gewesen zu sein. Die Realität der auffällig vielen Todesfälle in Irsee und Kaufbeuren muß dem Bezirksverband ab diesem Zeitpunkt aber in vollem Ausmaß bewußt gewesen sein."[223] Laut Otto Merkts oben vorgestellter Vormerkung vom 13. Juli 1945 waren ihm durchaus die Vorgänge rund um die Euthanasie zugetragen worden. Er habe sich nach einer oberflächlichen Nachfrage beschwichtigen lassen. Es bleibt die Frage, warum Merkt hier nicht stärker nachgehakt hat. Thurner kommt angesichts der Vormerkung Merkts vom 13. Juli 1945 und der oben dargelegten Vorgänge zu dem Schluss, dass die Wahrheit über die Krankentötungen bereits vor 1944 in der Öffentlichkeit bekannt geworden war und „es geradezu grober Nachlässigkeit oder gehörigen Desinteresses" bedarf, „die Mißstände in den Bezirksanstalten noch immer nicht zu erkennen. Sollte der Bezirksverband also, wie Merkt es darstellte, tatsächlich nichts von den nationalsozialistischen Vernichtungsmaßnahmen gewußt haben, so allein deshalb, weil er davon nichts wissen wollte.

220 StAKe, NL Merkt 253–258.

221 Zitat nach Thurner, Bezirkstag Schwaben (wie Anm. 67), S. 92.

222 Ebd., S. 91. Auch in der Publikation der geistlichen Quellen zu den Krankenmorden von Magdalene Heuvelmann, „Wer in Gottesferne lebt, ist im Stande, jeden Kranken wegzuräumen." „Geistliche Quellen" zu den NS-Krankenmorden in der Heil- und Pflegeanstalt Irsee (Bildungswerk Irsee, Impulse 7). Irsee 2013, wird deutlich, dass der menschenverachtende Umgang mit den Kranken durchaus in der Öffentlichkeit bekannt war, vgl. z. B. S. 130f.

223 Thurner, Bezirkstag Schwaben (wie Anm. 67), S. 92.

Dies ändert jedoch kaum etwas an der politischen, mehr noch moralischen Verantwortung, die der Bezirksverband für die Geschehnisse in der Heil- und Pflegeanstalt Kaufbeuren-Irsee zu tragen hatte. Dieser Verantwortung aber versuchte sich Dr. Otto Merkt durch seine »Vormerkung« von 1945 zu entziehen."[224] Nachdem auch in einer Publikation, welche die geistlichen Quellen ausgewertet und die Verantwortung des in den Anstalten tätigen geistlichen Personals beleuchtet hatte, nichts über Merkts Wissen und Haltung herausgefunden werden konnte,[225] sollten weitere Archivalien befragt werden. Es ist auch offen, inwieweit er über die medizinischen und tödlichen Versuche von Dr. Faltlhauser an Kindern[226] und von denen der IG-Farben an Patientinnen und Patienten in der Heil- und Pflegeanstalt Günzburg informiert war.[227] Es müssen zudem weitere administrative Quellen aus anderen Behörden, wie den Reichsministerien, und die anderer Psychiatrien aus dem Deutschen Reich darauf hin untersucht werden, inwieweit Merkt beispielsweise über den Hungererlass informiert und an dessen Umsetzung beteiligt war und/oder ihn billigte.

5. Besondere Verdienste

Otto Merkt zeichnete sich durch eine weitsichtige Kommunalpolitik aus. Sein Ziel, die Stadt Kempten als Hauptzentrum im bayerisch-schwäbischen Allgäu zu etablieren, indem er auch eine wirtschaftliche Regionalpolitik für das Allgäu betrieb, war erfolgreich. Er erreichte das vor allem durch die Förderung der Milch- und Viehwirtschaft (zahlreiche Verbandsgründungen und Schaffung zentraler Infrastruktur in Kempten), aber auch durch andere strukturelle und wirtschaftliche Aktivitäten, z. B. beim Aufbau der damals noch jungen Elektrizitätsversorgung (Gründung des Allgäuer Überlandwerkes, Mitwirkung bei der Illerstudienkommission, Stammaktienkauf durch den Kreistag bei der Lech-Elektrizitätswerke AG und Sitz im Aufsichtsrat). Er sorgte für den modernen Ausbau der Infrastruktur in Kempten und förderte insbesondere den Wohnungsbau. Merkts Kommunalpolitik wird bisher als reine Erfolgsgeschichte erzählt. Notwendig wäre ein differenzierterer Blick.

224 Ebd., S. 95. Mit der Vormerkung von 1945 meint Thurner die Quelle, die ich oben zitiert und in Anm. 216 belegt habe.

225 In der Publikation von Heuvelmann, Gottesferne (wie Anm. 222), in der ausführliche Aussagen von Geistlichen bezüglich der Krankenmorde wiedergegeben werden, wird ebenfalls die Frage der Verantwortung der Regierung, des Bezirksverbands und damit auch von Otto Merkt aufgeworfen, die in den Prozessen nach 1945 zu den Krankenmorden tatsächlich nicht geklärt wurde. Vgl. hierzu insb. S. 144 f., 215 Anm. 169, 217 Anm. 210. Vgl. hierzu auch Dietmar Schulze, „Auch der ‚Gnadentod' ist Mord". Der Augsburger Strafprozess über die NS-„Euthanasie"-Verbrechen in Kaufbeuren und Irsee (Bildungwerk Irsee, Impulse 15), Irsee 2019.

226 Petra Schweizer-Martinschek, Tbc-Versuche an behinderten Kindern in der Heil- und Pflegeanstalt Kaufbeuren-Irsee 1942–1944. In: Andreas Wirsching (Hg.): Nationalsozialismus in Bayerisch-Schwaben (wie Anm. 133), S. 231–259.

227 Felicitas Söhner, Das Laboratorium der I.G. Farben an der Heil- und Pflegeanstalt Günzburg. Epilepsieforschung in der NS-Zeit und den Nachkriegsjahren. In: Medizin Historisches Journal 50 (2015), Heft 3, S. 223–248.

Abb. 9 Oberbürgermeister Merkt 1937 im Rathaus.

Nur ein paar Fragen, die sich aufdrängen: Welche Prioritäten setzte und welche Themen ernachlässigte er? Für welche Bevölkerungsschichten machte er seine Kommunalpolitik? Gab es dabei Verlierer? Wo scheiterte er und warum? Und was bedeutete das für seine Kommunalpolitik im »Dritten Reich«? Gab es Kontinuitäten oder Diskontinuitäten und warum?

Merkt förderte die Heimatpflege in Schwaben und im Allgäu. Er sorgte als Kreistagspräsident von Schwaben für die Einrichtung des ersten hauptamtlichen Kreisheimatpflegers in Deutschland. Er benannte 1938 den Historischen Verein Allgäu in Heimatdienst Allgäu um und gründete den Schwäbischen Museumsverband zusammen mit gleichgesinnten Mitstreitern. Sein Engagement war breit gefächert. Hier nur ein paar Beispiele: Er kümmerte sich u. a. persönlich um die Burgenforschung oder das Bauernkriegsgedenken und ließ dafür – oft auf eigene Kosten – Gedenksteine setzen. Merkt sammelte Literatur über das Allgäu und von Allgäuer Autoren und publizierte diese in der periodischen Reihe »Neuere Allgäuer Literatur« in 25 Folgen. Die Ergebnisse seiner Burgenforschung publizierte er in seinem »Kleinen Allgäuer Burgenbuch«. Er kümmerte sich um den Aufbau von Sammlungen und begründete das Allgäuer Heimatmuseum. Und er sammelte breit alle nur zu erreichenden historischen, kunsthistorischen und volkskundlichen Informationen über das

Allgäu, die in die sogenannte Sammlung Merkt mündeten.[228] Allerdings ist seine ideologische Intention fragwürdig, weil sie vom Heimatschutzkonzept auf völkischer Grundlage inspiriert war. Sein denkmalpflegerischer Ansatz zielte auf Erinnerung und offenbar nicht auf den Erhalt von Denkmälern.

Otto Merkt ist Gründer bzw. Anreger diverser Stiftungen bzw. Schenkungen, die teilweise auch zu seinen Ehren eingerichtet wurden. Im Folgenden ein paar Beispiele: Die »Dr. Otto Merkt Stiftung« wurde mit Stiftungsurkunde vom 24.12.1935 errichtet. Der Milchwirtschaftsverband Allgäu stellte dabei aus der früheren Allgäuer Butter- und Käsebörse 20.000 Mark als Grundstock der Stiftung zur Verfügung. Zweck war die heimatkundliche und geschichtswissenschaftliche Erforschung der Entwicklung der Allgäuer Milchwirtschaft.[229] Hervorgegangen ist daraus das 1955 von Karl Lindner herausgegebene Werk »Geschichte der Allgäuer Milchwirtschaft«.[230] Die Geschwister Merkt gründeten nach dem Tod ihrer Eltern während des Ersten Weltkriegs die nach letzteren benannte »Ferdinand und Emma Merkt´sche Veteranenstiftung« in Kempten, die durch die Stadt verwaltet wurde. Merkt hat selbst danach noch mehrmals Zuwendungen gemacht, darunter 1937 Waldgrundstücke.[231] Zudem errichteten Otto Merkt, sein Bruder Ferdinand und dessen Ehefrau zusammen 1933 die »Bürgermeister Merkt-Stiftung« zu Buchenberg. Der eingebrachte Wald in Buchenberg sollte die Begräbnisstätte von Otto Merkt werden, die Stiftung das Grab unterhalten. Darüber hinaus erwirtschaftete Erträge kamen und kommen der Jugend von Buchenberg zugute.[232] Die Gründung der Ekkehard-Stiftung durch die Algovia war eine Ehrengabe an Merkt wegen seiner Verdienste um die Algovia 1927.[233] Aus ihr wurden Studienbeihilfen an Angehörige der Algovia vergeben. Merkt schenkte 1940 der Stiftung Grundstücke.[234] Die altkatholische Gemeinde Kempten wurde in Merkts Testament als Erbe eingesetzt und erhielt sein Barvermögen sowie einen Hof und Grundbesitz im Ulmertal der Gemeinde Kreuzthal für ihre von Merkt 1943 gegründete Pfründestiftung.[235] Otto Merkt war ein

228 Josef Rottenkolber, Merkt, der getreue Ekkehard des Allgäus. In: Allgäuer Geschichtsfreund NF 52 (1951), Anhang: Dr. Otto Merkt. Ein Gedenkblatt, S. 9–16; Weitnauer, Otto Merkt (wie Anm. 61); Otto Merkt, Burgen, Schanzen und Galgen im Allgäu. Das Kleine Allgäuer Burgenbuch. In: Allgäuer Geschichtsfreund NF 52 (1951). Die Sammlung Merkt befindet sich heute im Stadtarchiv Kempten.

229 StAKe, NL Merkt 169, Stiftungsurkunde der Dr. Otto-Merkt-Stiftung vom 24.12.1936. Vgl. Peter Busse, Die Dr.-Otto-Merkt-Stiftung und die Dr.-Herz-Bibliothek in Kempten. In: Die Allgäuer Milchwirtschaft auf dem Weg ins 21. Jahrhundert (wie Anm. 159), S. 607–610, hier S. 607 f.

230 Lindner, Allgäuer Milchwirtschaft (wie Anm. 159).

231 StAKe, NL Merkt 169, Urkunde des notariellen Vertrags vom 3.7.1937, Nr. 833 des Notars Dr. Hans Schellerer, Kempten. Weitere Unterlagen zu dieser Stiftung ebd., darunter VM von Merkt über die Verwaltung der Ferdinand und Emma Merkt´schen Veteranen-Stiftung in Kempten vom 17.6.1941.

232 StAKe, NL Merkt 168: Stiftungsurkunde für die Bürgermeister Merkt-Stiftung zu Buchenberg vom 21.11.1933. Genehmigung der Stiftung durch das Bayerische Staatsministerium des Innern mit Schreiben an die Regierung von Schwaben und Neuburg vom 8.1.1934. Verwalter war die Gemeinde Buchenberg.

233 Stiftungsurkunde vom 1.7.1929 in StAKe, NL Merkt 74 und vom 1.7.1933 in NL Merkt 121.

234 StAKe, NL Merkt 169, Urkunde des Notars Wilhelm Müller in Kempten, Urk. Rolle 19 vom 13.1.1940 (Abschrift).

235 Für den Hinweis danke ich Markus Naumann. Er hat die Dokumente im Archiv der Altkatholischen Gemeinde Kempten eingesehen; vgl. Franz Kramer, Geschichte der Alt-Katholischen Gemeinde Kempten 1871–1996. Kempten 1996, S. 127 f.

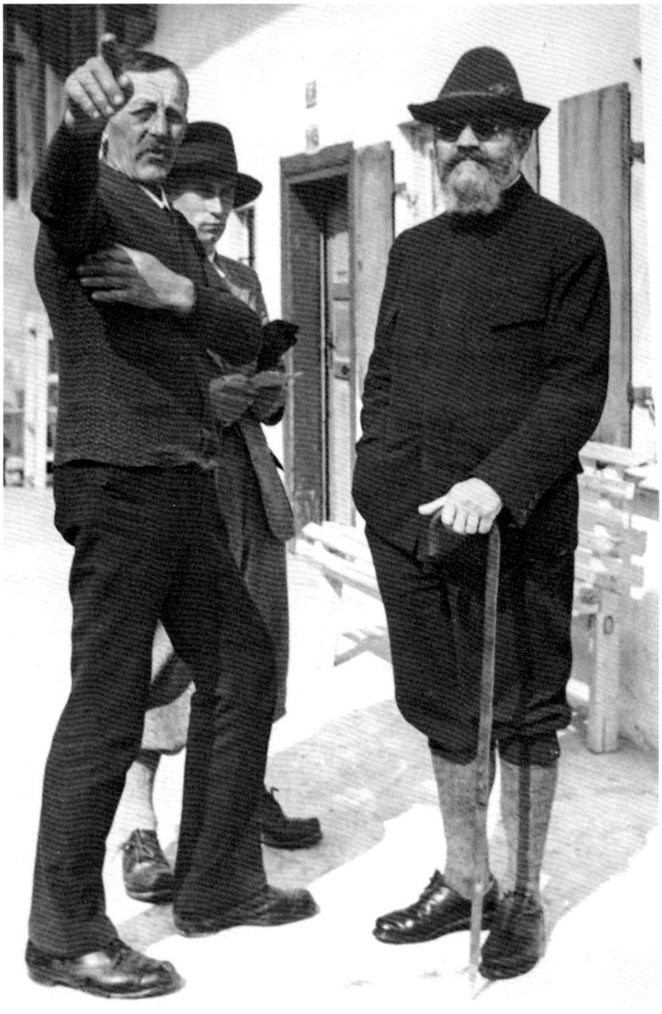

Abb. 10 Der Heimatforscher Merkt auf der Suche nach der Haggenmühle bei Wiggensbach, Mai 1935.

großzügiger Förderer weiterer diverser gemeinnütziger, karitativer und kultureller Vereine und Initiativen, denen er oft aus seinem Privatvermögen Zuwendungen zukommen ließ.[236]

Merkt nahm für sich in Anspruch, Einzelpersonen, die während des Nationalsozialismus verhaftet oder bedrängt wurden, geholfen zu haben.[237] Sicher ist, dass er, wie oben

236 So schoss er aus seinem Privatvermögen bspw. immer wieder Gelder für die heimatkundliche Arbeit zu. Vgl. hierzu Rottenkolber, Merkt (wie Anm. 228), S. 12.

237 So setzte er sich 1933 für die Haftentlassung des Kemptener Reichsbannerführers und SPD-Stadtrats Albert Wehr ein. Vgl. dazu Kap. 4.1. Zahlreiche Beispiele führt er auch in seiner Verteidigung im Spruchkammerverfahren vom 28.6.1947 auf: Vgl. StAKe, NL Merkt 290.

bereits beschrieben, jüdischen Familien und Personen mehrmals geholfen hat. Inwieweit seine weiteren während des Spruchkammerverfahrens vorgebrachten Beispiele der Realität entsprachen oder aus der Verteidigungssituation entsprungene Nachkriegsnarrative sind, bedarf gesonderter Nachforschungen.

6. Stellungnahmen zum eigenen Wirken 1933–1945 und sein Umgang mit eigener Schuld und Verantwortung

Im Folgenden wird zusammenfassend Merkts eigene Darstellung zu seiner Rolle im Nationalsozialismus in den wesentlichsten Zügen wiedergegeben. Sie beruht auf der Lektüre seiner Entnazifizierungsunterlagen, seines sogenannten »Politischen Testaments« und seiner Vormerkung zu den Vorgängen in den Heil- und Pflegeanstalten Kaufbeuren/Irsee, die sich alle in seinem Nachlass befinden.[238]

Merkt streitet eine Stützung der nationalsozialistischen Herrschaft und Beteiligung an nationalsozialistischem Unrecht ab. Sein Parteieintritt und seine NS-Ämter sowie die Zusammenarbeit mit NS-Funktionären seien dem Bestreben geschuldet gewesen, seinen Posten als Oberbürgermeister von Kempten zu behalten und damit einen unqualifizierten und kommunalpolitisch unerfahrenen NSDAP-Funktionär als Oberbürgermeister zu verhindern. Oberstes Ziel sei das Wohl Kemptens und Schwabens (als Kreistagspräsident) gewesen. Das Amt des Kreistagspräsidenten habe er unbestritten behalten können, weil es als „Steuerverbund" von den Nationalsozialisten als ein im Prinzip unpolitisches Amt betrachtet und seine Fachkompetenz benötigt worden sei. Er habe seine kommunalpolitischen Ämter immer als unpolitisch verstanden und sich überparteilich verhalten. Er sei ein wahrer Demokrat. Das würden u.a. seine Eintritte während der Weimarer Republik in die DDP und den BBB beweisen. Er gibt zu, auch vertrauensvoll mit einigen NS-Funktionären und -Politikern zusammengearbeitet zu haben, das sei aber seinem Streben zum Wohle der Stadt geschuldet gewesen. Seine trotzdem zahlreichen Konfrontationen mit Behörden und NS-Funktionären stellt er als widerständiges Verhalten dar, weil er mit der nationalsozialistischen Politik nicht einverstanden gewesen sei. Deshalb sei er bei vielen Personen in den Behörden, der Landesregierung, NSDAP und ihrer Gliederungen verhasst gewesen. Dafür dass er nicht als Nationalsozialist galt und es auch nicht gewesen sei, sowie bei den Nationalsozialisten unerwünscht war, führt er seine Verhaftungen und Amtsenthebungen von 1933 und die erzwungene Pensionierung als Bürgermeister von 1942 auf. Die Nationalsozialisten hätten ihn nicht nur im Amt belassen, weil seine fachliche Kompetenz unbestritten gewesen sei, sondern auch, weil sie nicht an der öffentlichen Meinung (also seiner Beliebtheit) vorbeikamen. Er betont seine zahlreichen Verdienste für das Wohl der Stadt Kempten und führt dabei die geschaffene Infrastruktur sowie seine Wirtschafts- und Kulturpolitik auf. Von der Tötung der Patienten in den Heil- und Pflegeanstalten Kaufbeuren/Irsee habe er nichts gewusst, habe sie nicht gefördert, sei nicht daran beteiligt gewesen.

238 StAKe, NL Merkt 194, 260, 289 bis 293 (darunter 290 gründlicher, in 289 und 291–293 Auszüge gelesen). Ebenso StAA, Spruchkammer Kempten Akten M 310/I (Spruchkammerakt Otto Merkt).

Er habe verschiedenen Personen, darunter auch Juden, die verhaftet oder bedrängt wurden, wiederholt geholfen.

In seinem Verteidigungsschreiben an die Spruchkammer am 28. Juni 1947 zog er folgendes Fazit: *Ich habe trotz formeller Mitgliedschaft und des äußeren Umstandes eines kleinen Parteiamtes mich nicht nur nachgewiesener Maßen passiv verhalten, sondern auch nach Maß meiner Kräfte aktiv Widerstand geleistet und dadurch Nachteile erlitten.*[239] Er beantragte deshalb, als Entlasteter eingestuft zu werden.

Dass ein Großteil seiner Aussagen die Realität verzerrte bzw. nicht der Wahrheit entsprach, vor allem nicht, dass er *aktiv Widerstand geleistet* habe, weil er grundsätzlich gegen das NS-Regime gewesen sei, ergibt sich aus den vorhergehenden Ausführungen dieses Beitrags.[240] Merkt mag das vielleicht wegen seiner Zwangspensionierung so empfunden haben. Aber er leistete keinen Widerstand gegen das NS-Regime an sich, sondern scheiterte daran, dass er die Angelegenheiten der Kemptener Kommunalpolitik taktisch unklug vertrat, die Machtverhältnisse falsch einschätzte und dabei die Geduld von Personen in Schlüsselpositionen v. a. der NSDAP überstrapazierte, die ihn fallen ließen. Er war nach 1945 in einer Rechtfertigungsposition und musste sich verteidigen. Die meisten seiner Nachkriegsnarrative erklären sich daraus. Hinzu kommen Auslassungen, die weiter zur Realitätsverzerrung beitragen. So verschwieg er beispielsweise seine völkische und rassenhygienische Einstellung sowie sein öffentliches Eintreten für die Zwangssterilisation kranker, behinderter und angeblich „asozialer" Menschen.

Hinzu kommt, dass Otto Merkt auch nach 1945 nicht von seinen autokratischen Vorstellungen in der Gemeindepolitik abrückte und ganz offenbar keine Lehren aus der NS-Herrschaft gezogen hat. Herbert Müller zitierte bereits 1988 eine Schrift von Otto Merkt von 1950, in der er seine Gedanken zur Neuordnung der Bayerischen Gemeindeordnung formulierte. Sie zeigen deutlich, dass er nach wie vor Schwierigkeiten mit einer parlamentarischen Demokratie hatte. Er plädierte für das *Führerprinzip*[241] in der Gemeinde, kontrolliert durch möglichst geringe demokratische Mitwirkung der Staatsbürger. Aus seinen Worten sprach noch 1950 ein tiefes Misstrauen gegenüber Wahlen und parlamentarischer Mitwirkung: *Wahl des Bürgermeisters oder Landrats durch das Volk bedeutet Unruhe, Verhetzung, Streit […] Wahlen sind in der Demokratie nicht zu entbehren, sollen aber aus dem eben angegebenen Grunde selten sein, damit wieder Beruhigung eintritt.* Er befürwortete eine Verwaltung durch Fachbeamte, möglichst unbehelligt von demokratischen Elementen. Die Zuständigkeit des Gemeinde- bzw. Stadtrat sollte seiner Meinung nach auf wenige von ihm definierte Kernkompetenzen einer Demokratie, nach dem Vorbild der DGO von 1935, begrenzt werden: *Den Kern der Demokratie bildet der Haushaltsplan, das Steuerbewilligungsrecht. Führer muß grundsätzlich fragen in allen wichtigen und in solchen Angelegenheiten,*

239 StAKe, NL Merkt 190, Merkt an die Spruchkammer Kempten, 28.6.1947.

240 Insofern muss noch einmal energisch der Einschätzung von Gernot Römer widersprochen werden, der Otto Merkt als Widerständler einstuft: Römer, Möglichkeiten (wie Anm. 198), S. 93–98.

241 Müller, Parteien- oder Verwaltungsvorherrschaft (wie Anm. 21), S. 261. Müller gibt als Quelle an: StA Ke, Akten EAPL 020 1d, Otto Merkt an Dr. Fuchsberger vom 18.4.1950 mit der Beilage „Gedanken zur bevorstehenden neuen Bayerischen Gemeindegesetzgebung." Beilage auch in StA Ke, NL Merkt 110.

welche die Gemeinde dauernd belasten. Den Rest erledigt er durch seine Beamten in eigener Zuständigkeit und Verantwortung. Dieser Rest umfangreich nach Zahl, manchmal auch von Bedeutung. Veranlaßten Falles nachträgliche Berichterstattung an das Parlament.[242] Müller konstatierte folgerichtig, dass auch 1950 für Merkt eine fachlich und autokratisch geführte Kommunalverwaltung einen wesentlich höheren Stellenwert besaß als demokratische Elemente.[243]

7. Forschungsdesiderate und Empfehlungen

Dieses Biogramm wirft viele Fragen über die Rolle Otto Merkts während des Nationalsozialismus auf. Die hier vorgestellten Ergebnisse sind nicht abschließend. Um zu einer umfassenden und gerechten Beurteilung Otto Merkts zu gelangen, müssen zuvorderst die Forschungsdesiderate beseitigt werden, die in diesem Gutachten angesprochen wurden. Die Liste könnte noch ausgebaut werden und wird sich sicher im Laufe der Zeit aufgrund neuer Erkenntnisse erweitern.

Dazu noch ein paar grundsätzliche Bemerkungen. Mittäter im NS-Herrschaftssystem konnten auch Menschen werden, die nicht der NS-Ideologie nahestanden. Dazu mussten sie weder SA- oder NSDAP-Mitglied sein, keine braune Uniform tragen und sich nicht an Schlägereien auf der Straße, willkürlichen Verhaftungen und Folterungen in Kellern und Konzentrationslagern beteiligen. Auch in der Verwaltung wurden am Schreibtisch Entscheidungen und Unrechtstaten vorbereitet, organisiert sowie durchgeführt. Hinzu kommt, dass viele Verhaltensweisen lange Zeit das NS-Herrschaftssystem stabilisierten. Dazu gehörte, dass Menschen die Augen vor Unrechtstaten verschlossen, weil sie beispielsweise die NS-Regierung als Ordnungsmacht schätzten, weil sie Hitlers Charisma oder der Propaganda der Arbeitsbeschaffungsmaßnahmen erlagen oder materiell profitieren. Zudem reichten Teilübereinstimmungen in Ideologie und Interessen zur Mitwirkung aus. So haben sich beispielsweise Personen, die sich selbst als Gegner der Nationalsozialisten und nicht als Antisemiten verstanden, an der Ausplünderung der jüdischen Bevölkerung und somit letztendlich am Holocaust beteiligt.[244] Eine Beurteilung der Rolle einer Person im Nationalsozialismus bedarf einer gründlichen Betrachtung jedes Einzelfalls und eines ausführlichen, breiten und kritischen Quellenstudiums. Aussagen von Zeitgenossen, auch von Opfern, sind subjektive

242 Zitiert nach Ebd., S. 261.

243 Ebd., S. 262.

244 Aus der äußerst umfangreichen Forschung ein paar Beispiele zu Memmingen und Augsburg: GOTTO, Kommunalpolitik (wie Anm. 133); Bernhard GOTTO, Der Augsburger Oberbürgermeister Josef Mayer in der NS-Zeit. In: WIRSCHING, Nationalsozialismus in Bayerisch-Schwaben (wie Anm. 133), S. 89–125; Katrin HOLLY, Rettung oder Raub? Die Rolle städtischer Funktionsträger in Augsburg bei Übernahme und Erwerb von Kunstgegenständen aus jüdischen Besitz 1939 bis 1945 für die städtischen Kunstsammlung. In: FASSL (Hg.), Ausplünderung (wie Anm. 155), S. 187–223; Tim Benedikt HESSLING, Zur „Arisierung" von Immobilien durch die Stadt Augsburg. In: ebd., S. 115–132; Maren JANETZKO, Die Restitution mittelständischer Unternehmen in Augsburg und Memmingen. In: ebd., S. 169–183; Felix BELLAIRE, Augsburg 1939–1945. Eine Stadt im Kriegszustand (Studien zur Geschichte des Bayerischen Schwaben 1). Friedberg 2020; HOSER, Geschichte der Stadt Memmingen (wie Anm. 133), insb. S. 171–290; HOSER, Spielraum und Grenzen (wie Anm. 133);

Quellen, die anhand von Archivalien überprüft und einer gründlichen Quellenkritik unterzogen werden müssen. So gelangt man auch zu einem grundlegenden Verständnis der Funktionsweise nationalsozialistischer Herrschaft.

Bisher spielte in der Forschung zu Otto Merkt sein Nachlass eine sehr große Rolle, der ein von ihm gesteuertes und generiertes Geschichtsbild kreiert. Die mir in Auszügen als Manuskript vorliegende Transkription des Tagebuchs von Merkt,[245] die Herbert Müller erstellt hat, zeigt aber deutlich, dass der Nachlass nicht vollständig ausgewertet ist und nach wie vor neue Erkenntnisse zu erwarten sind. Bisher ist er immer nur wie ein Steinbruch für vereinzelte Forschungsfragen mit ganz speziellem Blickwinkel benutzt worden. Eine Gesamtauswertung liegt jedoch nicht vor und ist dringend notwendig. Aber die Unterlagen und Aussagen in diesem Nachlass müssen einer gründlichen, wissenschaftlichen Quellenkritik unterzogen, verifiziert und dürfen auf keinen Fall isoliert für sich betrachtet werden. Deshalb müssen wesentlich stärker als bisher andere Archivalienbestände herangezogen werden, u.a. der Stadtverwaltung Kempten, der Unterlagen im Staatsarchiv Augsburg, der Landes- und Reichsministerien, der Vereine (Algovia!), Verbände und Wirtschaft. Dieser Grundsatz gilt für alle in diesem Beitrag gegebenen Forschungsempfehlungen. Auch die Biografien und Nachrufe seiner Weggefährten über ihn dürfen nicht unkritisch übernommen werden. Sie sind subjektive Quellen, die mit wissenschaftlichen Methoden verifiziert werden müssen.

Zusätzlich wird empfohlen, mit der Forschung vor dem Nationalsozialismus einzusetzen. Nur so kann Otto Merkt wirklich verstanden werden. Vertieft untersucht werden müssen seine Prägungen aus seiner Herkunft, Kindheit und Ausbildung sowie die ersten Schritte im Berufsleben und seine frühen ehrenamtlichen Engagements.[246] Einbezogen werden müssen auch seine militärischen Erfahrungen und Kriegserlebnisse im Ersten Weltkrieg. In seiner Tätigkeit in der Münchner Kommunalpolitik als Verwaltungsfachmann und Zweiter Bürgermeister liegt vermutlich einer der wichtigsten Schlüssel bei der Herausbildung seines Politikstils und seiner politischen Prämissen. Es ist auch die Geschichte Kemptens in der Weimarer Republik und Merkts Kommunalpolitik dieser Zeit wesentlich umfassender als bisher in den Blick zu nehmen.[247] Die Erkenntnisse könnten helfen, auch die Entwicklung

Hoser, Heinrich Berndl (wie Anm. 133), Katrin Holly, Die Restitution jüdischer Immobilien durch die Stadt Memmingen nach 1945. In: Fassl, Ausplünderung (wie Anm. 155), S. 133–168; Janetzko, „Arisierung“ (wie Anm. 155). Zur Rolle der Integrationsangebote in den NS-Staat in Schwaben vgl. Steber, Im Ringen (wie Anm. 133). Zum Mechanismus der Hitlerverehrung und ihren Konjunkturen vgl. Ian Kershaw, Der Hitler-Mythos. Führerkult und Volksmeinung. Stuttgart 1999. Zu der Funktion materieller Vorteile vgl. bspw. Götz Aly, Hitlers Volksstaat. Raub, Rassenkrieg und nationaler Sozialismus. Frankfurt am Main ²2011.

245 StAKe, NL Merkt 180, Autograf Otto Merkt, Stimmungen.

246 StAKe, NL Merkt 047 bis 064. Otto Merkts Ausbildungsinhalte könnten sich durch seine bisher offenbar noch nie ausgewerteten Vorlesungsmitschriften in seinem Nachlass nachvollziehen lassen.

247 Bisher gibt es nur den knappen Überblick von Müller in der Stadtgeschichte Kemptens: Müller, Weimarer Republik (wie Anm. 17) oder beispielsweise Beiträge über einzelne Aspekte und Personen, die die Vorgeschichte zum Nationalsozialismus behandeln, wie die von Hölzle, Volksgenossen (wie Anm. 135) oder zu einzelnen Personen wie Hoser, Hermann Esser (wie Anm. 108) oder Naumann/Weber, Adolf J. Schmidt (wie Anm. 43) oder von Gerhard Hölzle, Bernhard Stirnweiß – Kemptener Stadtkämmerer und Oberbürgermeister. In: Allgäuer Geschichtsfreund 119 (2019), S. 65–96. Auch die Hinweise in Kreikle, Volksgemeinschaft (wie Anm. 43).

seiner weltanschaulichen Ansichten noch besser zu verstehen. Es könnten Kontinuitäten und Diskontinuitäten bis in die nationalsozialistische Ära definiert und die Hintergründe seines Handelns auch in der NS-Zeit genauer bestimmt werden.

Notwendig ist auch die Analyse des in seinen Verteidigungsschriften vor der Spruchkammer behaupteten angeblich widerständigen Verhaltens und seiner gesamten Nachkriegsnarrative,[248] einschließlich seines sogenannten »Politischen Testaments« und der Kriegschronik,[249] indem diese anhand verschiedenster Quellen verifiziert und in den Kontext eingeordnet werden. So lassen sich Fehlinterpretationen, Konstruktionen und Nachkriegsnarrative, die bis heute wirkmächtig sind, entlarven, erklären und richtigstellen.

248 Nicht nur in seinem Spruchkammerverfahrensakten in seinem Nachlass (StAKe, NL Merkt, 289–293) und in seiner Vormerkung zu Krankenmorden in Kaufbeuren/Irsee (ebd. 260), sondern auch in seinem übrigen Nachlass finden sich zahlreiche Dokumente, in denen er die Vorgänge aus seiner Sicht kommentiert.

249 StAKe, NL Merkt 193–195 (Politisches Testament), 201–204 (Kriegschronik).

8. Anhang: Politische und gesellschaftliche Betätigungen bzw. Funktionen, Ehrungen und Auszeichnungen

8.1 Politische und gesellschaftliche Betätigungen bzw. Funktionen, die vor 1933 einsetzten[250]

Merkt hatte zahlreiche Mitgliedschaften und Funktionen inne, die er auch nach 1933 behielt. Diese sind in *kursiver Schrift* gesetzt.

Kommunalpolitisches Ehrenamt
Kreistag von Schwaben und Neuburg (ab 1939 Bezirksverband)
- *8.7.1919–1945 Mitglied des Kreistags*
- *8.7.1919–1945 Kreistags- bzw. Bezirksverbandspräsident*

Mitgliedschaft in Parteien[251]
Deutsche Demokratische Partei (DDP)
- 1919 (Beitritt in den Kreisverband als Einzelmitglied mit Verpflichtung zur Fraktionszugehörigkeit im Kreistag, Zweck: Kandidatur für den Kreistag), Austritt 1927[252]

Bayerischer Bauernbund (BBB)
- 1928 als parteiloser auf der Wahlliste zum Kreistag vom BBB; Zweck: Kandidatur für den Kreistag

Mitglied und Positionen in wirtschaftlichen Vereinigungen/Institutionen/Firmen
13.2.1913 Mitglied des Fremdenverkehrsrates München
- vmtl. 1917 mit Rücktritt vom Bürgermeisterposten in München beendet

Allgäuer Butter- und Käsebörse e. V. (1921–1934)
- *Gründer der Börse am 21.6.1921*
- *seit Gründung bis zur Auflösung am 16.5.1934 ehrenamtlicher Vorsitzender*

Bayerischer Markenschutzverband, später Schutzmarkenverband für Butter und Käse, Körperschaft des öffentlichen Rechtes (1929–1935)
- *8.4.1929 Gründer*
- *Vorsitzender von der Gründung bis zur Auflösung am 15.6.1935*

250 Diese Angaben beruhen vor allem auf folgender Hauptquelle: StAKe, NL Merkt 002, Lebenslauf Otto Merkt, III. Ehrungen, IV. Ehrenämter, undatiert [vmtl. um 1945/48]. Eine Verifizierung dieser Angaben war im Rahmen dieses Auftrags nicht möglich. Es befindet sich dazu auch viel Material in seinem weiteren Nachlass. Beginn und/oder Ende der Laufzeit seiner Ehrenämter ist oft nicht angegeben, bzw. das Ende offengelassen, was bedeutet, dass er sie zum Zeitpunkt der Erstellung des Lebenslaufs noch ausübte. Ergänzt wurde aus dem Personalakt im BHStA, MINN 80447. Wenn andere Quellen hinzugezogen wurden, wurde eine extra Anmerkung angebracht.

251 Steber, Ethnische Gewissheiten (wie Anm. 50), S. 228.

252 Ebd.

Süddeutsche Markenbutter-Tonnen-GmbH, Kempten:
- *Gründer 1.9.1931*
- *Vorsitzender ab 1.9.1931 bis mindestens 1944*

Allgäuer Tierzuchthalle GmbH (1928–1942)
- *Gründer 1928*
- *Vorsitzender von 1928 bis zur Auflösung 1942*

Gemeinnützige Baugenossenschaft Kempten, gegr. 1.2.1919
- *vmtl. Mitgründer*
- *Vorsitzender ab 1.2.1919, offenbar bis lange nach dem Zweiten Weltkrieg*

Stadtsparkasse Kempten bzw. Stadt- und Kreissparkasse Kempten
- *1919–1942 Vorsitzender des Sparkassenausschusses*
- *seit 1934 (bis vmtl. 1942?) Vorsitzender des Verwaltungsrats und Vorstandes der Stadt- und Kreissparkasse Kempten*

Kieswerk Kempten GmbH
- *Gründer des Kieswerks 1926*
- *Vorsitzender der Gesellschafterversammlung 1926 bis mindestens 1944*

Lech-Elektrizitätswerke Augsburg AG
- *1921–1945 Mitglied des Aufsichtsrats*

Allgäuer Überlandwerk GmbH
- *Mitbegründer 20.9.1919 bei der Fusion mit dem städtischen Elektrizitätswerk Kempten*
- *1920–31.12.1942 Vorsitzender des Verwaltungsrats*
- *6.7.1929–1939 stellvertretender Geschäftsführer*

Illerstudienkommission
- *1928 Mitbegründer*
- *1928–1937 Mitglied, zeitweise Leiter*

Untere Iller AG München
- *1924 bis vmtl. 1945 Mitglied des Aufsichtsrats*

Vereine/Institute

Historischer Verein Allgäu (ab 1938 Heimatdienst Allgäu, seit 1956 Heimatverein Kempten*)*
- *30.3.1920–1948 Vorsitzender (mit einer kurzen Unterbrechung 1948)*[253]
- *bezeichnet sich als Heimatdienstführer seit 7.2.1938*

Schwäbischer Museumsverband (gegr. 23.4.1924, aufgelöst 26.12.1933)
- *Mitbegründer*
- *Erster Vorsitzender von der Gründung bis zur Auflösung*

Naturwissenschaftlicher Verein für Schwaben und Neuburg, Augsburg
- *21.3.1929 Aufnahme in den Verein als Ehrenmitglied*[254]

253 https://www.heimatverein-kempten.de/geschichte.html (Abruf 6.7.2022).

254 StAKe, NL Merkt 168, Urkunde des Naturwissenschaftlichen Vereines für Schwaben und Neuburg in Augsburg vom 21.3.1929 und Schreiben des Vereins an Merkt vom 22.3.1929.

Verbindungen/Burschenschaften

Akademische Ferien-Vereinigung Algovia zu Kempten[255]

- *Mitglied 1896–1951*
- *1896 Konsenior*
- *Herbst 1897, Weihnachten 1897, Herbst 1898, Weihnachten 1898 Senior*
- *31.3.1897 erster Bibliothekar der Algovia*
- *25.9.1901–1951 Philistersekretär*
- *seit 28.8.1934 Bundesführer*

Deutscher Großlogenbund. Große Mutterloge des Eklektischen Freimaurer-Bundes zu Frankfurt a. Main (Johannisloge Libanon zu den 3 Zedern[256]

- Mitgliedschaft vom 5.2.1901–21.9.1909, Austritt aus persönlichen Gründen
- Aufstieg bis in den III. Grad

Deutsche Burschenschaft

- Sommersemester 1899 Kassenwart des Allgemeinen Deputiertenkonventes in München

Vereinigung aller Burschenschafter Allgäu in Kempten

- *Ostern 1900 Mitbegründer und seitdem Mitglied (vmtl. bis zu seinem Tod 1951)*
- *bis 1903 erster Schrift- und Kassenwart*

Münchner Burschenschaft Arminia

- Mitglied seit 1898
- 4.2.1910–8.7.1914 Philistervorsitzender und Vorsitzender des Arminien-Heim-Vereines

Positionen und Engagement in der Altkatholischen Kirche

- 15.4.1906 Gründung des Reichsverbandes altkatholischer Jungmannschaften in Mannheim, vmtl. Mitgründer
- 1906 Gründer und Obmann der altkatholischen Jungmannschaft Frankfurt a. Main
- 1906(?) Mitbegründer der altkatholischen Jungmannschaft in Offenbach
- *10.1.1913 bis mindestens 1944 außerordentliches Mitglied der Synodalvertretung des katholischen Bistums der Altkatholiken des Deutschen Reiches (Wiederwahlen: 1920, 1922, 1924, 1926, 1928, 1930, 1932, 1934, 1936, 1939)*
- 1913–1915 Vorsitzender des Alt-Katholikenvereines »Ich diene«
- [frühestens ab 1913?] bis 1919 Mitglied des Münchener Kirchenvorstandes
- Synodenrichter und Vorsitzender des Synodengerichtes des Bistums im August 1914, 27.8.1916, 6.9.1922
- *Sept. 1934 Präsident des Internationalen Altkatholiken-Kongresses in Konstanz*
- *Winter 1943/1944 Sammlung für altkatholisches Pfarr- und Gemeindehaus durchgeführt*

255 Zur Algovia vgl. Müller, Parteien- oder Verwaltungsvorherrschaft (wie Anm. 21), S. 49–52, 252–254; Steber, Volksgemeinschaft, Führerkult und Terror (wie Anm. 3), S. 138 f.

256 StAKe, NL Merkt 167, Urkunde des Deutschen Großlogenbundes vom 21.9.1909; BHStA MINN 80447, Staatsministerium des Innern an Regierung von Schwaben und Neuburg, 9.6.1937 und Merkt an Regierung von Schwaben und Neuburg, 24.5.1937.

- *2.12.1943 Gründung einer Pfründestiftung der altkatholischen Gemeinde*
- *1938 Erster Vizepräsident 14. Internationaler Altkatholiken-Kongress in Zürich*
- *24.11.1940 stv. Mitglied des neugebildeten Oberkirchenrats der Deutschen Altkatholischen Kirche*
- *Seit 13.3.1943 Mitglied der Bayerischen Altkatholischen Landessynode*
- *Seit Sommer 1943 Mitglied des altkatholischen Kirchenvorstands Kempten*

8.2 Politische und gesellschaftliche Betätigungen bzw. Mitgliedschaften in NS-Organisationen seit 1933–1945, die seit der „Machtergreifung" hinzukamen[257]

Mitgliedschaft und Funktionen in der NSDAP und NS-Organisationen[258]

- 1.4.1933 Eintritt in die NSDAP (rückdatierter Eintritt vom Sommer 1933[259])
- 1934–1945 Kreisamtsleiter für Kommunalpolitik des Stadtkreises Kempten (der im Nachlass liegende Ausweis als politischer Leiter ist von Karl Wahl unterschrieben am 1.4.1936[260])
- 1939–1942 NS-Flieger-Korps, förderndes Mitglied
- 1934–1945 Nationalsozialistische Volkswohlfahrt (NSV)
- 1934–1945 Reichsbund der deutschen Beamten (RDB)
- 1934(?)–1936 Bund Nationalsozialistischer Deutscher Juristen e.V. (BNSDJ)[261]
- 1937–1945 Rechtswahrerbund (Nachfolgeorganisation des BNSDJ)
- 1937–1939 NS-Altherrenbund
- 1938–1944 NS-Reichskriegerbund Kyffhäuser (NSRKB)

Weitere Mitgliedschaften/Betätigungen

[Münchener Gesellschaft für Rassenhygiene
- Wahl in den Hauptausschuss am 19.1.1933, wg. Zeitmangel von Merkt abgelehnt][262]

Deutsches Museum
- 1935/1937 Mitglied des Verwaltungsausschusses (laut Merkt nie *Gebrauch davon gemacht*)

Korrespondierendes Mitglied des Archäologischen Instituts des Deutschen Reiches
- Ernennung 1935[263]

257 Quellen wie unter 8.1.

258 StAKe, NL Merkt 291, Urteil der Spruchkammer Kempten-Stadt vom 21.5.1948 (Abschrift).

259 StAKe, NL Merkt 290, Merkt an Spruchkammer Kempten-Stadt, 28.6.1947, S. 12. Zum Parteieintritt vgl. auch Müller, Parteien- oder Verwaltungsvorherrschaft (wie Anm. 21), S. 41 f.

260 BHStA, MINN 80447, Merkt an Regierung von Schwaben und Neuburg, 18.6.1937. Hierzu vgl. auch Müller, Parteien- oder Verwaltungsvorherrschaft (wie Anm. 21), S. 45.

261 StAKe, NL Merkt 168, Bund Nationalsozialistischer deutscher Juristen e.V. Gau Oberlandesgerichtsbezirk München an Merkt, 16.11.1934.

262 StAKe, NL Merkt 168, Professor Lenz an Otto Merkt, 2.2.1933; Rückantwort von Merkt vom 4.2.1933.

263 StAKe, NL Merkt 169, Schreiben des Archäologischen Instituts des Deutschen Reiches an Merkt, 29.11.1935, Rückantwort von Merkt vom 2.12.1935.

Tierschutzverein Kempten
- Herbst 1939 Mitbegründer

Verein ehemaliger Kempter Gymnasiasten
- 8.4.1942 Mitbegründer
- 16.3.1943 bis mindestens 1944 Vereinsführer u. Herausgeber des Nachrichtenblattes

Gartenbaugenossenschaft Kempten-Thingers
- 25.10.1944 Gründung, seitdem Vorsitzender des Aufsichtsrats

Luftschutz-Nachrichtensammelstelle
- 10.5.1944

8.3 Funktionen in Staats- oder Kommunalverwaltungen, Wirtschaftsorganisationen etc. von 1933–1945[264]

Arbeitskammer des Gaues Schwaben
- berufen am 28.4.1936 (laut Merkt: *ohne praktische Bedeutung*)

Bayerische Heimstätte GmbH München (Treuhandstelle für Wohnungs- und Kleinsiedlungswesen)[265]
- 26.1.1937 Mitglied des Aufsichtsrats

Landesplanungsgemeinschaft Bayern der Reichsstelle für Raumordnungen
- 1.7.1938 Mitglied des Aufsichtsrats (laut Merkt: *ohne praktische Bedeutung*)

Milch- und Fettwirtschaftsverband Allgäu
- 4.3.1939 Bestellung zum Mitglied des Verwaltungsrats[266]

Milchwirtschaftsverband Allgäu
- Mitglied des Verwaltungsrates 2.5.1934, 10.5.1937, 14.3.1939

Kreishilfe/später: Gauhilfe für Wohnungsbau im Gau Schwaben Gmbh, Augsburg
- Mitgründer 13.2.1936
- Geschäftsführender Vorsitzender des Aufsichtsrats und der Gesellschafterversammlung seit 3.3.1936 bis 1945

Neue Heimat, gemeinnützige Wohnungs- und Siedlungsgesellschaft der DAF in Augsburg
- 21.8.1940 Mitglied des Aufsichtsrats

8.4 Orden, Auszeichnungen und Ehrungen[267]

Militärische Auszeichnungen
- 12.3.1905 Prinz-Regent Luitpold-Jubiläumsmedaille

264 Quellen wie unter 8.1.

265 StAKe, NL Merkt 290, Merkt an Spruchkammer Kempten-Stadt, 28.6.1947, S. 11.

266 StAKe, NL Merkt 169, Hauptvereinigung der deutschen Milch- und Fettwirtschaft, der Vorsitzenden, an Merkt, 14.3.1939.

267 Diese Angaben beruhen vor allem auf folgender Hauptquelle: StAKe, NL Merkt 002, Lebenslauf Otto Merkt, v. a. III. Ehrungen, undatiert. Eine Verifizierung dieser Angaben war im Rahmen dieses Auftrags nicht möglich. Wenn andere Quellen hinzugezogen wurden, wurde eine extra Anmerkung angebracht.

- 29.9.1908 Königlich Bayerische Landwehrdienstauszeichnung IV. Klasse für zwölfjährige Dienstzeit (Die I. Klasse 1916 erdient, wurde aber wegen Ende des Königreichs nicht mehr verliehen)
- 1.11.1914 Auf dem Schlachtfeld bei Wytschaete: Königlich Preußisches Eisernes Kreuz II. Klasse, Verwundetenabzeichen in Schwarz
- 15.11.1915 Königlich Bayerischer Militär-Verdienstorden 4. Klasse mit Schwertern
- 3.9.1917 bei Lens Königlich Preußisches Eisernes Kreuz 1. Klasse
- 16.1.1918 Königlich Bayerischer Militär-Verdienstorden, 4. Klasse mit der Krone mit Schwertern
- 4.6.1918 Verwundetenabzeichen in Silber nach dreimaliger Verwundung
- 20.12.1934 Ehrenkreuz für Frontkämpfer 1914/18

Weitere Auszeichnungen

- 30.8.1926 Feuerwehr-Ehrenkreuz des Landesfeuerwehr-Verbandes mit Bekrönung am weiß-blauen Bande
- 14.9.1929 Prinz Alfons-Erinnerungszeichen auf blauem Bande
- 10.1.1930 Kronprinz Rupprecht-Medaille in Silber
- 19.2.1930 Ehrenkreuz II. Klasse des Bayerischen Landesvereins vom Roten Kreuz
- 6.5.1931 Fördernadel für Verdienste um den Landesverband für Kleinkalibersport in Bayern
- 6.8.1931 Ehrennadel der Freiwilligen Feuerwehr Kempten
- 29.11.1938 (18.4.1939?)[268] Goldenes Treudienst-Ehrenzeichen für vierzigjährige treue Dienste
- 14.8.1939 aus Anlass des Adolf Hitler-Marsches 1939 Abzeichen der Gil (giventu dell'Italia litterie) mit Erinnerungsurkunde
- 30.3.1940 Luftschutz-Ehrenzeichen 2. Stufe
- 1.5.1942 Kriegsverdienstkreuz 2. Klasse

Ehrungen

- 15.4.1911 Ehrenmitglied der 20er Vereinigung München
- Nov. 1912 Katholisch und deutsch! Altkatholisches Weihelied. Rechtsrat Dr. Merkt zugeeignet
- Dez. 1913 Ehrenurkunde des deutschen Photographen-Vereins, Weimar
- 13.6.1914 Ehrenmitglied des Bayerischen Veteranen-Vereines Feldzugssoldaten der Kgl. Haupt- und Residenzstadt München durch Ehrenurkunde
- 1.3.1917 Mitglied des Ausschusses des Deutschen Museums in München, vmtl. bis zum Tod
- 26.3.1921 Erlaubnis zum Tragen der Uniform der Reserve-Offiziere des 20. Bayer. Infanterieregiments

268 StAKe, NL Merkt 169, Rede zur Verleihung des Goldenen Treudienst-Ehrenzeichens an OB Dr. Merkt vom 18.4.1939.

- 29.7.1921 Ehrenmitglied des Veteranenvereins Kempten (seit 30.6.1923 Veteranen und Militärverein Kempten, später Veteranen- und Soldatenkameradschaft Kempten e.V.)[269]
- 31.10.1922 Ehrenvorstand der Vereinigung ehemaliger Angehöriger des Bayerischen Reserve-Infanterie-Regiments 17 (Großmann) für Kempten und das Allgäu
- Jan. 1924 Silberne Dr. Herz-Gedenkmünze des Milchwirtschaftlichen Landesverbandes Bayern
- 1926 anlässlich der »Zwanzigerstraße«: Der Löwe von Lindau. Ehrengabe des Offiziersbundes des ehemaligen 20. Infanterie Regiments
- 22.3.1927 Ehrenmitglied der Freiwilligen Feuerwehr Kempten
- 1.7.1927 Errichtung der Ekkehard-Stiftung durch Philisterium der Algovia zu Ehren der Verdienste von Merkt, seitdem ist Merkt auch Stiftungsverwalter
- 27.8.1927 Ehrenphilister der Akademischen Ferien-Vereinigung Algovia zu Kempten
- 1928 Ehrenbecher des Bayerischen Staates
- 1928 Verbands-Plakette und Ehrenurkunde des Zuchtverbandes für das norische Pferd in Schwaben (anlässlich der Eröffnung der Allgäuer Tierzuchthalle)
- 12.6.1937 Ehrenfestzeichen mit goldenem Kranz für 40jährige Zugehörigkeit beim Bundestag der 20er in Kempten
- 26.7.1937 Kempten-Gemälde von Endres dem Philistersekretär der Algovia
- 26.7.1937 Gemälde von Richard Mahn »Hindelang«, Geschenk des Kreistages (weiter verschenkt an die städtische Gemäldesammlung)
- 7.10.1938 Erinnerungsplakette des Nationalsozialistischen Fliegerkorps »Deutschlandflug 1938«
- 24.7.1942 Glückwunsch-Urkunde des Kreisleiters und der Ratsherrn zum 65. Geburtstag
- 26.7.1942 Ehrengabe von Aktivitas und Philisterium der Algovia für die Ekkehard-Stiftung
- 26.7.1942 Bild mit Widmung des Reichsinnenministers Dr. Frick
- 1.12.1942 lebenslang freie Wohnung von der Stadt Kempten
- 1942 Originalzeichnung »Der Bärenkopf«, gewidmet vom Verein zum Schutze der Alpenpflanzen und -tiere, Ortsgruppe Oberstaufen

269 Vgl. auch StAKe, NL Merkt 169, Schreiben der Veteranen- und Soldatenkameradschaft Kempten e.V. vom 5.8.1938.

9. Literatur und Quellen zu Otto Merkt

9.1 Gesichtete wissenschaftliche Literatur

Hier wird die Literatur aufgeführt, die aufgrund des Arbeitsauftrags zur Darstellung der bisherigen Forschungsergebnisse über Otto Merkt gesichtet wurde, weil nicht jede in den Anmerkungen erwähnt ist. Hier erscheint Literatur mit Anmerkungen, die wissenschaftlichen Anforderungen (insbesondere mit detaillierten, nachvollziehbaren Quellennachweisen in Anmerkungen) entspricht. Sie wurde thematisch sortiert. Nicht aufgeführt wird hier die darüber hinausgehende allgemeine wissenschaftliche Forschung, ebenso journalistische Veröffentlichungen und ähnliche Arbeiten ohne wissenschaftlichen Anspruch, die ausschließlich in den Anmerkungen erscheinen. Gedruckte Nachrufe, Texte von Zeitgenossen und von Otto Merkt selbst vgl. unter 9.2 „Gesichtete gedruckte Quellen".

Kempten

Gerd Bischoff, Der Flugplatz Kempten-Durach in der Zeit von 1933 bis 1945. In: Allgäuer Geschichtsfreund 116 (2016), S. 9–34.

Romana Buchenberg/Markus Naumann, Zwangsarbeiter in Kempten im Zweiten Weltkrieg und ihr Schicksal nach Ende des Krieges. In: Allgäuer Geschichtsfreund 106 (2006), S. 125–172.

Karl Filser, Zur jüngeren Geschichte der Juden in Kempten. In: Peter Fassl (Hg.), Geschichte und Kultur der Juden in Schwaben. Wissenschaftliche Tagung der Heimatpflege des Bezirks Schwaben in Zusammenarbeit mit der Schwabenakademie Irsee am 14./15. Oktober 1989 in Irsee (Irseer Schriften 2). Sigmaringen 1994, S. 105–116.

Gerhard Hölzle, „Volksgenossen!". Hitler und andere Redner in Kempten bis 1932. In: Allgäuer Geschichtsfreund 114 (2014), S. 65–84.

– Bernhard Stirnweiß – Kemptener Stadtkämmerer und Oberbürgermeister. In: Allgäuer Geschichtsfreund 119 (2019), S. 65–96.

– Das „Allgäuer Tagblatt" in der NS-Zeit. In: Allgäuer Geschichtsfreund 122 (2022), S. 187–233.

Paul Hoser, Hermann Esser und Kempten. In: Allgäuer Geschichtsfreund 121 (2021), S. 67–95.

Herbert Müller, Parteien- oder Verwaltungsvorherrschaft? Die Kommunalpolitik der Stadt Kempten (Allgäu) zwischen 1929 und 1953 (Schriften der Philosophischen Fakultäten der Universität Augsburg 35). München 1988.

– Kempten während der Weimarer Republik. In: Volker Dotterweich u.a. (Hg.), Geschichte der Stadt Kempten. Kempten 1989, S. 407–435.

– Kempten im Dritten Reich. In: Volker Dotterweich u. a. (Hg.), Geschichte der Stadt Kempten. Kempten 1989, S. 435–448.

– Die Zeit nach 1945. In: Volker Dotterweich u.a. (Hg.), Geschichte der Stadt Kempten. Kempten 1989, S. 449–467.

Markus Naumann, Im Land der Lager. Die Außenlager Kempten und Kottern/Weidach des KZ Dachau. In: Allgäuer Geschichtsfreund 109 (2009), S. 117–154.

– (Einleitung, Kommentar), Souvenirs de captivité. Zeichnungen aus dem KZ-Außenlager Kempten (Kataloge und Schriften der Museen der Stadt Kempten (Allgäu) 27). Friedberg 2020.
– /Dieter WEBER, Adolf J. Schmidt (1886–1980). Revolutionär, Landtagsabgeordneter, Nazigegner und erster Landrat in Kempten nach dem Zweiten Weltkrieg. Einziger Bayerischer Landrat mit einem Parteibuch der KPD. In: Allgäuer Geschichtsfreund 114 (2014), S. 85–160.
Wolfgang PETZ, Eine Schule in ihrer Zeit. In: Gerald DÖTZ (Hg.), 175 Jahre Allgäu-Gymnasium Kempten, 1833–2008. Kempten 2008, S. 16–69.
Werner SCHARRER, „... zu außergewöhnlich billigen Preisen in anerkannt soliden Qualitäten". Das Kaufhaus Fillisch (Zintl) in Kempten und seine Geschichte. In: Allgäuer Geschichtsfreund 106 (2006), S. 63–108.
Martina STEBER, Volksgemeinschaft, Führerkult und Terror. Der Nationalsozialismus in Kempten. In: Allgäuer Geschichtsfreund 120 (2020), S. 113–146.

Allgäu, Schwaben, Bayern
Ortwin DOMRÖSE, Der NS-Staat in Bayern von der Machtergreifung bis zum Röhm-Putsch (Miscellanea Bavarica Monacensia 44). München 1974.
Oded HEILBRONNER, Wahlkämpfe im Allgäu 1871–1932: Ein abweichender Fall? In: Zeitschrift des historischen Vereins für Schwaben 90 (1997), S. 297–326.
Sven KELLER, Gauleiter Karl Wahl: Regierungspräsident im Nebenamt. In: Marita KRAUSS/Rainer JEDLITSCHKA (Hg), Verwaltungselite und Region. Die Regierungspräsidenten von Schwaben 1817 bis 2017. München 2017, S. 185–194.
Christian KREIKLE, „Volksgemeinschaft" statt Klassenkampf. Der verloren gegangene Kampf für eine soziale Republik und der Aufstieg des Nationalsozialismus im Allgäu 1918–1933/34, Diss. Masch. Fernuniversität Hagen, 2010/2011 (die gedruckte Version ist erschienen in 2 Bänden, Saarbrücken 2012).
Martina STEBER, „Im Ringen um die deutsche Volksgemeinschaft". Ideologische Grundlagen der NS-Herrschaft im Gau Schwaben. In: Michael CRAMER-FÜRTIG/Bernhard GOTTO (Hg.), „Machtergreifung" in Augsburg. Anfänge der NS-Diktatur 1933–1937 (Beiträge zur Geschichte der Stadt Augsburg 4). Augsburg 2008, S. 61–73.

Kreistag/Bezirksverband Schwaben (und Neuburg)
Bernhard HAGEL, Vom Landrath des Oberdonaukreises zum Bezirkstag Schwaben (1828–1987) (Materialien zur Geschichte des Bayerischen Schwaben 5/Geschichte des Bezirkstags Schwaben V). Augsburg 1988.
Albert THURNER, Der Bezirkstag Schwaben und seine Vorläufer von 1933 bis 1962 (Materialien zur Geschichte des Bayerischen Schwabens 26). Augsburg 1999.
Thomas WICH, Der Kreistag von Schwaben und Neuburg 1919-1938 und Der Bezirksverband Schwaben 1938–1954 (Materialien zur Geschichte des Bayerischen Schwaben 3/Geschichte des Bezirkstags Schwaben III). Augsburg 1983.

Psychiatrie/Gesundheitswesen/Zwangssterilisierung/Euthanasie

Hella Birk, Das „Gesetz zur Verhütung erbkranken Nachwuchses". Eine Untersuchung zum Erbgesundheitswesen im bayerischen Schwaben in der Zeit des Nationalsozialismus (Studien zur Geschichte des Bayerischen Schwaben 33). Augsburg 2005.

Michael von Cranach/Hans-Ludwig Siemen (Hg.), Psychiatrie im Nationalsozialismus. Die Bayerischen Heil- und Pflegeanstalten zwischen 1933 und 1945. München 1999.

Michael von Cranach/Reinhold Schüttler, Heil- und Pflegeanstalt Günzburg. In: Psychiatrie im Nationalsozialismus. Die Bayerischen Heil- und Pflegeanstalten zwischen 1933 und 1945. München 1999, S. 249–264.

Andreas Hermann Görgl, Die „Aktion T4" und die Rolle der Heil- und Pflegeanstalt Günzburg. Diss. Universität Ulm 2008.

Magdalene Heuvelmann, „Wer in Gottesferne lebt, ist im Stande, jeden Kranken wegzuräumen.". „Geistliche Quellen" zu den NS-Krankenmorden in der Heil- und Pflegeanstalt Irsee (Bildungswerk Irsee, Impulse 7). Irsee 2013.

Ulrich Pötzl, Dr. Valentin Faltlhauser – Reformpsychiatrie, Erbbiologie und Lebensvernichtung. In: Psychiatrie im Nationalsozialismus. Die Bayerischen Heil- und Pflegeanstalten zwischen 1933 und 1945. München 1999, S. 385–403.

Ulrich Pötzl, Sozialpsychiatrie, Erbbiologie und Lebensvernichtung. Valentin Faltlhauser, Direktor der Heil- und Pflegeanstalt Kaufbeuren-Irsee in der Zeit des Nationalsozialismus (Abhandlungen zur Geschichte der Medizin und der Naturwissenschaften 75). Husum 1995.

Martin Schmidt/Robert Kuhlmann/Michael von Cranach, Heil- und Pflegeanstalt Kaufbeuren. In: Psychiatrie im Nationalsozialismus. Die Bayerischen Heil- und Pflegeanstalten zwischen 1933 und 1945. München 1999, S. 265–325.

Dietmar Schulze, „Auch der ‚Gnadentod' ist Mord". Der Augsburger Strafprozess über die NS-„Euthanasie"-Verbrechen in Kaufbeuren und Irsee (Bildungswerk Irsee, Impulse 15). Irsee 2019.

Petra Schweizer-Martinschek, Tbc-Versuche an behinderten Kindern in der Heil- und Pflegeanstalt Kaufbeuren-Irsee 1942–1944. In: Andreas Wirsching (Hg.): Nationalsozialismus in Bayerisch-Schwaben. Herrschaft – Verwaltung – Kultur (Augsburger Beiträge zur Landesgeschichte Bayerisch-Schwabens 9). Ostfildern 2004, S. 231–259.

Felicitas Söhner, Das Laboratorium der I.G. Farben an der Heil- und Pflegeanstalt Günzburg. Epilepsieforschung in der NS-Zeit und den Nachkriegsjahren. In: Medizin Historisches Journal, Bd. 50 (2015), Heft 3, S. 223–248.

– /Michael von Cranach/Heiner Fangerau/Thomas Becker, Nach der „Aktion T4". „Regionalisierte Euthanasie" in der Heil- und Pflegeanstalt Günzburg. In: Der Nervenarzt 88 (2017), S. 1065–1073.

– /Thomas Becker/Heiner Fangerau, Psychiatry at the Heil- und Pflegeanstalt Günzburg 1939–1945. The role of Ludwig Trieb, head of hospital administration during and after World War II. In: Neurology, Psychiatry and Brain Research, Vol. 22, Issue 2, Juni 2016, S. 46–55.

Kreishilfe/Gauhilfe

Katrin Holly, Strategien zur Finanzierung des öffentlich geförderten Wohnungsbaus in Augsburg und Memmingen vom Ende der Weimarer Republik bis 1945. In: Dies., Kommunale Finanzpolitik in Augsburg und Memmingen 1930–1945. Determinanten und Handlungsspielräume [Arbeitstitel], unveröffentlichtes Manuskript.

Regionalismus, Heimatschutz, Heimatpflege

Eva Bendl, Inszenierte Geschichtsbilder. Museale Sinnbildung in Bayerisch-Schwaben vom 19. Jahrhundert bis in die Nachkriegszeit. Berlin 2016.

Gerhard Hölzle, Das Allgäu und die Anschlussbestrebungen Vorarlbergs nach dem Ersten Weltkrieg. In: Allgäuer Geschichtsfreund 121 (2021), S. 25–65.

Clemens Mennicken, ... *aber ein Allgäu ist es nicht.* Heimatkonstruktion und Heimaterfahrung Kemptener Soldaten im Zweiten Weltkrieg. In: Andras Wirsching (Hg.): Nationalsozialismus in Bayerisch-Schwaben. Herrschaft – Verwaltung –Kultur (Augsburger Beiträge zur Landesgeschichte Bayerisch-Schwabens 9). Ostfildern 2004, S. 31–55.

Martina Steber, „Totalität des Schwabentums". Nationalsozialismus und Region im Gau Schwaben. In: Andras Wirsching (Hg.): Nationalsozialismus in Bayerisch-Schwaben. Herrschaft – Verwaltung –Kultur (Augsburger Beiträge zur Landesgeschichte Bayerisch-Schwabens 9). Ostfildern 2004, S. 7–30.

– Politik für eine „andere Moderne". Kempten, Otto Merkt und die „Heimatpflege in der Stadt". In: Detlev Schmiechen-Ackermann (Hg.): Stadtgeschichte in der NS-Zeit. Fallstudien aus Sachsen-Anhalt und vergleichende Perspektiven, Münster u.a. 2005, S. 92–108.

– Eine „goldene Brücke" ins Dritte Reich? Heimat und Geschichtsverein im Gau Schwaben. In: Blätter für deutsche Landesgeschichte, NF 141/142 (2005/2006), 1. Teilband, S. 75–105.

– Ethnische Gewissheiten. Die Ordnung des Regionalen im bayerischen Schwaben vom Kaiserreich bis zum NS-Regime (Bürgertum NF 9). Göttingen 2010.

Altkatholische Kirche

Olaf R. Blaschke, Der Altkatholizismus 1870 bis 1945. Nationalismus, Antisemitismus und Nationalsozialismus. In: Historische Zeitschrift 261 (1995), S. 51–99.

Matthias Ring, „Katholisch und deutsch". Die alt-katholische Kirche Deutschlands und der Nationalsozialismus (Geschichte und Theologie des Alt-Katholizismus, Reihe 3). Bonn 2008

9.2 Gesichtete gedruckte Quellen

Hier befinden sich gedruckte Aufsätze bzw. Bücher, die über Otto Merkt erschienen sind bzw. Tätigkeiten von ihm beschreiben, aber nicht wissenschaftlichen Anforderungen genügen und deshalb als kritisch zu sichtende Quellen eingestuft wurden. Sie wurden in der Regel von Zeitgenossen Otto Merkts verfasst, die ihn gekannt und mit ihm zusammengearbeitet hatten. Hinzu kommen Veröffentlichungen von Otto Merkt bzw. solche, bei denen er, wie bei den Verwaltungsberichten, selbst mitgewirkt hat. Zeitungsartikel erscheinen nur in den Anmerkungen.

Allgäuer Überlandwerk GmbH Kempten (Hg.), Hundert Jahre Gas – fünfzig Jahre Strom. 1957–1907–1857. Festschrift der Allgäuer Überlandwerk GmbH Kempten. Kempten 1957.
– 50 Jahre Allgäuer Überlandwerk. 1. Januar 1920–31. Dezember 1969. Kempten 1969.
– 75 Jahre Allgäuer Überlandwerk GmbH Kempten. Jubiläumsschrift. Kempten o. J.
Karl LINDNER (Hg.), Geschichte der Allgäuer Milchwirtschaft. 100 Jahre Allgäuer Milch im Dienst der Ernährung. Kempten/Allgäu 1955.
– Dr. Otto Merkt. Leben und Werk eines Kämpfers für die Allgäuer Milchwirtschaft. In: Karl LINDNER (Hg.), Geschichte der Allgäuer Milchwirtschaft. 100 Jahre Allgäuer Milch im Dienste der Ernährung. Kempten/Allgäu 1955, S. 1–6.
Otto MERKT, Zehn Jahre Allgäuer Ueberlandwerk. Kempten 1930.
Josef ROTTENKOLBER, Merkt, der getreue Ekkehard des Allgäus. In: Allgäuer Geschichtsfreund NF 52 (1951), Anhang: Dr. Otto Merkt. Ein Gedenkblatt, S. 9–16.
Eugen SCHRAUDY, Dr. Merkt als Kommunalpolitiker. In: Allgäuer Geschichtsfreund NF 52 (1951), Anhang: Dr. Otto Merkt. Ein Gedenkblatt, S. 4–8.
Alfred WEITNAUER, Otto Merkt (1877–1951). In: Lebensbilder aus dem Bayerischen Schwaben, Bd. 9, München 1966, S. 426–451 (auch veröffentlicht als Sonderdruck).
Rudolf ZORN, Nachruf für Oberbürgermeister Dr. Merkt. In: Allgäuer Geschichtsfreund NF 52 (1951), Anhang: Dr. Otto Merkt. Ein Gedenkblatt, S. 3.
22. Verwaltungsbericht der Stadt Kempten für die Jahre 1931/32 und 1932/33 (vom 1. April 1931 bis 31. März 1933). Kempten [1933].
23. Verwaltungsbericht der Stadt Kempten für die Jahre 1933/34 und 1934/35 (vom 1. April 1933 bis 31. März 1935). Kempten [1935].

9.3 Ergänzend gesichtete Quellen in Archiven

Das Biogramm wurde vertragsgemäß vor allem aus der wissenschaftlichen Literatur erarbeitet und nur Stichproben in den hier aufgeführten Quellen vorgenommen. Einzige Ausnahme waren der Lebenslauf und die Rekonstruktion der Ämter und Funktionen Otto Merkts, die fast vollständig aus Quellen entnommen wurde. Lt. Auskunft des Staatsarchivs Augsburg liegt dort kein Personalakt von Otto Merkt vor. Das Stadtarchiv München hat meine Anfrage über einen Personalakt von Merkt nicht beantwortet.

Bayerisches Hauptstaatsarchiv: Bestand MINN, Nr. 80447 (Personalakt Otto Merkt)
Bundesarchiv Berlin: R 1501, Nr. 143916
Staatsarchiv Augsburg: Spruchkammer Kempten Akten M 310/I (Spruchkammerakt Otto Merkt)

Stadtarchiv Kempten:

- EAPL 631/14/1.3.
- Nachlass Merkt: 002, 007, 166, 167, 168, 169, 170, 171, 172, 173, 174, 180, 185, 187, 188, 189, 190, 192, 192a, 194, 253, 255, 258, 260, 289, 290, 291, 292, 293, 302, 323
- Sterbebuch Kempten Nr. 156 (1951), Eintrag Otto Merkt

Historisches Unternehmensarchiv der Lechwerke AG: DS-G 0029 und V-1.975

9.4 Schriftliche und mündliche Auskünfte

- Telefonat mit der Archivarin des Bezirkskrankenhauses Kaufbeuren Dr. Petra Schweizer Martinschek und mit Herrn Resch. Thema: Aussagekraft der Quellen zur Rolle Merkts bei den Patientenmorden.
- Telefonat mit PD Dr. Felicitas Söhner zur Frage, ob die Akten zur T4-Aktion, zur regionalisierten Euthanasie und zu den medizinischen Versuchen der IG-Farben in der Heil- und Pflegeanstalt Günzburg Aussagen über die Rolle Merkts enthalten.
- Schriftliche Auskünfte von Thomas Steck, Stadtarchiv Kempten, über die Hintergründe der Straßenbenennung und zu Lebensdaten von Otto Merkt.

Abbildungsnachweis

Abb. 1 Stadtarchiv Kempten, NL Merkt 378, Foto: Wolfgang Petz, Kempten.
Abb. 2 Stadtarchiv Kempten, FS A-Ke 0634, Foto: Sienz, Kempten.
Abb. 3 Stadtarchiv Kempten, FS A-Ke 0668, Foto: Sienz, Kempten.
Abb. 4 Stadtarchiv Kempten, FS KeiB 4302, Foto: Sienz, Kempten.
Abb. 5 Stadtarchiv Kempten, NL Merkt 168/1, Foto: Wolfgang Petz, Kempten.
Abb. 6 Stadtarchiv Kempten, PK 5484, Foto: Sienz, Kempten.
Abb. 7 Stadtarchiv Kempten, NL Merkt 378, NL Merkt 378, Foto: Wolfgang Petz, Kempten.
Abb. 8 Stadtarchiv Kempten, NL Merkt 180, Foto: Wolfgang Petz, Kempten.
Abb. 9 Stadtarchiv Kempten, Sammlung Merkt, Foto: Wolfgang Petz, Kempten.
Abb. 10 Stadtarchiv Kempten, FS KeiB 3854, Foto: Sienz, Kempten.

Thomas Pfundner

Grenzen und Marksteine des Fürststifts Kempten

Eine der umfangreichsten Grenzsteinserien in Schwaben aus der Zeit des Alten Reiches (bis 1806) hat sich von dem ehemaligen Fürststift Kempten erhalten. Insbesondere zu beiden Seiten der Iller im Südwesten und Südosten Kemptens finden sich noch viele Zeugnisse.[1] Dass ein ganzes Herrschaftsgebiet anhand seiner Rechtsdenkmale in der Neuzeit beschrieben werden kann, ist dem Verfasser im süddeutschen Raum nur noch vom Hochstift Eichstätt bekannt.[2] Trotz intensiver landwirtschaftlicher und verkehrstechnischer Nutzung, sowie rauer klimatischer Bedingungen finden sich sogar hundert Jahre nach August Ullrichs Grenzbegehungen[3] noch eine stattliche Anzahl von Kleindenkmalen. Mehr werden es allerdings nicht. Allein in den letzten 15 Jahren wurde OA 17.2 durch Frosteinwirkung gesprengt, OA 16.14 kam abhanden, andere wurden versetzt, z.B. OA 16.13, MN 19, wurden dadurch aber wenigstens erhalten. Eine Wiederentdeckung gab es vor Jahrzehnten an der Wertach, OAL/KF 17.

In dieser Darstellung werden alle bei Begehungen aufgefundenen Marksteine kurz beschrieben, aber nur die wichtigsten Typen abgebildet. Die Dokumentation soll im Sinn der Denkmalpflege auf erhaltens- und schützenswerte Realien der Vergangenheit aufmerksam machen. Für den Geschichtsfreund und Forscher sollen einige Eckpfeiler eines einst bedeutenden Territoriums des Alten Reiches festgehalten werden. Es handelt sich hier um die

1 Siehe dazu: Thomas Pfundner, Historische Grenzsteine in Bayerisch-Schwaben. Inventar zu einem unendlichen Feld (Schwäbische Geschichtsquellen und Forschungen 30). Weißenhorn 2015. Ders., Historische Grenzsteine in Bayerisch-Schwaben. Ergänzungen und Berichtigungen 2016–2019. In: ZHVS 113 (2021), S. 205–220. Ders., Historische Grenzsteine in Bayerisch-Schwaben. Ergänzungen und Berichtigungen 2020 und 2021. In: ZHVS 115 (2023), S. 113–117. Zum Vergleich langer historischer Grenzlinien siehe den Rennweg in Nordschwaben, Thomas Pfundner, Der Rennweg und die Landesgrenze zwischen der Grafschaft Oettingen und dem Fürstentum Pfalz-Neuburg 1561. Geschichte, Steinsetzung und Bestandsaufnahme der vorhandenen Marksteine. Edition der wichtigsten Quellentexte. In: JHVD 118 (2017), S. 57–88. Des Weiteren zu Ostschwaben, Thomas Pfundner, Zur Grenze des Hochstifts Augsburg im 18. Jahrhundert. Der Süden und der Osten. Eine Bestandsaufnahme der vorhandenen Marksteine. In: JVAB 48 (2014), S. 173–192.

2 Karl Röttel (Hrsg.), Das Hochstift Eichstätt. Grenzsteine, Karten, Geschichte, Ingolstadt 1987.

3 August Ullrich, Alte Landmark[en]. In: AGF NF 6 (1912) Nr. 1, S. 11–16. Ders., Alte Landmark[en]. In: AGF NF 7 (1912) Nr. 2, S. 1–7.

Abb. 1 Das Fürststift Kempten 1802 nach Baumann.

Hochgerichts- und Landesgrenze, die nicht exakt auf die Ecken- und Kanten der Gemarkungs- und Besitzgrenzen ausgerichtet war, sondern in geradliniger, übersichtlicher Vermessung die Territorien abgrenzte.

Einige historische Karten des 18. Jahrhunderts haben sich erhalten; die wichtigsten davon seien in diesem Beitrag wiedergegeben; sie geben einen guten Überblick über Planung und Zustand der einstigen Grenzen.[4] Als sehr wertvoll für das Festlegen verlorener Steine

4 Zu den neueren Kartendarstellungen siehe: Franz Ludwig Baumann, Geschichte des Allgäus 3. Die neuere Zeit 1517–1802. Kempten 1894/95, mit Kartenbeilage Fürststift Kempten 1802; Alfred Schröder/Hugo Schröder, Die Herrschaftsgebiete im heutigen Regierungsbezirk Schwaben und Neuburg nach dem Stand um Mitte 1801. Stuttgart 1906, Nachdruck Augsburg 2003; Wolfgang Zorn/Hans Frei u. a. (Hrsg.), Historischer Atlas von

erweisen sich die Erstkatasterblätter aus der ersten Hälfte des 19. Jahrhunderts, zugleich Grundlage der heutigen Vermessung. Gerade im Süden Kemptens lässt sich exakt die ehemalige Grenzziehung der Territorien verfolgen und feststellen, wo heutige Verwaltungsgrenzen die historischen Linien aufnahmen.[5]

Zum Aufbau der Grenz- und Marksteinbeschreibung: Ordnung nach Gemeinden. Das erste Kürzel bezieht sich auf die Inventarnummer des Grenzsteinbuches von Bayerisch-Schwaben und der Ergänzungsbeiträge. Die Landkreise sind abgekürzt.

Nr. in [...] bedeutet: Stein dokumentiert, aber abgegangen. Fett sind die erkennbaren Inschriften wiedergegeben, runde Klammern zeigen bruchstückhaften Zustand der Inschrift an, Schrägstriche / bezeichnen die Steinseiten.

Abkürzungsverzeichnis

Landkreise

OA	Oberallgäu
MN	Unterallgäu
OAL	Ostallgäu
RV	Ravensburg

Kreisfreie Städte

KE	Kempten
KF	Kaufbeuren

Signaturen

A	Hochstift Augsburg
CPB-RHM	Curpfalzbaiern-Reichsherrschaft Mindelheim
F	Freie Pirsch
FSTK	Fürststift Kempten
HA	Hochstift Augsburg
I	Immenstadt-Rothenfels-Königsegg
K	Fürststift Kempten
MA	Hochstift Augsburg, Mittelmarke
MK	Fürststift Kempten, Mittelmarke
N	Nummer
RSTY	Reichsstift Irsee
T	Trauchburg (Grafschaft)

Literatur und Archive

AGF	Allgäuer Geschichtsfreund
AGAH	Archiv für die Geschichte des Hochstifts Augsburg.
AHB	Allgäuer Heimatbücher
BayHStA	Bayerisches Hauptstaatsarchiv München
HAB	Historischer Atlas von Bayern
KGBl	Kaufbeurer Geschichtsblätter
JHVD	Jahrbuch des Historischen Vereins Dillingen
JVAB	Jahrbuch des Vereins für Augsburger Bistumsgeschichte e.V.
NF	Neue Folge
Plslg	Plansammlung
StA	Stadtarchiv
StAA	Staatsarchiv Augsburg
VLA	Vorarlberger Landesarchiv
ZHVS	Zeitschrift des Historischen Vereins für Schwaben

Bayerisch-Schwaben. Augsburg 1955, 2. Auflage Augsburg seit 1982 (Karten der Herrschaften in Bayerisch-Schwaben). Peter Blickle, Kempten, HAB, Schwaben I/6. München 1968. Ders., Memmingen, HAB, Schwaben I/4. München 1967.

5 Uraufnahmen 1808–1864 (Erstkatasterblätter): https://geoportal.bayern.de/geoportalbayern/ (4.2.2023).

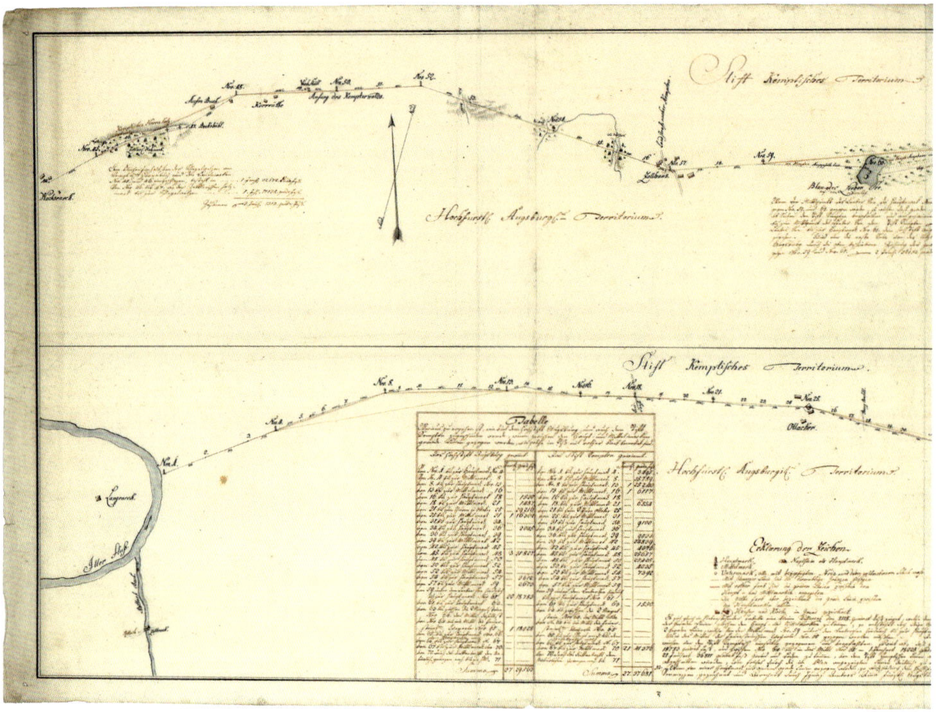

Abb. 2 Grenzverlauf zwischen Fürststift Kempten und Hochstift Augsburg zwischen Iller und Wertach 1789. Ausrichtung der Karte oben in etwa Westen, unten Nordwest.

1. Der Südosten

Hochgerichts- und Landesgrenze zwischen Fürststift Kempten und Hochstift Augsburg, zugleich Wildbanngrenze des Hochstifts von 1059 zwischen den Flusssystemen Wertach und Iller.[6]

6 Zur Grenze im SO allgemein: BayHStA, Plslg. 4158 (aus dem Jahr 1789) und 399 (1790 Görisried); Julius Miedel, Der Hochstift-Augsburgische Wildbann in Oberschwaben und die Schenkungsurkunde von 1059. In: AGHA 4 (1912–1915), S. 85–128, hier 1. Anhang zur Grenze HA/FSTK; Reinhard Bauer, Die ältesten Grenzbeschreibungen in Bayern und ihre Aussagen für Namenkunde und Geschichte (Die Flurnamen Bayerns 8). München 1988. StAA, Pläne H 119. – Im Einzelnen: Max Förderreuther, Die Allgäuer Alpen. Land und Leute. 2. Auflage München 1907, S. 229 (Zeichnungen 1668, zu OA 16.10); Joseph Buck, Unsere Burgen. XIII. Schloß Sulzberg. In: AGF 10 (1897), S. 20 (Abb. 1668, zu OA 16.10); Josef Rottenkolber, Geschichte des hochfürstlichen Stiftes Kempten. In: AGF NF 33–35 (1932–33), S. 16 (Karte); Baumann, Geschichte 3 (wie Anm. 4), S. 231 (Grenzstein Greith) (zu OA 16.7) und S. 423 (Hildegardiskopf des Fürststifts Kempten); Ullrich, AGF NF 6 (wie Anm. 3) (drei Arten von Steinen: klein, mittel, groß); Johann Oetinger, De Jure et Controversiis Limitum, ac Finibus regundis, oder gründlicher Bericht von den Gräntzen und Marksteinen [...]. Augsburg 1670, S. 329 (Kapellen als Marken, zu OA 16.1).

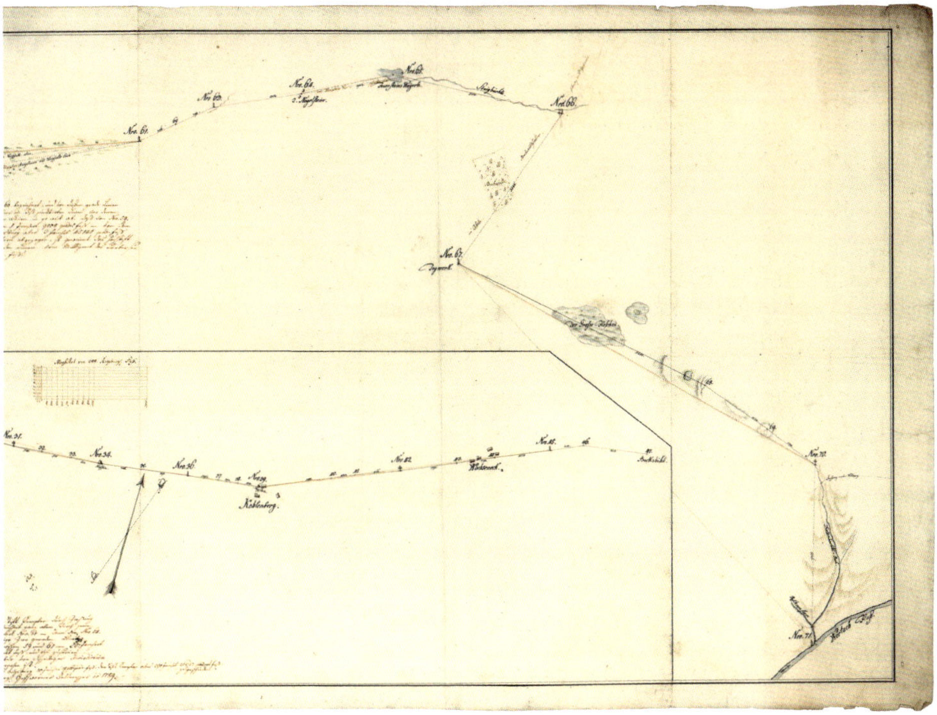

Sulzberg (Waxenegg und Greuth)

Drei Arten von Markierungen:
klein, mittel (bez.: **M**), groß

OA 16.1 Ottacker Kirchturm
Turm als Marke
Historische Zählung Nr. 25

OA 16.2 Waldburg, oberhalb Ottacker
A / K, Hochstift Augsburg / Fürststift Kempten
Historische Zählung Nr. 27; Abb. 3

OA 16.3 **A / K**
Historische Zählung Nr. 29

OA 16.4 **A / K**
Historische Zählung Nr. 30

Abb. 3 OA 16.2.

Abb. 4 v. l.: Waxenegg, Kohlenberg, Greuth, Albis (Findling), Ottacker Kirche, Iller. Blickrichtung in etwa nach Osten, Ostnordost.

OA 16.5 nördlich des Burgstalls Burzatbachtel
MA / MK / 31, Mittelmarke Hochstift Augsburg / Mittelmarke Fürststift Kempten
Historische Zählung Nr. 31

OA 16.6 Albis
Nagelfluhfelsenkreuz Albis OA Albis: Leporello Findling mit zwei Kreuzen
Historische Zählung. Nr. 34; Abb. 5

Abb. 5 OA 16.6.

OA [16.7] bei Greuth, an der Straße
Wappenstein 1725, Hochstift Augsburg / Fürststift Kempten.
Bei dem Stein handelt es sich um eine Kopie.
Historische Zählung Nr. 36; Abb. 6

OA 16.8 am Kohlenberg
A, auf dem Scheitel Grenzkreuz
Historische Zählung Nr. 41

OA 16.9 bei Waxenegg
(M)**A / MK / 42**
Siehe »Allgäuer Zeitung« vom 4.10.2005, Wiederaufstellung.
Historische Zählung Nr. 42; Abb. 7

Abb. 6 OA [16.7].

Abb. 7 OA 16.9.

Abb. 8 OA [16.10].

OA [16.10] Wappenstein: **HA 1661**
Wappen / Wappen Fürststift Kempten
Fürstbischof Siegmund Franz von Augsburg / Fürstabt Roman Giel von Gielsberg, Kempten.
Bei dem Stein handelt es sich um eine Kopie.
Tafel am Stein für den Heinrichsweg (Historischer Erlebnis-Wanderweg).
Historische Zählung Nr. 45; Abb. 8

OA 16.11 Auf‘m Buch
A / K / 19 ehem. Landesgrenze, Tafel am Stein
Historische Zählung Nr. 46; Abb. 9

OA 16.12 dto., nahe Punkt 983 m üNN
A / K / 47 Der Stein ist eine Kopie von W. Kleinert.
Historische Zählung Nr. 47.

OA 16.13 Korreite
Wappenstein, heute auf der Burg Sulzberg (Magazin), stark verwittert
Historische Zählung Nr. 48 oder 50; Abb. 10

Oy-Mittelberg

Abb. 11 OA [16.14.] westlich Schwarzenberg.

OA [16.14.] westlich Schwarzenberg
Wappenstein, heute verschwunden
Historische Zählung Nr. 61 oder 63; Abb. 11

OA 16.15 zwei Nagelfluhfelsen (siehe Pfeile) bei Schwarzenberg, dazwischen die Grenze
Historische Zählung Nr. 64; Abb. 12

OA 14 Wertachtobel Bischofsstein
1725 Wappen Fürststift Kempten /
1725 HA Augsburg Wildbann 1059
Siehe »Allgäuer Zeitung« vom 15.7.2016, nach Frostschaden saniert.
Historische Zählung Nr. 71; Abb. 13

Abb. 9 OA 16.11.

Abb. 10 OA 16.13.

Abb. 12 OA 16.15.

Abb. 13 OA 14.

Abb. 14 Karte des 18. Jh., v.l.: von der Iller über Linsen mit dem Grenzspitz Fleckender Stein bis Guter Bronnen (Dreiländerstein), weiter um Hellengerst bis Osterhofen. Ausrichtung der Karte in etwa nach Süden.

2. Der Südwesten

Angrenzer: Herrschaft Rothenfels/Königsegg, Herrschaft Hohenegg, Herrschaft Trauchburg, Landvogtei Schwaben (Vorderösterreich), Reichsstift Weingarten, Reichsstift Rot an der Rot[7]

7 Zur Grenze im SW allgemein: StAA, Pläne F-42 (Karte des 18. Jh.); dazu Grenzbeschreibung Fürststift Kempten Reg. Akten Nr. 165 (1793); VLA, Allgäuer Akten 88 (Hochgerichts- und Forstgrenzen bei Hellengerst); StAA, Pläne N 35 (Pfarreien und Steine der Herrschaft Rothenfels. Karl-Heinz Burmeister, Zur Geschichte der Herrschaft Hohenegg. In: AGF 92 (1992), S. 77–103, bes. S. 84; Rudolf Vogel, Immenstadt im Allgäu. Landschaft, Geschichte, Gesellschaft, Wirtschaft, kulturelles und religiöses Leben im Lauf der Jahrhunderte. Immenstadt 1996, S. 77 (Karte mit Grenze der Grafschaft Rothenfels um 1790); Alfred Weitnauer, Oberallgäuer Bauern in Urkunden des 14. und 15. Jahrhunderts. AHB 19, Kempten 1939 (Beilage: Karte Herrschaften 1801); Karte der südwestlichen und westlichen Nachbarn, Franz Johann Joseph Reilly 1792/1793, https://de.wikipedia.org/wiki/Datei:Reilly_195.jpg; Max Edlinger (Hrsg.), Atlas Tyrolensis. Innsbruck 1986, S. 146 (Grenze zur Herrschaft Hohenegg). – Im Einzelnen: Otto Merkt, Letzen im Allgäu, AGF NF 51 (1950), Nr. 42 (zur Letze bei der Tobelsäge (zu OA 21), Blickle, Kempten (wie Anm. 4), S. 98 zu Osterhofen Hellengerst (OA 19,1–2); Franz Ludwig Baumann, Geschichte des Allgäus 2. Das späte Mittelalter (1268–1517). Kempten 1883/95, S. 209 f. (Marken der neuen Reichsgrafschaft 1471, zu OA 17.3). StAA, FS Kempten Hofratsprotokolle 1665, Okt. 17: Mark durchs Wirtshaus Linsen (OA 17.2).

Waltenhofen-Oberdorf, Niedersonthofen, Linsen

OA 17.5 Oberdorfer Wald
Sehr gut erhaltene Untermarke **J / K**; Immenstadt / Kempten, die Buchstaben schauen jeweils in die falsche Richtung; Zählung Ullrich, AGF NF 7/1912, Nr. 4; Abb. 15a–b

Abb. 15a–b
OA 17.5.

OA 17.1 ca. 20 m südlich der Straße,
etwa auf der Gemeindegrenze
Landmarke: Wappen Königsegg / Wappen Fürststift Kempten, Inschrift am Sockel: **1746.**
Uraufnahme: Einzeichnung der geradlinigen Grenzführung vom Heubach her
Zählung Ullrich, AGF NF 7/1912, Nr. 5;
Abb. 16a–d

Abb. 16a OA 17.1.

Abb. 16b OA 17.1.

Abb. 16c OA 17.1.

Abb. 16d OA 17.1.

OA 17.2 ca. 200 m östlich der Kapelle Linsen
Landmarke: Wappen Königsegg (verwittert) / Wappen Fürststift Kempten.
Stein durch Frost 2018 zerstört, Fragmente sollen in der Kapelle Linsen aufbewahrt werden
Zählung Ullrich, AGF NF 7/1912, Nr. 7;
Abb. 17a–b

OA 17.3 ca. 250 m nordwestlich der Kapelle Linsen
Landmarke: **MDCCLIV**
(Wappen beidseitig ausgebrochen),
entspricht dem *Fleckenden Stein*
Zählung Ullrich, AGF NF 7/1912, Nr. 8;
Abb. 18

Abb. 18 OA 17.3.

Abb. 17a OA 17.2.

Abb. 17b OA 17.2.

OA 17.4 ca. 1 km nordwestlich
der Kapelle Linsen
Untermarke **J / K,** Immenstadt / Kempten, Betonsockel. 1665: Mark durchs Wirtshaus Linsen, dann aber hinabgesetzt.
Die kuriose Grenzführung bis Ende des Alten Reiches ist festgehalten in der Uraufnahme
Zählung Ullrich, AGF NF 7/1912, Nr. 14;
Abb. 19a–b

Abb. 19a OA 17.4.

Weitnau-Hellengerst /
Hubers (Waltenhofen-Memhölz)

OA 19.1 Dreiländerstein
mit Wappen: Königsegg / Vorderösterreich / Fürststift Kempten 1754
Zählung Ullrich, AGF NF 7/1912, Nr. 16;
Abb. 20

OA 19.2 im Eingangsbereich des Golfhotels Hellengerst
Wappen ER / Wappen Fürststift Kempten;
Grenzstein, ein Stück vom früheren Aufstellungsort versetzt
Zählung Ullrich, AGF NF 7/1912, Nr. 19;
Abb. 21a–b.

OA 19.3 Osterhofen
großer Grenzstein wie OA 19.2, aber andere Wappenform, stark verwittert, gusseisernes Kreuz als Aufsatz. Soll wegen des Autobahnbaus von SSO in den Weiler versetzt worden sein.
Abb. 22

Abb. 21a OA 19.2.

Abb. 19b OA 17.4.

Abb. 20 OA 19.1.

Abb. 21b OA 19.2.

Abb. 22 OA 19.3.

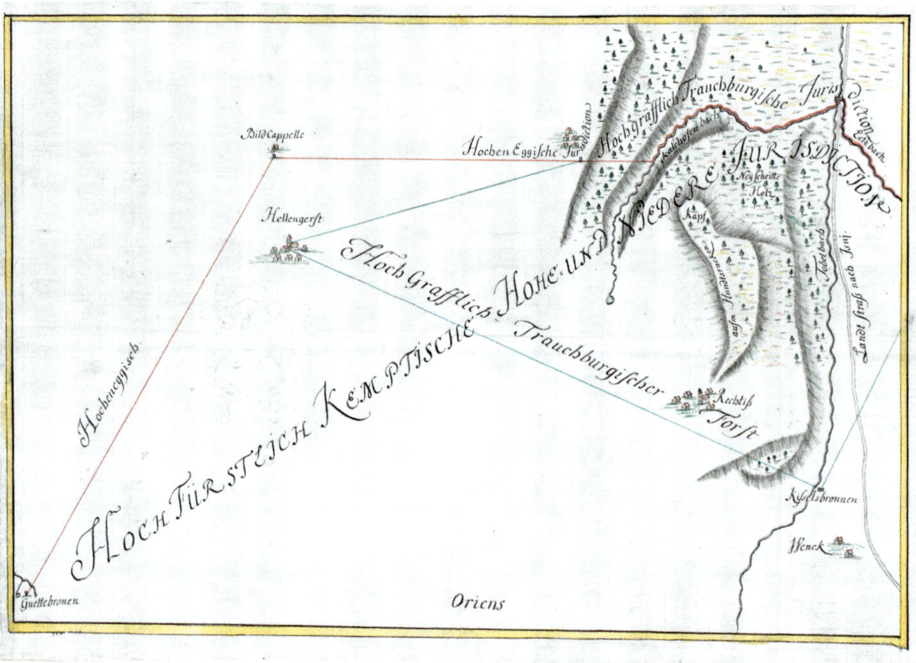

Abb. 23 Hochgerichts- und Forstgrenzen bei Hellengerst. Ausrichtung der Karte in etwa nach Westen.

OA 21 südlich der Straße Buchenberg – Wengen
Grenzstein: **T** (Westseite) / **NIV** (Südseite) / **K** (Ostseite), Trauchburg / Nr. IV / Kempten (quadratische Säule, Beschädigung unterhalb des K), hier auch Letze bei der Tobelsäge – Wengen-Kempten – Grenze zwischen Kempten und Trauchburg, Rechtis und Wengen.
Abb. 24a–b

OA 21.2
T. / N IX / K. + (auf dem Scheitel)
am Hohenkapf; Abb. 25

OA 21.3
T. / N X / K. (verwitterter Buchstabe unterhalb T, eventuell F)

OA 21.4
T. / (N) **XI / K**

Abb. 24a OA 21.

Abb. 24b OA 21.

Abb. 25 OA 21.2.

OA 21.5
T F / N XIII / K.
Abb. 26

OA 21.6
T F / N XI / K. auf halber Strecke zwischen Hochberg und Hohenkapf

OA 21.7
T / N XVI / K / 103 312 F
(auf dem Scheitel mit Richtungsweiser), auf Höhenpunkt 1109 üNN.
Abb. 27

Die Steine der Hochgerichtslinie und der Freien Pirschlinie (F) sind noch alle auf den Erstkatasterblättern eingezeichnet. Die Grenze des Fürstifts Kempten mit der Grafschaft Trauchburg zielt auf den Dreiländerstein von 1798 bei Hinznang.

Abb. 26 OA 21.5.

Hinznang, nahe Leutkirch
(Baden-Württemberg)

RV Dreiländerstein mit Wappen:
Fürststift Kempten **1798**,
Grafschaft Trauchburg **XLVII 1798**,
Landvogtei Schwaben **XLVII 1798.**
Abb. 28a–c

Abb. 27 OA 21.7.

Abb. 28a RV.

Abb. 28b RV.

Abb. 28c RV.

3. Der Nordwesten und Norden

Angrenzer: Herrschaft Kronburg (Schwäbische Reichsritterschaft), Reichsstadt Memmingen, Reichsstift Ottobeuren, Reichsherrschaft Mindelheim, Reichsstift Irsee, Reichsstadt Kaufbeuren, mit verschiedenen Anliegern umstrittene Hochgerichtsgrenzen.[8]

Wolfertschwenden

MN 18 Museum Niederdorf
Wappen Ottobeurer Abt Honorat Göhl, andere Seite wohl Stift Kempten, ursprünglich Dietratried.
Stärkere Verwitterungsspuren.
Abb. 29

MN 19 Museum Niederdorf
Hildegardiskopf, um 1774, ursprünglich Bossarts/Dietratried.
Abb. 30

Abb. 29 MN 18.

8 Zur Grenze im NW und N allgemein: StAA, Irsee MüB 228/I: Grenzbegehung 1791 (Nr. 1–200); StAA, Fürststift Kempten Regierung Akten 186 (Plan der Jagdgrenzen Kempten/ Irsee, Stein 1788); O. Geiger, Beiträge zur Kenntnis der Fischwaid und Weiherpflege im Stiftslande Kempten im 17. und 18. Jahrhundert. In: AGF NF 25 (1926), S. 30–45, mit Kartenbeilage über die Grenzen aus dem Fischereibuch FSTK (1755); Peter Pfister, Die Landtafel der Pflege Liebenthann. Eine Entdeckungsreise ins frühe 18. Jahrhundert. Kaufbeuren 2013, S. 24, 136 (mit Grenzmarken). – Im Einzelnen: Max Dodel, 853–2003. Elfhundert und fünfzig Jahre (Wolfertschwenden). In: Spiegelschwab 3 (2003), S. 10 (zu MN 20); NN., Heimat Allgäu 1996, 3; Heinz Hekeler, Gelungene Flurdenkmal-Restaurierung (Wegsäulen). In: Heimat Allgäu 1 (2003) (zu MN 20 u OAL/KF 20.1); [Christian Frank], Deutsche Gaue, Gemeindebeschreibungen Eggenthal. Kaufbeuren 1925 (zu OAL 2); Ludwig Dinger, Historische Grenzsteine im Irseer Wald. In: KGBl 7 (1975–77), S. 73 (zu OAL 3); Deutsche Gaue IV (1902), S. 95 (Zeichnung Vergleichsstück, zu OAL/KF 17), Thomas Pfundner, Von Grenzen und Marksteinen rund um Kaufbeuren. Teil 2: Überreste, Funde und Grenzgeschichten. In: KGBl 18 (2008), S. 82 (Karte mit Fischstein aus der Wertach); StAA, KL Irsee MüB 229 zu 1678, 1692, auch 1787 (Nr. 1) (Hildegardskopf und Ronsberger Löwe neu, zu OAL/KF 17); Egon Guggemos, Die schmerzhafte Muttergottes von Brandeln, ein Grenzzeichen aus der Reichsstadtzeit Kaufbeurens. In: KGBl 9 (1981–83), S. 359 (Abb., zu OAL/KF 20.1), Thomas Pfundner, Von Grenzen und Marksteinen rund um Kaufbeuren. Teil 5: Der wilde Westen der Reichsstadt. In KGBl 20 (2014), S. 52–57; ders.: Von Grenzen und Marksteinen rund um Kaufbeuren. Teil 17: Neu entdeckte Inschriften an der Stadtgemarkung der „Kemnather Gemeind" 1598. In: KGBl 22 (2020–2022), S. 22–24 (zu OAL/KF 20.1).

MN 20 Straße von Wolfertschwenden nach Ittelsburg (Flurgrenze Grönenbach-Wolfertschwenden)
Honorius-Statue, auf dem Sockel Wappen / **S HONORIUSM MDCCLXVIII**,
Fürstabt Honorius Roth von Schreckenstein.
Im Allgäu sind fünf weitere Figuren bzw. Säulen als Wegweiser oder Grenzzeichen bekannt.
Abb. 31a–b

Abb. 31a MN 20.

Abb. 30 MN 19.

Abb. 31b MN 20.

Eggenthal, betrifft zugleich Bayersried und Warmisried

OAL 2 Gemeindegrenzen am Schwarzengrabenbach
Dreiländerstein: Wappen **RSTY 1791** / Wappen **CPB – RHM** / Wappen **FSTK**.
Wappen: Ronsberger Löwe (Reichsstift Irsee), Bayrisches Wappen (Reichsherrschaft Mindelheim), Hildegardiskopf (Fürststift Kempten).
Abb. 32a–b

OAL 3 Röhrwang, Hangkante
Wappen Reichsstift Irsee (Ostseite) / Fürststift Kempten (Westseite unkenntlich geworden).
Abb. 33

Kaufbeuren

OAL/KF 17 Wertachufer, jetzt Vermessungsamt Marktoberdorf
Hildegardiskopf (Fürststift Kempten) / Ronsberger Löwe (Reichsstift Irsee), aus der Wertach geborgen zwischen Kaufbeuren und Leinau.
Abb. 35a–b

Abb. 32b OAL 2.

Abb. 32a OAL 2.

Abb. 33 OAL 3.

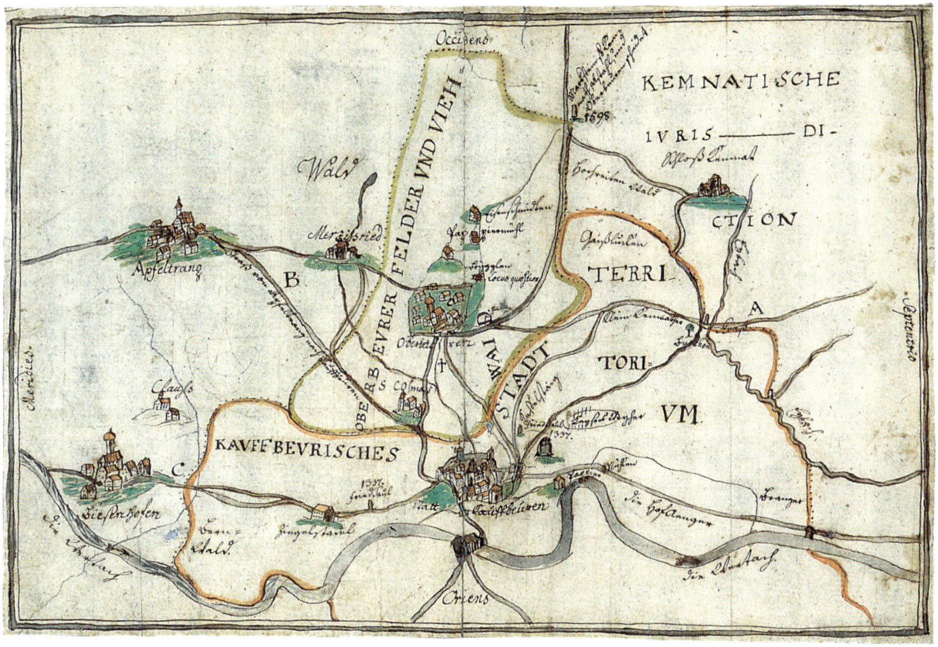

Abb. 34 Östliche und nordöstliche Grenze des Fürststifts Kempten gegen Reichsstadt Kaufbeuren. Ausrichtung der Karte nach Westen.

Abb. 35a OAL/KF 17.

Abb. 35b OAL/KF 17.

OAL/KF 20 Brandeln-Friesenried
Marienfigur mit großem Sockelwappen des Fürstabts von Kempten Honorius Roth von Schreckenstein **MDCCLXVI** (siehe auch MN 20).
Abb. 36a–b

Abb. 36a OAL/KF 20.

Abb. 36b OAL/KF 20.

Abbildungsnachweis

Abb. 1 Franz Ludwig Baumann, Geschichte des Allgäus 3. Kempten 1894/95, Kartenbeilage.
Abb. 2 BayHStA, Plslg. 4158.
Abb. 3, 5–13, 15–22, 24–31, 33, 35–36 Thomas Pfundner, Neu-Ulm.
Abb. 4 StAA, Pläne H 119.
Abb. 14 StAA, Pläne F 42.
Abb. 20 Toni Nessler, Kempten.
Abb. 23 VLA, Allgäuer Akten 88.
Abb. 32 Wikipedia/Thomas Springer.
Abb. 34 StAKaufbeuren.
Abb. 35 Vermessungsamt Marktoberdorf.

Ernst T. Mader

1924 – Das Radio kommt ins Allgäu

Von den Anfängen des ersten elektronischen Massenmediums der Welt in der Region

Radiohören im Allgäu begann wie andernorts häufig illegal, in Gemeinschaft oder in illegaler Gemeinschaft. Mit selbstgebastelten Apparaten hörten manche trotz eines Empfangsverbotes von Funksendungen für Privatpersonen den im Sommer 1922 von der deutschen Reichspost nur für Firmen eingerichteten »drahtlose[n] Wirtschafts-Rundspruchdienst« mit Nachrichten und Börsenkursen sowie ab 1923 Musik vor allem aus England (BBC). Sie kam in ein von brutalen politischen Kämpfen, einer rasenden Inflation sowie einem verlorenen Weltkrieg gebeuteltes, von Siegermächten teilbesetztes und weitgehend isoliertes Land.

Wer das passende Blatt las, in diesem Fall die »Memminger Zeitung«, oder am richtigen Stammtisch saß, erfuhr dann am 26. Juli 1923, als ein Liter Milch 5.000 Mark kostete, dass nun auch Deutschland das Nutzen des Radios generell erlaube und bald eigene Sender für alle betreiben wolle: *Der demnächst beginnende Rundfunk soll weitesten Kreisen des Volkes Unterhaltung und Belehrungsmöglichkeiten bieten.* Das tat als erste Anstalt mit einem regulären und regelmäßigen Radio-Betrieb für die Allgemeinheit ab 29. Oktober 1923 die »Deutsche Stunde GmbH« in Berlin. Und *in allernächster Zeit*, so Allgäuer Zeitungen, sollte eine Station für diese *drahtlose Telephonie* in München folgen mit einer garantierten Reichweite von 150 Kilometern, tatsächlich noch hörbar in Holland und der Schweiz.[1]

Was überall Tagesgespräch war, blieb für viele eine Nachricht aus einer verschlossenen Welt; denn wer nur durchschnittlich verdiente und nicht selbst ein Radio bauen konnte, sah sich vom gepriesenen neuen *Unterhaltungsrundfunk* ausgesperrt: Anfang 1924, die Inflation war gestoppt und eine Billion alte Mark seit dem 20. November nun eine neue wert, kostete der billigste Apparat 70 Mark (500 in bester Qualität), die staatliche *Genehmigungsurkunde* für das private legale Hören 25 Mark, ab Februar 60 Mark im Jahr[2] – in Allgäuer Städten

1 Allgäuer Zeitung (Kempten) und Memminger Volksblatt, 23.5.1924.

2 Amtsblatt des Reichspostministeriums Nr. 100, 30.11.1923, S. 533 und Nr. 2, 10.1.1924, S. 3. Laut letzterem galt der Preis von 60 Mark ab dem 1. Januar 1924, tatsächlich wurde er erst ab Anfang Februar erhoben (Memminger Volksblatt, 2. 2., Memminger Zeitung, 25.2.1924).

vier Monatslöhne eines Dienstmädchens. Doch kursierte als Ausweg schon bald eine simple Idee: Um Filme anzuschauen, gehen die Leute ins Kino; sie brauchen keinen eigenen Projektor zu Hause. Genau so können sie auch zusammen vor einem Radio sitzen.

Wie ein Grüppchen Ende 1923 in Lindau.[3] Oder Anfang 1924 in Kaufbeuren, wo ein Pionier mit selbstgebautem Apparat Freud und Leid eines so nervigen wie erhebenden Anfangs durchlebte und durchlitt: *Es war schnell bekannt geworden, daß ich einen modernen Wunderkasten hätte, und so waren in den Abendstunden bereits zahlreiche Freunde und Nachbarn erschienen, um das Wunder mit zu erleben. Es herrschte eine andachtsvolle Stille, während ich die Stecker in die Anodenbatterie steckte und an den Knöpfen zu drehen anfing. Plötzlich horcht alles auf, denn es kam das erste Geräusch aus dem Trichterlautsprecher. Es war aber nur der Lichtschalter in der Küche gewesen, der das Knacken auslöste. Dann aber ging es plötzlich los. Ein Heulen, Pfeifen und Kratzen, und dann plötzlich wieder lautlose Stille. Und dann wieder Heulen und Pfeifen in allen Tonarten. Es war schmerzvoll anzuhören und dennoch für uns alle wie ein Wunder. Waren es doch immerhin Töne, die uns durch diesen Wunderapparat aus dem Äther vermittelt wurden (so glaubten wir damals jedenfalls). Das versammelte Auditorium gab sich nach zahlreichen vergeblichen Versuchen zum Empfang einer Station dennoch mit dem Gebotenen zufrieden. Nach einer Pause, die ausgefüllt war mit einer erregten Debatte über das neue Wunder, erschien Freund T., um sich mit uns zu freuen. Und siehe da, der „autorisierte Bastler" brachte es nach verhältnismäßig kurzer Suchzeit fertig, die ersten musikalischen Takte aufklingen zu lassen. Die Musik war zwar nur schwach zu hören und bald wieder fort. Aber wenige Minuten später hörten wir klar und verhältnismäßig deutlich einen modernen Schlager. Und dieser moderne Schlager wurde für unsere kleine Hörergemeinde der Mittler zur „achten Weltmacht".*[4]

Die erste für alle offene Hör-Gemeinschaft in der Region gründete die Theatergemeinde Kaufbeuren, *damit sich auch die Provinz die Errungenschaften der modernen Technik nutzbar machen kann.* In ihrem Aufruf am 14. Dezember 1923 in der lokalen »Volkszeitung« erläuterte sie zunächst das Wesen des ersten elektronischen Massenmediums der Welt: Es werden *viele erstaunt sein, wenn sie heute vom Unterhaltungsrundfunk lesen. Was ist denn das eigentlich? In anderen Ländern ist er längst keine Neuheit mehr, in Amerika nimmt fast jedes Haus an ihm teil. Man sitzt dort gemütlich in seinem Heim und fängt mit seinem Apparat aus einer beliebigen Stadt der Union ein Konzert, eine Oper, einen Vortrag oder ähnliches ab. Die Übermittlung geschieht drahtlos, die geheimnisvollen elektrischen Wellen spannen sich über ganze Erdteile, um sich all denen mitzuteilen, die sie sich dienstbar zu machen wissen. Welch wunderbare Erfindung!*

Die nun auch viele in Kaufbeuren erreichen sollte. Und so richtete der örtliche Elektroinstallateur Noris für die Theatergemeinde im Gasthof »Rose« für etwa 700 Mark eine Empfangsstation mit Kopfhörern ein (im März kam ein Lautsprecher dazu), schnell finanziert durch Eintrittsgelder: Ein *Radio-Konzert*, also ein Abend in der »Rose«, kostete für die anfangs 148 Mitglieder im Vorverkauf wie im Abonnement 50 Pfennig, an der Abendkasse 75 Pfennig (und später für Nichtmitglieder anfänglich 1 Mark).

3 Kaufbeurer Nationalzeitung, 16.8.1938.

4 E. Cartobius in der Kaufbeurer Nationalzeitung, 12.11.1943.

Am 2. Februar 1924 dann die gut besuchte Premiere mit einem zufriedenen Chronisten: *Es war möglich, Teile des in Berlin gegebenen Radiokonzertes mitzuhören, obwohl dasselbe nur auf eine Reichweite von 70 km gesendet wird. Besser hörte man England, das wahrscheinlich mit großer Reichweite gab.*[5]

Noch früher erlebten manche in Kempten das epochemachende neue Medium. Bereits um die Jahreswende 1923/24 erwarb die Oberrealschule (heute Allgäu-Gymnasium) als pädagogische Avantgarde *die Erlaubnis, den Rundfunk zu Unterrichtszwecken zu benützen*, und ein technikbegeisterter Lehrer baute mit eigenen Mitteln die nötige Apparatur. Am 31. Januar führte er die *Funkenempfangsstation* der lokalen Presse vor – mit »Radiola Paris«: *Wir nahmen auf diese Weise an einem Eiffelturmkonzert teil, das abends kurz nach 7 Uhr begann und fast dreiviertel Stunden währte.* Und gleich bekam das bewundernde Staunen weitere Nahrung: *Nach dem Gesangskonzert gab der Sprecher auf dem Eiffelturm den Wetterbericht von ganz Frankreich bekannt.* So schaffte es die Faszination der neuen Technik wie nebenbei auch, für eine Stunde den Hass auf den „Erzfeind" zu verdrängen, der zu dieser Zeit als Folge des verlorenen Weltkriegs noch das Rheinland besetzt hielt. Ängste vor einer völligen drahtlosen Überfremdung versuchte die Schule zu zerstreuen: *Sonntags mittags ist gewöhnlich ein Berliner Konzert zu hören.*[6]

Wie sehr die Kemptener Schule als Pionierin agierte, zeigen Ende Februar im Allgäu publizierte Versuche in den USA, Radio im Unterricht einzusetzen, und Überlegungen in Deutschland, *Rundfunkuniversitäten* einzurichten: *Sollte nicht die Möglichkeit bestehen, dass* […], *wenn auch nur während eines Semesters,* […] *die Anwesenheit des Studierenden bei der Alma mater nicht nötig wäre und daß ihm in seine Heimat die Vorträge der Dozenten durch drahtlose Telephonie zugeleitet würden?*[7]

Für das erste Radiokonzert aus dem Allgäu und damit für den ersten Lokal-Rundfunk in der Region sorgte die Freiwillige Feuerwehr Memmingen. An ihrem Unterhaltungsabend am 9. Februar übertrug ein selbstgebauter Sender aus der Kempterstraße live zum Publikum im Saal der Gaststätte »Schiff« eine *Sensation, etwas in Memmingen zum erstenmal Gehörtes, ein Radio-Konzert, das erste, das in Memmingens Mauern zur Welt kam*, wie die örtlichen Blätter begeistert schrieben. *Es waren auf künstlerischer Höhe stehende Konzert- und Gesangsstücke, die wohllautend und deutlich vernommen wurden.*[8]

Eine hübsche Überraschung und eine Labsal für die geschundene deutsche Seele erlebten am 17. März auch einige Radio-Enthusiasten in Kaufbeuren bei ihrer ständigen Suche nach neuen Sendern mit gutem Empfang: *Bekanntlich waren wir hier bisher einzig auf die Darbietungen Englands angewiesen. Am Montag nun kam klar und deutlich und mit großer Lautstärke ein Gesangskonzert in deutscher Sprache. Nach Beendigung des Konzertes kam die Lösung. Eine Stimme teilte mit, daß es sich um eine Probe der neuerrichteten Sendestation Frankfurt a. M. handelte.*[9]

5 Kaufbeurer Volkszeitung, 4.2.1924.
6 Allgäuer Tagblatt (Kempten), 1.2.1924.
7 Memminger Volksblatt, 23.2.1924, Memminger Zeitung, 26.2.1924.
8 Memminger Volksblatt und Memminger Zeitung, 11.2.1924.
9 Kaufbeurer Volkszeitung, 20.3.1924.

Radio-Club

Montag, 26. Mai 1924, abends 7 1/4 Uhr
pünktl. in der Bahnhofdiele (kein Restaurationszwang)

Mitglieder-Versammlung.

Tagesordnung:

1. Detektor und Kathodenröhre.
2. Vorführung eines Amateurapparates mit Empfang von München und Stuttgart.
3. Bericht über die Stuttgarter Radiomesse.
4. Die neue Funkordnung.
5. Sonstiges.

Abb. 1 Eine Aktivität des Radio-Clubs Memmingen, Memminger Zeitung, 24. Mai 1924.

Doch nirgendwo im Allgäu galt dem Radio so viel öffentliches Interesse wie in Memmingen. Am 21. Januar gründete ein Kreis um den Ingenieur Adolf Wilhelm Schultz (»Magnet-Schultz«) eine Ortsgruppe des »Süddeutsche[n] Radio-Klub[s]« mit anfänglich 33 Mitgliedern (Firmen und Privatpersonen - in Kempten entstand eine solche erst am 15. Mai); der Zweck: *Förderung der Radiotelegraphie und –Telephonie und die Interessenvertretung aller Radioamateure* – nicht zuletzt aus wirtschaftlichen Gründen. So betrieb Schultz bereits eine Ladestation für Radio-Batterien, hatte die Alleinvertretung im Regierungsbezirk Schwaben und Neuburg für Produkte der »Rundfunk G.m.b.H. Ulm« und produzierte zeitweise selbst Radios, Kopfhörer, Lautsprecher und Transformatoren.[10] In Erwartung guter Geschäfte orderte er schon im Januar 500 Telefunken-Apparate, das damalige Spitzengerät. Seinen Optimismus fütterten auch Berichte aus England, wo es die erhoffte deutsche Zukunft schon gab: *Die drahtlose Unterhaltung wird in allen öffentlichen Lokalen wie ein belegtes Brot oder eine Tasse Kaffee serviert.* Und zunehmend zieht dort das Radio in Privathaushalte ein: *Zwischen der Suppe und dem Braten wird man sich dann in aller Ruhe an dem Gesangvortrag einer Diva in London erfreuen und gleichzeitig über die Börsenkurse aus New York und die politischen Neuigkeiten aus Berlin und Paris auf dem Laufenden halten können.*[11]

Auch die Presse reagiert: *Die märchenhafte Erfindung der drahtlosen Telegraphie und Telephonie hat nach ihrer Freigabe für die Öffentlichkeit in den weitesten Volksschichten ein fieberhaftes Interesse geweckt. Das* […] *gibt uns Veranlassung, künftighin mit Hilfe eines fachlichen Mitarbeiterstabes regelmäßig alles Wissenswerte auf diesem Gebiete mitzuteilen, damit sich unsere Leser die gebotenen Möglichkeiten nutzbar machen können.* So begründet die

10 Magnet-Schultz, Die ersten 100 Jahre. Chronik 1912–2012. Memmingen 2012, S. 14 und 44.

11 Memminger Zeitung, 28.1.1924.

»Memminger Zeitung« am 2. Februar (als die Theatergemeinde Kaufbeuren das erste Radio-Konzert veranstaltet) ihre drei Tage zuvor neu eingerichtete Rubrik *Radio* und ergänzt sie um einen *Radio-Briefkasten* für Fragen aus der Leserschaft. Am 7. Februar folgt das »Memminger Volksblatt« mit einer *Radio-Zeitung*. Bis Ende Juni erscheinen dort 12 Beiträge, im *Radio* 23. Die Themen reichen von der *Entwicklungsgeschichte der Radiotechnik* über *das Wesen der drahtlosen Telephonie* und rechtliche Fragen bis zu Anleitungen zum Bau von Antennen, da *sich manche mit dem Gedanken beschäftigen, einen Empfangsapparat anzuschaffen.*[12]

Solche annoncierten lokale Händler zuerst in Memmingen, wo im Dezember 1923 fünf Anzeigen erschienen. Ab Januar folgten weitere in jeder Allgäuer Zeitung, bis Juni etwa einhundert. (Allerdings tauchte Rundkäse in den Anzeigenteilen noch deutlich häufiger auf als Rundfunk.) Auch Verlage sprangen schnell auf den Zug der Zeit, und Buchhandlungen, besonders in Kempten, bewarben ab Februar 1924 regelmäßig sogenannte *Radio-Literatur und -Zeitschriften* wie »Der praktische Radio-Amateur«, »Wellentelegraphie« oder »Radio im Heim«.

Das Interesse an solchen Angeboten wuchs auch in der Erwartung des seit Juli 1923 angekündigten Senders München. Nach mehrmaligem Verschieben begann die »Deutsche Stunde in Bayern« am 30. März 1924, einem Sonntag, mit ihrem anfangs bildungselitären Programm, und auch im Allgäu hörten kleine Gruppen zu. Außer einigen Familien mit eigenem Apparat unter anderem in Memmingen im Ingenieurbüro Erdmann (den Radioklub erreichte die Nachricht vom Sendebeginn zu spät), in Kaufbeuren (Theatergemeinde) und in Kempten – mit seinen vermutlich fünf Empfangsanlagen – in der Buchhandlung Klein, wo *ein kleiner Kreis von Zuhörern, darunter auch Studierende an der Technischen Hochschule München diesem feierlichen Vorgange* [folgte]. *Alle Teilnehmer waren erstaunt und entzückt über die wundervolle Klarheit und Deutlichkeit der übermittelten Töne und Reden*, hieß es in den Kemptener Zeitungen am 1. April, als fast alle Allgäuer Blätter mit dem Urteil im *Hitler-Prozeß* vom selben Tag aufmachten (200 Goldmark Geldstrafe und fünf Jahre Festungshaft für den Putsch am 8./9. November 1923, ein *Verbrechen des Hochverrats,*[13] nach knapp neun Monaten entlassen).

Andere Beiträge in der gleichen Woche machten klar, dass im Rundfunk aus dem eigenen Land auch im Schwäbischen viele nicht nur ein technisches Weltwunder sahen, sondern mehr: ein Symbol nationaler Größe und Zukunft, ein Licht in trüber Gegenwart.

So kommentierten die »Allgäuer Zeitung« und die mit ihr verbundene »Kaufbeurer Volkszeitung« am 5. April: *Deutsche Kraft und deutscher Fleiß hat schnell den Vorsprung einzuholen vermocht, den uns die anderen abgelaufen waren, der nur möglich war durch die schweren Erschütterungen, die dem deutschen Volke durch den verlorenen Krieg und das schwere Schicksal der Nachkriegszeit geworden sind. Heute soll durch Radio deutsches Wissen, deutsches Können in Ton- und Dichtkunst hinausgetragen werden in alle Welt. Die Feinde, die so gerne von der Barbarei und der niedrigen Kultur Deutschlands predigten, sollen Kunde*

12 Memminger Volksblatt, 21.2.1924.

13 Deckblatt der Urteilsbegründung des Volksgerichtes München; Deutsches Historisches Museum, Berlin, Inv.-Nr.: Do 57/988.

erhalten von der Erhabenheit deutschen Geistes. Es soll ihnen das Unsinnige ihres Beginnens, einem solchen Volke den Platz an der Sonne für immer rauben zu wollen, klar gemacht werden. Wir haben ein Recht, stolz zu sein auf diese technische Errungenschaft, umsomehr, als die Erfindung deutschem Geiste entsprungen ist.

Dieser Anspielung auf die Entdeckung der elektromagnetischen Wellen durch Heinrich Hertz 1886 (die Basis des Rundfunks) folgte ein Zitat aus der Eröffnungsfeier des Münchner Senders: *Möge die Deutsche Stunde in Bayern dazu beitragen, die Fesseln zu sprengen, die Rachsucht, Haß und Lüge um uns geschmiedet haben.*

Nach dem 30. März gab es im Allgäu zunehmend Rundfunk für alle, organisiert von Vereinigungen, die bis dahin fürs Mithören eine Mitgliedschaft verlangten, oder von Geschäften, die Radios verkaufen wollten wie in Memmingen das Fotohaus Müller und das Ingenieurbüro Erdmann mit Radio-Vertrieb und Antennenbau; es ermöglichte nun täglich ab abends acht Uhr das Hören an seiner Empfangsstation – *ohne welche Verbindlichkeit.* In Kempten bot die Buchhandlung Klein mittlerweile nicht nur Literatur zum neuen Medium an, sondern auch Empfangsgeräte und jeden Tag Gelegenheit, sie mit dem laufenden Programm auszuprobieren, und die Elektrofirma Klaus bat sporadisch ins Gasthaus »Schützengarten« zu Fachvorträgen mit Radiohören für 1 Mark.

Zur *1. öffentlichen Rundfunkvorführung (Eintritt Mk. 1.20)* lud die Theatergemeinde Kaufbeuren auf Sonntagabend, den 6. April in den Gasthof »Rose«, wo Mitglieder sich schon seit Februar vor einem *Präzisionswerk* der Dynos-A.-G. München zum Radiohören trafen. Ab jetzt konnten alle Interessierten sich drahtlos aus der Ferne unterhalten und belehren lassen, vor allem mit dem Programm der »Deutsche[n] Stunde in Bayern«, das die Theatergemeinde nun regelmäßig als Zeitungsannonce veröffentlichte. In den zwei Wochen nach dem 6. April zum Beispiel sah es, in der Regel ab 20 Uhr und eine gute Stunde lang, so aus:

Dienstag: Astronom Valier über „Abendstern und Nordlicht"; Mittwoch: Heiterer Abend: Hermann Roth liest Eigenes; Donnerstag: Hugo Wolf-, Hans Pfitzner-, Richard-Strauss-Abend; Freitag: Operetten-Abend Leo Fall; Samstag: Alte und neue Tanzweisen.

Sonntag, nachm. 5 Uhr: Geistliches Konzert. Mitw.[irkende] *u. a. Chorverein St. Rupert-München; Montag: Militärkonzert d. Kapelle der Landespolizei München; Dienstag: Deutsche Wander- und Vaterlandslieder. Mitw.: Nürnberger Männerquartett. Rezitationen v. Ernst Kreuzträger; Mittwoch: Volkstümlicher Vortrag über den Rundfunk. Darnach Bach-Mozart-Konzert. Mitw. Bläser-Quintett; Donnerstag: Mendelssohn-Beethoven-Abend; Freitag wird nicht gesendet. Samstag: Bach-Händel-Brahms-Abend. Mitw. u. a. Kammersänger Gless.*

Auch eine Zugabe konnte die Theatergemeinde bieten: *Nach Schluß eines jeden Programms und am Sonntag, abends 8 Uhr, bei gutem Funkwetter Empfang weiter gelegener Stationen: Berlin, Frankfurt, Leipzig, England und Frankreich.*[14]

14 Kaufbeurer Volkszeitung, 14.4.1924. Hinweise zu Personen im Programm: Der österreichische Astronom und Schriftsteller Max Valier (1895–1930) gilt unter anderem als ein Wegbereiter der Raketentechnik; Hermann Roth: Schriftsteller und Journalist (1865–1950); bekannter wurde sein Sohn Eugen Roth (1895–1976). Unter dem Namen „Kreuzträger" war der Schriftsteller Christoph Ernst (1878–?) bekannt. Zu den großen Rollen von Julius Gless (Bass, 1886–1967) gehörte der Mephisto in Charles Gounods »Faust«.

Abb. 2 Ankündigung einer Rundfunkvorführung, Kaufbeurer Volkszeitung, 5. April 1924.

Mitglieder zahlten pro Abend 1 Mark, im Abo 80 Pfennig, Nichtmitglieder 1,20 (so viel wie für den teuersten Stehplatz im Theater), ab 13. April nur noch 80 Pfennig, Mitglieder 65 und wie alle im Vorverkauf 50 Pfennig. Ab Ende April konnten Vereine und andere Gruppen sich für geschlossene Hörabende bei der Theatergemeinde einmieten, *Gebühr 10 M. und Kosten der Apparatbedienung.*[15]

Umsonst in mehr als einer Hinsicht kamen am 1. April abends Leute in Scharen auf dem Marktplatz in Memmingen zusammen, um dort aus einer Radioanlage ein einstündiges Konzert alter Meister vom Vortag aus dem Münchner Funkhaus zu hören, und zwar, *da es sich um Propagandazwecke handelt, völlig kostenlos.* Allmählich munkelte es in der Menge, dass da keine Sendung in einem Radio laufe, sondern lediglich *ein Grammophon von der Höhe seine lieblichen Weisen erschallen ließ*, so die »Memminger Zeitung« leicht hämisch am Tag danach. Ihr Versuch hatte funktioniert: Rundfunk war in der Stadt bereits so verlockend, dass er als Magnet für einen Aprilscherz taugte, den das Blatt nun enthüllte. Doch nicht alle hatten die Täuschung bemerkt – zu ihrem Glück; sie gingen *mit dem fröhlichen Bewußtsein heim, ein wirkliches Radiokonzert gehört zu haben.*

15 Kaufbeurer Volkszeitung, 7., 23., 27.4.1924.

Auch ein eigenes Radio zu Hause wurde zunehmend attraktiver: Um den Rundfunk populärer zu machen, senkte die Reichstelegraphenverwaltung ab dem 1. April den Rundfunkbeitrag auf zwei Mark monatlich,[16] was dann bis 1970 so blieb. Für die schlichtesten Radios, sogenannte Detektorempfänger, entfiel die Gebühr völlig. Eine gute Nachricht hatten Zeitungen im Allgäu am 28. März und mehrmals danach auch für bisher illegale Mächler und andere Schwarzhörer: *Für alle bis zum 15. April sich freiwillig meldenden Radiozaungäste ist Straffreiheit zugesichert.* Ansonsten drohten, wie für die bisher schon Erwischten, bis zu sechs Monate Gefängnis.[17]

Amnestie und reduzierte Gebühr wirkten: Vom 1. April bis zum 1. Juli verzehnfachte sich in Deutschland die Zahl der registrierten Rundfunk-Teilnehmer von 9.895 auf 99.011 (und mindestens ebenso viele Schwarzhörer)[18], und auch im Allgäu wuchs sie spürbar; so meldete das »Memminger Volksblatt« schon am 8. April ein *besonders lebhaftes Interesse an Radioapparaten*; es nahm noch einmal zu, als ab dem 12. Mai der Münchner Sender sein Programm um eine Stunde erweiterte.

Doch blieben auch öffentliche Angebote weiterhin attraktiv und brachten Kundschaft; in der Memminger Weinstube Karl Knöringer zum Beispiel gab es ab 1. Juni 1924 täglich nachmittags und abends ein *Radio-Konzert*.

Auf dem Land kümmerte der Rundfunk im Frühjahr 1924 noch vor sich hin; Versuche, ihn auch dort mehr unter die Leute zu bringen, verliefen zunächst mühsam – wie in Ottobeuren. Dort lud die naturkundliche Vereinigung »Kosmos« auf den 26. April ins Gasthaus »Sonne« zu einem Lichtbildervortrag über das drahtlose Medium *mit Demonstrationen*, und *zugleich gestattet sich Herr Photograph Müller, Memmingen, eine Radiostation vorzuführen. Eintritt 60 Pfennig, Kosmos-Mitglieder die Hälfte.* Trotz aller Lockungen verlief der Abend für die Veranstalter enttäuschend: *Leider war der Besuch etwas schwach, was einen verwundert, da das Thema sicherlich doch interessant war und eine stärkere Teilnahme der Bevölkerung erwarten ließ.*[19] Die Neugierde wuchs, als nach einigen Tagen in der »Sonne« *für dauernd* eine öffentliche Empfangsstation stand.

Aus der lokalen Presse wussten die Leute schon, wie die Eliten im Land den Rundfunk von Beginn an nutzten, neben der Wirtschaft insbesondere die Politik, die seine Macht schnell erkannte. So überraschte Reichskanzler Wilhelm Marx die illegalen und die wenigen legalen Hörer (gemeldet waren Ende 1923 in ganz Deutschland 467)[20] am 27. Dezember 1923 mit einem *politischen Weihnachtsgruß*, der ersten Radio-Weihnachtsansprache eines Regierungschefs in der deutschen Geschichte mit der aufbauenden Botschaft: *Wir sind*

16 Amtsblatt des Reichspostministeriums Nr. 46, 14.5.1924, S. 271; die Senkung der Gebühr galt rückwirkend zum 1.4.

17 Die nach dem 15. April strengere Verfolgung illegaler Hörer zeigte sich bald auch in der Behördensprache: Die dort bis dahin milde als *Zaungäste* Bezeichneten hießen ab Juni 1924 *Schwarzhörer*.

18 [Hermann] Thurn, Der Rundfunk in Berlin. In: Archiv für Post und Telegraphie 1926 (6), S. 125 (Von den 99.011 am 1. Juli reichsweit Gemeldeten lebten 74.406 in Berlin.); Winfried B. Lerg, Die Entstehung des Rundfunks in Deutschland. Herkunft und Entwicklung eines publizistischen Mittels. Frankfurt a. M. (J. Knecht) ^{2}1970, S. 180.

19 Memminger Volksblatt, 26. und 28.4.1924.

20 Thurn, Rundfunk (wie Anm. 18), S. 125.

ein besiegtes Volk, aber ein großes Volk. Vor allem die »Memminger Zeitung« versorgte ihre Leserschaft mit Nachrichten über die Nähe und den Griff der Politik zum revolutionären Kommunikationsmittel; schon am 16. Februar – nur gut drei Monate nach der ersten Rundfunksendung aus Berlin – meldete sie Bestrebungen, *auch die Reichstags- und Landtagsreden* [...] *durch Rundfunk zugänglich zu machen.* [...] *So können die Minister und Mitglieder aller Parteien ihre Stimme weit über das Land erschallen lassen.* Die folgende Prophetie im selben Artikel hat die Praxis bald und bis heute mehr als bestätigt – die Geburt des Medienprofis: *Es wird sich aber sicherlich mit der Zeit eine Serie von Radio-Parlaments-Spezialisten herausbilden, nämlich solche Redner, deren Stimmen sich ganz besonders gut zur drahtlosen Übertragung eignen.* [...] *Bald wird es dann nicht mehr heißen – er spricht für das Stenogramm, sondern er spricht für den Rundfunk.* Am 25. Februar folgte ein Bericht über *eine eindrucksvolle Kundgebung für die gesamte notleidende deutsche Kulturschicht* im Reichstag, bei der *die Reden* [...] *radiotelephonisch 2000 Kilometer weit verbreitet* wurden.

Zu der Zeit kursierten in Deutschland immer öfter Gerüchte, die Reichstelegraphenverwaltung als oberste Behörde für drahtlose Dienste wolle manchen zahlungskräftigen oder politisch genehmen Blättern das Privileg einräumen, ihre Inhalte auch durch Rundfunk zu verbreiten, also eine *Radiozeitung* zu etablieren. Am 1. März konnte man dann auch in der Allgäuer Presse lesen: *An all dem ist kein wahres Wort. Die Reichstelegraphenverwaltung denkt gar nicht daran, den Rundfunk in den Dienst irgendeiner Partei zu stellen*, auch weil *nicht jeder Partei eine Welle zugeteilt werden* könne. Man habe *daher beschlossen, – den Rundfunk unpolitisch zu gestalten. Er ist neutral und bleibt neutral.*[21]

Schnell fanden die Parteien ein bis heute praktiziertes Modell, im (postulierten) überparteilichen Rundfunk Parteipolitik zu machen, wie man am 4. April, zwei Tage vor der Landtagswahl in Bayern und genau einen Monat vor der anstehenden Reichstagswahl, im »Memminger Volksblatt« lesen konnte: Im Berliner Sender könnten nach einer Vereinbarung zwischen den Parteien *in allernächster Zeit* alle ihre Wahlprogramme vorstellen, auf der *Grundlage unbedingter Parität, sodaß alle Parteien gleichmäßig zu Worte kommen.*

Den überlieferten Anfang machte laut »Memminger Zeitung« vom 2. Mai der SPD-Abgeordnete Dr. Rudolf Breitscheid *mit einer Radio-Rede für den Frieden und die Verständigung unter den Nationen* (Breitscheid starb 1944 als politischer Häftling im Konzentrationslager Buchenwald bei einem Luftangriff der USA).

Eine weitere Premiere vermeldete das Blatt kurz danach: Noch am Tag der Reichstagswahl (4. Mai) hatte der Berliner Sender die örtlichen Ergebnisse *an vier Stellen der Stadt durch Riesenlautsprecher dem Publikum auf der Straße mitgeteilt.*

Auch solche Nachrichten bauten das Misstrauen gegenüber dem Rundfunk ab, das im Allgäu neben störanfälligen Übertragungen und fehlerhaften Empfängern unter anderem Schwindeleien rund um die angepriesene neue Technik genährt hatten, am spektakulärsten im Februar unter anderem in Kempten. Dort kündigten ab dem 21. Januar acht Anzeigen des »Radio-Verlag Menschen, Leipzig« ein grandioses Radioerlebnis vor Ort mit Konzerten und Ansprachen am 25. Februar an: *Keiner wird den Saal verlassen, der nicht durch die Wunder der modernsten Technik gefesselt würde.* Eintrittskarten (1,50 bis 2,50 Mark) gab es nur

21 Hier: Memminger Zeitung, 1.3.1924.

Abb. 3 Eine von vielen einschlägigen Anzeigen (Allgäuer Zeitung, 26. April 1924); andere bewarben Radioapparate von Bräuer, Dynos, Huth, Kramolin, Lorenz, Siemens-Halske oder Telefunken.

im Vorverkauf, im gut gefüllten Kolosseum am 25. Februar aber nichts – kein Konzert, keinen Vortrag, nur die bittere Erkenntnis, dass hochgelobte Neuerungen sofort auch Betrüger anlocken. Der Rundfunk damals nicht anders als heute das Internet. Auch wenn manche ihr Eintrittsgeld zurückbekamen: Dem Ruf des Radios in der Region schadete das auch aus Lindenberg, Immenstadt sowie dem nahen Württemberg und Oberbayern gemeldete *bedauerliche Fiasko* spürbar. Häufige Hinweise in der Allgäuer Presse auf seinen vielfältigen Nutzen polierten ihn allmählich wieder auf, darunter die verblüffende Neuigkeit, dass, *in England und besonders in Amerika heute vielfach auch Predigten auf dem Rundspruchwege verbreitet* würden – mit überwiegend positiver Resonanz; denn *man könne sicher sein, dass mancher dadurch veranlaßt werde, über die ihm auf diese Weise nahe gebrachten Heilswahrheiten nachzudenken und sich* [!] *zu Gott zurückzufinden.*[22]

Ab Juni richtete die Post gegen eine Gebühr von monatlich sechs Mark in Hotels bayerischer Sommerkurorte, darunter in Füssen, Oberstdorf und Bad Wörishofen Radiostationen ein, *damit sich jedermann von der Brauchbarkeit der Empfangsapparate überzeugen kann, und das große Misstrauen schwindet, das noch in einem Teil der Bevölkerung der Radiosache entgegengebracht wird.*[23]

22 Memminger Volksblatt, 14.3.1924.

23 Memminger Volksblatt und Memminger Zeitung, 6.6.1924.

Es schwand tatsächlich spürbar. Das Geschäft rund ums Radio wuchs, der Handel musste weniger tun, um den Absatz anzukurbeln. Erschienen in Allgäuer Zeitungen im April und Mai noch jeweils über 30 einschlägige Anzeigen, so gab es im Juni fast keine mehr – ein Hinweis darauf, dass die Region zwischen Lech und Bodensee sich wohl dem nationalen Trend näherte: Zwischen Anfang Dezember 1923 und Ende Dezember 1924 stieg in Deutschland die Zahl angemeldeter Apparate von 467 auf über eine halbe Million – und bis Ende 1925 auf über eine Million.[24]

Da lebten Verlage und Journalisten längst in der neuen Medienwelt. Schon am 25. April 1924 malte die »Memminger Zeitung« die eigene Zukunft aus, indem sie einen englischen Experten zitierte: *Die nahe Zukunft würde vermutlich einen neuen Typus des Journalisten, nämlich den Radiojournalisten hervorbringen. An Stelle von Notizblock und Federhalter werde der Journalist mit einem Mikrophon ausgestattet sein und somit eine ganz neue Technik der Berichterstattung geschaffen werden.*

Doch veränderte die Radiotechnik die Arbeit in Printmedien noch auf andere, gravierende Weise: Sie beendete den traditionellen Informationsvorsprung großstädtischer Blätter gegenüber denen in der Provinz. Bisher von Nachrichtenbüros und Korrespondenten per Telefon, also notgedrungen hintereinander an verschiedene Organe übermittelte Meldungen konnten nun von einem Sender aus gleichzeitig an die Radios aller angeschlossenen Redaktionen gehen. Auch Zeitungen im Allgäu traten schnell dem dafür gegründeten »Reichs-Presse-Rundfunk« (auch: »Radio-Pressedienst«) bei. Als erste ließ die »Kaufbeurer Volkszeitung« am 5. Juni ihre Kundschaft wissen, *daß wir uns entschlossen haben, dieses neue Verkehrsmittel in den Dienst der Nachrichtenübermittlung zu nehmen. Wir dürfen wohl hoffen, daß unsere geschätzten Leser in der Schaffung dieser Neueinrichtung einen Beweis dafür erblicken, daß wir ohne Rücksicht auf die Kosten bestrebt sind, unseren Abonnenten alle technischen Fortschritte der Neuzeit bezüglich Übermittlung von Nachrichten zugute kommen zu lassen.* Nebenbei wirkte das neue Medium in den Redaktionen auch sprachschöpferisch, zum Beispiel in neuen Wortspielen wie „Rundfunk-tionär“ oder „funk-tionieren“.

Früh ahnte die Presse, dass ihr mit dem Radio nicht nur eine journalistische Hilfe, sondern auch eine wirtschaftliche Konkurrenz erwachsen konnte. Schon am 23. Februar 1924 wies das »Memminger Volksblatt« auf die neue, in den USA seit einiger Zeit praktizierte Möglichkeit für Anzeigenkunden hin: *Amerika, das Land der unbegrenzten Möglichkeiten, hat [...] bereits damit angefangen, die Luft zu vermieten. Ein Zehnminuten-Funkinserat kostet rund 100 Dollar und für 400 Dollar kann man eine ganze Stunde lang inserieren. Auch bei uns werden vielleicht schon einige Reklamechefs an ihren Schreibtischen sitzen und ein „Radio-Inserat“ entwerfen. Nun ist ja allerdings die drahtlose Telefonie letzten Endes nicht dazu erfunden worden, um für Handel und Industrie propagandistisches Neuland zu erwerben, aber da man auf so bequeme Art das Gute mit dem Praktischen verbinden kann, wird man sich auch bei uns in Deutschland der Rundfunkreklame nicht verschließen können.* Es kam genau so: Knapp sieben Monate später, am 15. September, war hierzulande die erste offizielle Werbesendung zu hören. Zum Schutz der Zeitungsverleger verbot die nationalsozialistische

24 Lerg, Entstehung (wie Anm. 18), S. 203 und 196.

Regierung 1935 Radio-Werbung, woran die Siegermächte 1945 nichts änderten. Von 1936 bis 1949 gab es in Deutschland keine Werbesendungen.[25]

Mitten in die aufkeimende akustische Rundfunkwelt hatte die »Memminger Zeitung« am 9. Februar 1924 die noch sensationellere Neuigkeit von ihrer optischen Zukunft gesetzt; in Forschung und Technik gehe es bereits um *drahtloses Fernsehen – das neue Radiowunder*. In Allgäuer und andere deutsche Wohnzimmer kam es erst eine Generation später.

Abbildungsnachweis:

Abb. 1–3 Ernst T. Mader, Blöcktach.

25 Die ersten deutschen Hörfunkwerbespots nach dem Krieg strahlte im Herbst 1949 der Bayerische Rundfunk aus. Näheres bei Christian Breunig, Werbung im öffentlich-rechtlichen Hörfunk. In: Media Perspektiven 2/2015, S. 50–57.

Tilman Ritter

Heimatpflege 2023/2024 in der Stadt Kempten

Neben der Hauptaufgabe, das Stadtbild zu bewahren und Bewährtes zukunftsfähig zu gestalten, ist es ein wichtiges Anliegen der Heimatpflege, Neues in die bestehenden Strukturen so einzufügen, dass eine stimmige Symbiose zwischen Alt und Neu entsteht. Das ist oft ein sehr schwieriger Prozess und er gelingt nicht immer. Über solche Beispiele habe ich in den vergangenen Jahren berichtet. Es die Pflicht des Heimatpflegers, auf derartige Fehlentwicklungen hinzuweisen und nichts unversucht zu lassen, sie zu vermeiden.

Um Entwicklungen im städtebaulichen Kontext zumindest vorsehend planerisch steuern zu können, sieht das Bundesbaugesetz die Erstellung von Flächennutzugsplänen vor. Für die Stadt Kempten liegt nun ein Entwurf für einen Planungshorizont von etwa 15 Jahren vor, der jetzt in einem vorgeschriebenen Verfahren abgewogen wird. Die Denkmal- und Heimatpflege ist in diesen Prozess eingebunden, wobei es der Heimatpflege nicht nur um bauliche Aspekte, sondern auch um die Erhaltung landschaftstypischer Belange geht. So ist z. B. die Illerleite im Bereich der Keckkapelle sowie der Halderücken (Abb. 1–2) von jeglicher Bebauung freizuhalten.

Diese für das Stadt- und Landschaftsbild wichtigen und charakteristischen Landmarken müssen in ihrem natürlichen Erscheinungsbild als prägende Zeugnisse der Erdgeschichte und der vergangenen Eiszeit erlebbar bleiben.

In diesem Zusammenhang ist generell die Frage zu stellen, wie wir als Gesellschaft mit der nicht unendlich zur Verfügung stehenden Ressource Grund und Boden zukünftig verantwortungsvoll umgehen wollen. Eine weitere expansive Versiegelung unserer wertvollen Flächen ist sicher in Zeiten des Klimawandels und der damit verbundenen Auswirkungen auf unsere Siedlungen nicht zu verantworten. Hier ist ein Umdenken angesagt. Eine Möglichkeit ist das Bauen in die Höhe. Hier stellt sich dann aber die Frage, wo und wie hoch gebaut werden kann und soll, ohne das Stadtbild in unangemessener Weise zu beeinträchtigen. Die in den Sechzigerjahren im Stadtteil Thingers, in Steufzgen, am Augartenweg und auf dem Bühl errichteten Punkt- bzw. Wohnhochhäuser fügen sich trotz Ihrer Höhe in unsere heutige Stadtstruktur ein. Ein in diese Richtung sicher interessantes Bauprojekt ist das Hochhaus in Holzbauweise, das von Sozialbau im Thingers errichtet wurde (Abb. 3).

In diesem Jahr hat Sozialbau von der Bundesanstalt für Immobilien einen Großteil der Rottachsiedlung südlich der beiden Friedhöfe an der Rottachstraße erworben und möchte das Areal neu gestalten. Diese für die Fünfzigerjahre typische Wohnsiedlung, die zur Bekämpfung der eklatanten Wohnungsnot in den Nachkriegsjahren des Zweiten Weltkrieges

Abb. 1 Südlicher Halderücken.

Abb. 2 Nördlicher Halderücken.

Abb. 3 Holzhochhaus in Thingers.

Abb. 4 Rottachsiedlung.

errichtet wurde, prägt durch die sehr reduzierte, aber ungemein stringente Architektursprache (Abb. 4) das gesamte Wohnviertel.

Zeittypische Fassadendetails, gestaltet von dem Kemptener Kunstmaler Franz Weiß (1903–1981), bereichern die Architektur sowohl ornamental (Abb. 5) als auch augenzwinkernd im Rückblick auf Kemptener „G‘schichten", wie die von der „Kemptener Meise".

In der Kantstraße befindet sich auch ein sehr ausdrucksstarker Brunnen, der das Motiv „Flucht" bzw. Vertreibung thematisiert (Abb. 6). Geschaffen wurde dieser vom Künstler und Bildhauer Ferdinand Kuschel (1899–1966), der als Flüchtling und Vertriebener nach dem Zweiten Weltkrieg nach Kempten kam und uns diese für die Nachkriegszeit beeindruckende und bemerkenswerte Arbeit hinterlassen hat.

Abb. 5 Fassadengestaltung am Erkerbau des Hauses Madlenerstraße 4 zur Kantstraße hin.

Abb. 6 „Kuschel"- oder „Flüchtlingsbrunnen" in der Kantstraße.

Dieser Brunnen ist der einzige Ort in Kempten, der auf das Schicksal der Vertriebenen jener Zeit hinweist und damit einen wesentlichen Beitrag zur Erinnerungskultur in unserer Stadt leistet. Eine Tafel, die vom Heimatverein hier angebracht wurde, erinnert an diese Zeit. Viele Vertriebene haben in der umliegenden Rottachsiedlung Wohnraum und somit einen Neubeginn in einer neuen Heimat gefunden. Es ist daher unsere Aufgabe, den weiteren Entwicklungs- und Planungsprozess in diesem Quartier sehr aufmerksam zu beobachten und zu begleiten. Gegebenenfalls muss die Heimatpflege sich konkret einbringen und Forderungen formulieren. Gerade auch deshalb, weil sich an der Südostecke der Siedlung das erste „Hochhaus" (Abb. 7) befindet, das im Allgäu in den Fünfzigerjahren errichtet wurde und einen wesentlichen akzentsetzenden Faktor in diesem Areal darstellt. Dieses Hochhaus, das auch für viele Vertriebene zur neuen Heimat wurde, zeigt in seiner Verbindung von Bauen in die Höhe und Zeitgeschichte einiges, was auch in unserer heutigen Zeit von Belang ist, wenn es um die Schaffung von Wohnraum geht, der bezahlbar ist und die Versiegelung zusätzlicher Flächen vermeidet.

In diesem Jahr wurden wieder einige Maßnahmen, die stadtbildprägend sind, in erfreulich positiver Weise umgesetzt. So erstrahlt z.B. die Gaststätte „Zum Stift" in neuem Glanz (Abb. 8). Prägende Bauteile wie Fenster und Fensterläden wurden denkmalgerecht und behutsam erneuert und die Werbeanlagen wurden zurückhaltend neu gefasst und weisen in dezenter Form auf diese für Kempten wichtige Brauereigaststätte hin (Abb. 9). Gerade die Werbeanlagen, die einen großen Einfluss auf das Stadtbild haben, sind immer wieder Gegenstand von Beratungsgesprächen, um aufdringliche Erscheinungsformen zu vermeiden.

Abb. 7 Erstes „Hochhaus“ im Allgäu an der Ecke Madlenerstraße/Rottachstraße.

Abb. 8 Brauereigaststätte „Zum Stift“.

Abb. 9 Aufgemalte Werbung am Stiftsplatz 1.

Abb. 10 Publikation von Alfred Weitnauer aus dem Jahr 1955.

In jedem Jahr müssen wir uns mit den Erscheinungen des unaufhaltsam fortschreitenden kulturellen Wandels beschäftigen und uns die Frage stellen, wie wir damit im Sinne unserer traditionellen Werte umgehen wollen und sollen. Schon in seinem Buch „Heimatkultur Gestern und Heute“ (Abb. 10), das 1955 im Verlag des Heimatpflegers von Schwaben in Kempten erschienen ist, beschreibt der damalige Bezirksheimatpfleger von Schwaben Alfred Weitnauer den kulturellen Wandel in der Gesellschaft und den Verfall mancher Werte. Und das vor fünfzig Jahren. Ein Beleg für den stetigen Wandel. Beim Lesen des Büchleins kommt man nicht umhin, Parallelen zur heutigen Zeit zu ziehen, manche Inhalte eher kritisch, aber auch vieles mit der Brille des Humors zu betrachten.

Abbildungsnachweis

Abb. 1–10 Tilman Ritter, Kempten.

Markus Naumann und Wolfgang Petz

Kemptener Friedhöfe als Erinnerungsorte

»Erinnerungskultur« ist in Kempten in den letzten Jahren zu einem Oberbegriff für vielfältige Aktivitäten geworden, in die sich auch der Heimatverein intensiv einbringt. Das große Interesse, auf das die Diskussion über Straßenbenennungen und den Umgang mit der lokalen NS-Geschichte gestoßen ist, verdeckt etwas, dass das Rahmenthema noch andere Aspekte hat. Einer ist das Thema »Friedhöfe und Bestattungskultur«. Bei einem Rundgang über die Kemptener Friedhöfe fallen neue Entwicklungen im Erscheinungsbild auf, die mit einer Veränderung der Bestattungskultur zu tun haben; zudem ist Handlungsbedarf hinsichtlich zahlreicher alter Grabdenkmäler offensichtlich.

Friedhöfe sind zunächst einmal Orte individuellen Gedenkens. Besucher geben Angehörigen oder Freunden das letzte Geleit und finden am Grab einen Ort für ihre Trauer. Über diesen persönlichen Aspekt hinaus kann man Friedhöfe aber auch als „Gedächtnislandschaften" von Gemeinschaften begreifen, wie es der Historiker Norbert Fischer umschreibt. Sie sind ein Speicher kollektiver Erinnerungen und Erfahrungen, ähnlich wie Archive, Bibliotheken oder Stadtlandschaften. So können sie zugleich als Orte der Stille und Kontemplation wie auch einer Kommunikation über Generationen hinweg erfahren werden.

Welche Friedhöfe gibt es in Kempten? Den meisten fallen dazu vermutlich zunächst die beiden großen Anlagen ein: der Zentralfriedhof und der Katholische Friedhof. Während letzterer in kirchlicher Trägerschaft steht, ist für ersteren die Stadt zuständig. Vielen Kemptenern unbekannt ist hingegen der traditionsreiche Evangelische Friedhof unter der Burghalde, die älteste heute noch genutzte Anlage innerhalb der Kernstadt.

Auch in den ehemals selbständigen, heute zur Stadt gehörenden Vororten gibt es sowohl städtische wie konfessionell-christliche Friedhöfe. Unter kommunaler Obhut stehen die Friedhöfe in Schelldorf, Eich und Heiligkreuz. Zwei Friedhöfe im Bereich der ehemaligen Gemeinde Sankt Mang sind katholisch: Einer ist der kleine Gottesacker bei der katholischen Filialkirche Ursulasried, auf dem zeitweise auch verstorbene Lenzfrieder zur letzten Ruhe gebettet wurden. Nach dem Dreißigjährigen Krieg wurde für sie ein eigener Platz in der Nähe ihrer Pfarrkirche eingerichtet.

Nimmt man alle zusammen, so sind im Stadtgebiet derzeit acht Orte ausgewiesen, auf denen Bestattungen erfolgen. Unübersichtlicher und vielfältiger wird das Bild, wenn man die wichtigsten historischen Begräbnisplätze in und um Kempten mit in den Blick nimmt. Denn als große Besonderheit weist die Stadt mit ihrer bis in die Römerzeit zurück zu verfolgenden Geschichte auch eine zweitausendjährige, beinahe lückenlose Tradition von

Abb. 1 Der Evangelische Friedhof unter der Burghalde weist eine Vielzahl von künstlerisch und historisch bemerkenswerten Grabdenkmälern auf.

Bestattungsorten auf. Stets erfolgt ihre Entwicklung im Spannungsfeld von persönlicher Pietät, von kulturellen und religiösen Vorstellungen sowie von praktischen (nicht zuletzt seuchentechnischen) Notwendigkeiten.

So bestatteten die Bürger von Cambodunum ihre Toten beziehungsweise deren Asche gemäß römischer Sitte außerhalb der Siedlung entlang von Ausfallstraßen. Besonders gut erforscht ist die Nekropole auf der Keckwiese, damals an der Fernverbindung nach Augusta Vindelicum (Augsburg) gelegen. Oberirdisch ist von den Grabdenkmälern nichts erhalten, aber das ursprüngliche Erscheinungsbild dürfen wir uns wohl so ähnlich vorstellen, wie wir es – naturgemäß viel prächtiger und monumentaler – von der berühmten Via Appia in Rom kennen.

Friedhöfe gab es wohl auch entlang der anderen Fernverbindungen des römischen Cambodunum. Aus dem Mittelalter bekannt ist vor allem der große Friedhof auf dem Areal des heutigen St.-Mang-Platzes, dessen Geschichte heute spannend und anschaulich im Schauraum Erasmuskapelle durch eine multivisuelle Präsentation erschlossen ist. Nachweislich lassen sich die ältesten Bestattungen hier noch weit vor die Zeit der Stadtgründung im 12./13. Jahrhundert datieren und stehen in Zusammenhang mit einem frühmittelalterlichen Vorgängerbau der gotischen Pfarrkirche.

Abb. 2 Friedhöfe gelten im jüdischen Glauben als „Haus des Lebens". Die Kemptener Grabstätten dokumentieren auch die Verfolgung der jüdischen Gemeinde in der NS-Zeit.

Wenig bekannt ist, dass die Reichsstadt darüber hinaus noch über einen Begräbnisplatz bei der Keckkapelle verfügte. Hier wurden vor allem die Leprakranken des dortigen Aussätzigenspitals beerdigt.

Zu Beginn der Neuzeit war der reichsstädtische Friedhof endgültig zu klein geworden für die wachsende Bevölkerung. Seine Verlegung ab 1535 auf einen Platz außerhalb des Mauerrings, direkt unterhalb der Burghalde, folgte außerdem einem Trend der Zeit, der durch die häufigen Seuchenzüge erforderlich geworden war. Für traditionsbewusste „Altstädtler" ist dieser Friedhof heute noch ein Buch der Familiengeschichte; dessen erhaltene Grabdenkmäler gehen bis auf das ausgehende 18. Jahrhundert zurück.

Auch der stiftische Bereich weist noch vereinzelte Grabfunde auf, die bis in die fränkisch-alemannische Zeit zurückreichen. Später existierte ein kleiner Friedhof bei der Kirche St. Lorenz, heute unter dem westlichen Teil des Langhauses der Basilika; auch gab es weiter östlich einen eigenen Klosterfriedhof. Neu geordnet wurden die Verhältnisse nach dem Dreißigjährigen Krieg. Stiftsherren und hohe Beamte fanden jetzt ihre letzte Ruhestätte in der Krypta, die Fürstäbte im Untergeschoss der Seitenkapellen des Barockbaus (von der Vorgängeranlage rettete man immerhin einige Grabplatten). Und für die Bewohner der Stiftssiedlung wurde ein Begräbnisplatz um die 1680 unter Fürstabt Rupert von Bodman erbaute Seelenkapelle ausgewiesen.

Nach dem Übergang des Fürststifts an Bayern genügte dieser stiftsstädtische Gottesacker nicht mehr den gesundheitspolitischen Vorstellungen einer „aufgeklärten" neuen Regierung; deshalb wurde er 1804 aufgelassen und überbaut. Seine Funktion übernahm eine Anlage, die weit draußen vor der Stadt entstand: der (neue) Katholische Friedhof. Wenig bekannt ist, dass sich in seiner Kapelle die Grabplatten der letzten Stiftsherren der untergegangenen Benediktinerabtei befinden.

Abb. 3 Das Grab des liberalen Politikers und Historikers Johann Baptist Haggenmüller fällt auf dem Katholischen Friedhof schon aufgrund seiner Gestaltung besonders auf. Die abgebrochene Säule ist ein Motiv, das sich sonst eher auf dem Evangelischen Friedhof findet. Das städtische Ehrengrab bedürfte dringend einer Restaurierung.

Die Niederlassung von Juden in Kempten, die bedingt durch die restriktiven bayerischen Matrikelgesetze erst spät möglich war, machte die 1876 erfolgte Einrichtung eines eigenen Friedhofs notwendig. Er grenzt unmittelbar an den Katholischen Friedhof an, von dem ihn nur eine Hecke trennt, und untersteht heute dem Landesverband der Israelitischen Kultusgemeinden in Bayern. Der Jüdische Friedhof wurde 1981 für neue Bestattungen geschlossen, 1988 und 2008 fanden jedoch nochmals zwei Begräbnisse mit Ausnahmegenehmigungen statt. In der Wiese neben den umfriedeten jüdischen Grabmalern ist ohne nähere Hinweise eine große Zahl ausländischer Zwangsarbeitskräfte des Zweiten Weltkriegs bestattet.

Auf der dem Katholischen Friedhof gegenüberliegenden Seite der Rottachstraße entstand 1957 die bislang größte Friedhofsanlage Kemptens, zeitgemäß von Beginn an überkonfessionell. Es gibt dort inzwischen ein muslimisches Gräberfeld, Urnen-Gemeinschaftsanlagen, Baumgräber und ein eigenes Kindergrabfeld. Wie wohl kein anderer Friedhof in Kempten spiegelt der Zentralfriedhof die Vielfalt des Umgangs mit Tod und Totengedenken in unserer Zeit.

Von Perikles, einem der wichtigsten Staatsmänner Athens und der griechischen Antike, ist der Satz überliefert, dass ein Volk danach beurteilt wird, wie es seine Toten bestattet – man könnte weiterführend sagen, wie es mit seinen Toten und der Erinnerung an sie umgeht. Neben dem Wandel von Bestattungsritualen und Begräbnisformen ist gegenwärtig der Trend zu beobachten, dass Grabstätten nicht mehr wie früher oft über Generationen in der

Abb. 4 Wie viele Gräber auf dem Evangelischen Friedhof ist auch die repräsentative Anlage der Familie Gyr von Verfall bedroht, weil der weiche Sandstein besonders leicht verwittert.

Familie gehalten und von dieser gepflegt werden, sondern bereits wenige Jahre nach dem Tod eines Angehörigen aufgelöst werden. Zusammen mit einem weiteren zu beobachtenden Trend, dem zur Urnenbestattung, führt dies zu zunehmenden Leerständen bzw. Freiflächen auf den Friedhöfen. Daneben bleiben alte Grabdenkmäler, die unter Denkmalschutz stehen, also nicht beseitigt werden dürfen, häufig sich selbst überlassen und verfallen. Aktuell wird lediglich deren Standfestigkeit regelmäßig kontrolliert, um die Sicherheit der Friedhofsbesucher zu gewährleisten; für Restaurierungsmaßnahmen fehlt das Geld. Dadurch gerät die Funktion der Friedhöfe als „Gedächtnislandschaften" in Gefahr.

Der Heimatverein möchte dazu beitragen, die Friedhöfe als Orte ins Bewusstsein zu heben, an denen die Geschichte der Stadt und ihre Kultur erfahrbar wird. Unser Augenmerk gilt zunächst insbesondere dem Evangelischen und dem Katholischen Friedhof.

Hier ist an den Grabmälern etwa von Johann Baptist Haggenmüller und der Familie Gyr – um nur zwei Beispiele von vielen zu nennen – der Verfall bedeutender Denkmäler augenfällig. Haggenmüller bleibt wegen seiner 1840 bzw. 1847 im Verlag Tobias Dannheimer erschienenen zweibändigen »Geschichte der Stadt und der gefürsteten Grafschaft Kempten« (1988 neu aufgelegt) in Erinnerung und als liberaler Abgeordneter in der Frankfurter Nationalversammlung von 1848, wo die erste demokratische Verfassung Deutschlands ausgearbeitet wurde. Dem Textilfabrikanten August Heinrich Leonhard Gyr ist der Erwerb (1896) des drei Jahre zuvor auf der Weltausstellung in Chicago prämierten Schnitzaltares im Chorraum der St. Mangkirche für die evangelische Gemeinde zu verdanken. Wenn man durch die beiden Friedhöfe schlendert, begegnen einem auf Schritt und Tritt bedeutende Namen aus Kemptens Vergangenheit.

Um eine Verbindung zu der dazugehörigen Geschichte herzustellen, wären Besucherinformationen wünschenswert. Zu denken ist beispielsweise an Broschüren mit Erläuterungen zu bedeutenden Grabstätten und den dort Bestatteten, evtl. mit digitalen Verlinkungen. Zuvor müsste eine genaue Bestandsaufnahme über den aktuellen Zustand und die Lage solcher Grabstätten erfolgen. Ein ausgearbeiteter Rundgang könnte historisch Interessierten die Friedhöfe erschließen; ebenso wären regelmäßig Führungen denkbar. Bei all dem bietet der Heimatverein an sich einzubringen.

Patenschaften für historische Grabdenkmäler (eventuell verbunden mit einem Anwartsrecht auf die entsprechende Grabstätte) wären ein Weg, notwendige Restaurierungen zu finanzieren.

Um dem Leerstand auf den Friedhöfen entgegenzuwirken und die Aufenthaltsqualität zu erhöhen, haben beide Friedhofsverwaltungen damit begonnen, gekieste Lücken zwischen den Gräbern in Rasenflächen und Blühwiesen umzuwandeln. Auf dem Katholischen Friedhof wurden Glasstelen mit spirituellen Texten und künstlerischen Elementen sowie Sitzgelegenheiten aufgestellt. Aus dem Friedhof soll gewissermaßen ein Park der Toten und der Lebenden werden.

In Zeiten einer weitgehenden Ausgrenzung von Tod und Sterben aus dem alltäglichen Leben sind Friedhöfe für viele Menschen ausschließlich Orte der Trauer und des Abschieds. Sie können aber auch als Ort der Erinnerung, der Schönheit und Ästhetik begriffen werden, die eine Brücke in die Vergangenheit schlagen und von den Geschichten früherer Generationen erzählen; gleichzeitig können sie als Oasen der Ruhe erlebt werden, die zu Spaziergängen und zur Erholung einladen. Seit Mitte des 19. Jahrhunderts wurden vielerorts Parkfriedhöfe gezielt errichtet. Wenngleich in Kempten auf den bestehenden Friedhöfen dafür der Raum fehlt, so ließen sie sich doch immerhin in diese Richtung weiterentwickeln.

Zu überlegen wäre darüber hinaus, inwieweit die Friedhöfe als Veranstaltungsorte genutzt werden können. Die alten Friedhofskapellen sind jedenfalls zurzeit weitgehend ungenutzt. Man könnte dort schadhafte Grabsteine unterstellen oder aber sie als Aufenthalts- und Begegnungsort ertüchtigen, möglicherweise sogar als Friedhofscafé. Andernorts gibt es so etwas bereits.

Stehen für gärtnerische Umgestaltungsmaßnahmen in begrenztem Maß Mittel zur Verfügung, so gilt dies momentan nicht für größere Baumaßnahmen und insbesondere für die Erhaltung von wertvollen alten Grabdenkmälern. Es müssen also über die Verwaltungen, die Religionsgemeinschaften und den Heimatverein hinaus Firmen und Privatleute dafür gewonnen werden, als Partner mäzenatisch tätig zu werden, um die denkmalgeschützten historischen Friedhöfe der Stadt finanziell zu unterstützen. Nur so lässt sich ihr Wert als „Gedächtnislandschaften" der Stadtgeschichte erhalten.

Abbildungsnachweis

Abb. 1–4 Wolfgang Petz, Kempten.

Ingrid Müller

Bericht der Kreisheimatpflegerin für den nördlichen Landkreis Oberallgäu

Der wiederentdeckte Merkt'sche Gedenkstein

Zahlreiche Gedenksteine und -tafeln gibt es in Kempten und Umgebung, welche einst der Kemptener Oberbürgermeister Otto Merkt (1877–1951) überwiegend aus eigenen Mitteln an geschichtsträchtigen Orten und Gebäuden hat aufstellen bzw. anbringen lassen. Natürlich sind diese mit den Jahren unansehnlich geworden oder haben ernsthaften Schaden genommen. Siegfried Endres aus Leutkirch, Mitglied im Allgäuer Burgenverein, ist mit seinen über 80 Jahren unermüdlich im Einsatz und spricht mit Gemeindevertretern, Vereinen und Privatpersonen, um Merkt'sche Gedenksteine zu erhalten und evtl. zu reparieren. Zur Not greift er auch zu, um Steine zu retten oder zu beschriften. Auch mich hatte er im Visier, um mich auf einige Defizite bei Gedenksteinen in Altusried aufmerksam zu machen. Über dem Weiler Biberschwang an der Iller, nahe Krugzell befindet sich ein Gedenkstein

Abb. 1–2 Die defekte Abdeckung in Biberschwang wurde durch eine neue ersetzt.

Abb. 3–4 Der umgeworfene Stein in Briels wurde wieder aufgerichtet, gesichert und die Schrift nachgezogen.

für den Burgstall Biberschwang. Die Abdeckung war verbeult und bei Regen blieb das Wasser stehen. Dies konnte durch eine Neuanschaffung schnell behoben werden.

An der Iller in Briels, dort, wo der Kaldener Tobelbach in die Iller fließt, stand einst ein Wohnhaus mit einer Knochenstampfmühle. Der Gendenkstein war umgeworfen worden und beschädigt. Mithilfe eines Landwirtes konnte der Stein wieder aufgestellt und gesichert werden. Auch die Schrift wurde nachgezogen. Für die Materialkosten für beide Steine kamen teils die Gemeinde Altusried und teils der Heimatverein Kempten auf, dem Merkt die Gedenksteine vermacht hat.

Mehr Sorgen bereitete mir der Gedenkstein für die Burg Alt-Kalden, welche einst auf einem Geländesporn hoch über der Iller stand. Bereits Ende des 15. Jahrhunderts war die Burg verlassen worden, weil man erkannte, dass diese früher oder später in die Iller rutschen wird. Sicher wurden zur Errichtung von Neu-Kalden auch die restlichen Steine von Alt-Kalden benutzt. An einer Steilkante in exponierter Lage erinnerte einst ein Merkt'scher Gedenkstein an die Burg Alt-Kalden. Es ist mir immer noch ein Rätsel, wie man zu Zeiten Merkts diesen schweren Stein an diesen außergewöhnlichen Ort brachte. Ein Weg hinunter in den Tobel und wieder hinauf zur Hangkante war damals zu überwinden. Der Text auf dem Stein lautete:

Veste Alt-Kalden, kemptisches Lehen
1128 Berchtold de Callindin 1213 Mar-
Schall Heinrich von Kalden, der Rächer
König Philipps, 1274 Kallendi, seit
1384 rothensteinisch und verlassen

Der Stein war seit geraumer Zeit verschwunden. Dass er irgendwie über den Landweg entfernt wurde, war unwahrscheinlich. Er könnte den Weg über die Steilkante in die Iller genommen haben. Hatte ihn irgendjemand hinuntergestoßen oder war er – wie die einstige Burg – durch Erosion des Geländes allmählich selbst hinuntergefallen? Auf jeden Fall war der Stein nicht mehr da. Das wollte ich nicht so einfach hinnehmen. Es war mein Plan einen neuen Gedenkstein aufstellen zu lassen, aber nicht mehr an dieser gefährlichen Stelle. Wenn man schwindelfrei ist und den Mut hat vorsichtig über die Hangkante auf die 70 Meter tiefe Steilwand zu blicken, dann erkennt man in der Wand noch wenige Mauerreste, welche auf die einstige Burg Alt-Kalden hinweisen.

Ein neuer Standort für den Gedenkstein war schnell gefunden und mit der Gemeinde Altusried abgesprochen. Jetzt brauchte ich einen Kostenvoranschlag vom Steinmetz, um nach Sponsoren zu suchen. Das ging alles schneller, als ich dachte, und einem neuen Stein stand nichts mehr im Wege. Ich wollte auch den Bauhof von Altusried verständigen, und den Mitarbeitern sagen, was auf sie zukommt, denn sie sollten ja den Stein wieder aufstellen. Dort habe ich dann vom Bauhofleiter, Engelbert Locherer, die überraschende Information erhalten: Der bewusste Gedenkstein lagerte seit Jahren im Bauhof. Wie gut, dass ich mit ihm gesprochen hatte, sonst hätten wir am Ende zwei Exemplare gehabt. Doch wie war dies alles zu erklären?

Bei einem Ausflug am Vatertag 2015 hatten Paddler auf der Iller am Fuße des Steilhanges einen Stein mit Inschrift liegen sehen und die Gemeinde Altusried verständigt. Herr Locherer, so erzählte er mir selbst, hat die spektakuläre Bergung in diesem unwegsamen Gelände vorgenommen. Dazu besorgte er sich einen LKW-Reifenschlauch und ruderte mit seinem Boot an die bewusste Stelle. Er befestigte den Schlauch wie einen Schwimmreifen

Abb. 5 Der Gedenkstein für die Burg Alt-Kalden an seinem ursprünglichen Standort oberhalb der Iller.

Abb. 6 Herbert Graf und Klaus Baur vom Bauhof Altusried nach getaner Arbeit.

am Stein, warf ihn in den Fluss und wartete, bis er wieder auftauchte. So konnte er ihn schwimmend an das Boot gehängt abtransportieren. An einer begehbaren Uferstelle lud er den Stein auf ein Quad und brachte ihn in den Bauhof nach Altusried. Gerettet!

Für mich war nun klar, dass wir keinen neuen Stein brauchten. Der vorhandene wurde vom Steinmetz gereinigt, die Schrift nachgezogen und im Mai 2024 an neuer Stelle von Herbert Graf und Klaus Baur vom Bauhof wieder aufgestellt. Die Unkosten übernahm dankenswerterweise die Gemeinde Altusried. Ich war nur begleitend und organisierend dabei und hatte meine Freude über den wiederaufgetauchten Gedenkstein für die Veste Alt-Kalden. Eine Blechabdeckung kam noch dazu, um die Schrift zu schützen. Wie heißt es so schön auf manchen alten Abdeckungen: „Wer de Huet ra tuet, der tuet'n me nauf."

Abbildungsnachweis

Abb. 1–6 Ingrid Müller, Altusried.

Buchbesprechungen

Michaela Eigmüller/Christine Müller Horn (Hg.): Kempten-Museum im Zumsteinhaus (= Kataloge und Schriften der Museen der Stadt Kempten (Allgäu), Bd. 31). *Regensburg 2023 (Verlag Friedrich Pustet); 336 Seiten (durchgehend farbig bebildert), 29,00 Euro.*

Im Dezember 2019 öffnete das Kempten-Museum im historischen Zumsteinhaus seine Türen erstmals der interessierten Öffentlichkeit. Damit das 1802 erbaute Stadtpalais seiner neuen Bestimmung gerecht werden konnte, unterzog man das gesamte Gebäude zwischen 2017 und 2019 einer grundlegenden und denkmalgerechten Sanierung. Zum vertieften Verständnis des neuen Kempten-Museums und seiner Inhalte erschien inzwischen ein reich bebilderter Katalogband, herausgegeben von Museumskuratorin Michaela Eigmüller und Museumsleiterin Christine Müller Horn.

Prinzipiell folgt dieser Katalogband dem – keineswegs historisch-chronologisch, sondern thematisch angelegten – Museums-Rundgang, der sich über drei Stockwerke des Zumsteinhauses erstreckt. Der Band begnügt sich zudem nicht mit der ausführlichen Vorstellung und Beschreibung zahlreicher musealer Objekte aus 2000 Jahren Kemptener Stadtgeschichte, sondern bietet zusätzlich kurze Beiträge ausgewiesener Fachleute, die zur Vertiefung bestimmter thematischer Schwerpunkte des Museums einladen. Museumsleiterin Christine Müller Horn hebt in ihrem Beitrag nachdrücklich die Bedeutung der Bürgerbeteiligung hervor, die nicht zuletzt dazu führen soll, besonders die Gegenwart in das stadthistorische Kempten-Museum hinein zu holen (S. 246–249).

Mit der Sanierung des Zumsteinhauses und seiner Gestaltung zum neuen Kempten-Museum befassen sich Therese Waldmann (S. 18–25) und Ursula Gillmann (S. 26–33). Wolfgang Petz stellt die Textil-Großhändler Zumstein als Erbauer des nach ihnen benannten Hauses in der Stiftsstadt und die Migrationsgeschichte dieser Familie von einem Tal der Südalpen über Memmingen nach Kempten vor (S. 54–57). Der für die Familie ebenfalls gebräuchliche Name „Delapierre“ ist allerdings keineswegs italienischen Ursprungs (S. 60), sondern eine direkte Übersetzung des walserdeutschen Namens „Zumstein“ in die – in der piemontesischen Region Aosta bis heute gebräuchliche – französische bzw. franko-provenzalische Sprache.

Die weiteren, namentlich gekennzeichneten Beiträge stammen (hier in chronologisch gedachter Abfolge) von Birgit Kata (über das Stadtmodell im Kempten-Museum zur Veranschaulichung der komplexen Siedlungsgeschichte Kemptens, S. 146–149), Maike Sieler (über das römisch-antike Kempten, S. 240–243), Wolfgang Petz (über die Doppelstadt Kempten im Spannungsfeld zwischen Reichsstadt und Fürstabtei, S. 138–141), Birgit Kata (zu den spätmittelalterlichen und frühneuzeitlichen Funden aus dem Kemptener Mühlberg-Ensemble, S. 268–273), Wolfgang Petz (zum Fall der „letzten Hexe“ Anna Maria

Schwegelin, S. 116–119), Franz-Rasso Böck (über die vereinigte Stadt Kempten nach 1818, S. 142–145), Markus Naumann (über Rüstungsindustrie und Zwangsarbeit in den Kemptener Außenlagern des KZ Dachau während des Zweiten Weltkriegs, S. 112–115) und Tilman Ritter (über den Wandel der Kemptener Altstadt durch Abriss und Neubau in den Jahren 1958–1970, S. 150–155).

Zwei Hefte mit Zeichnungen eines Insassen halten den Alltag der zu Nummern degradierten und Zwangsarbeit leistenden Häftlinge aus vielen europäischen Ländern im KZ-Außenlager Kempten fest – ein einzigartiges Dokument der Kemptener Stadtgeschichte im Nationalsozialismus (S. 97–105). Andere Personen lassen die Migrationsgeschichte Kemptens hingegen in einem freundlicheren Licht erscheinen. Zu diesen Beispielen zählen neben der Familie Zumstein etwa der fürstäbtliche Musiker und Komponist Franz Xaver (tschechisch: František) Richter aus Mähren im 18. Jahrhundert (S. 36) oder auch der Tanzlehrer Hermann Grill, der im 20. Jahrhundert als Vertriebener ebenfalls aus Mähren nach Kempten kam und hier eine Tanzschule gründete (S. 286). Das Bildnis des Glaubensflüchtlings Primož Trubar (deutsch: Primus Truber), der im 16. Jahrhundert fast zehn Jahre lang als protestantischer Pfarrer an der reichsstädtischen Sankt-Mang-Kirche wirkte, ziert sogar die Rückseite der slowenischen Ein-Euro-Münze (S. 217). Trubar übersetzte während seiner Kemptener Zeit das Neue Testament in seine Muttersprache, weshalb er in seinem Heimatland als Pionier der slowenischen Schriftsprache gilt.

Eine chronologische Übersicht zur historischen Einordnung der einzelnen Museumsthemen bietet eine Auswahl von insgesamt 100 wichtigen Ereignissen aus 2000 Jahren Kemptener Stadtgeschichte (S. 44–53). Die Besetzung Kemptens durch amerikanische Streitkräfte erfolgte allerdings nicht am 27. April 1944, sondern erst gegen Ende des Zweiten Weltkriegs am 27. April 1945 (S. 51). Solch kleinere Ungenauigkeiten beim Lektorat können den grundsätzlich sehr guten Eindruck dieses begrüßenswerten Katalogbands allerdings nicht wirklich trüben.

Manfred Heerdegen

Adelegg. Eigenwilliges Bergland zwischen Kempten, Isny und Leutkirch: Geschichte und Geschichten, Texte von Manfred Thierer, Franz Renner, Sabine Centner, Rolf Waldvogel, Stefanie Böck, Fotos von Roland Rasemann. *Biberach 2023 (zepp.text.verlag); 356 Seiten (506 Fotos), 39,80 Euro.*

Was der Kempter Wald im Osten der Stadt ist, ist die Adelegg im Westen. Hinsichtlich Urwüchsigkeit und teilweise Unzugänglichkeit übertrifft letztere ersteren allerdings. Womöglich rührt daher ein Teil der Faszination, welche von der Adelegg (hier großzügig verstanden als das gebirgige Waldgebiet zwischen Isny, Kempten und Leutkirch) ausgeht. In den letzten Jahren hat sich das verstärkt publizistisch niedergeschlagen, insbesondere in den beiden Büchern von Rudi Holzberger »Die Adelegg. Das dunkle Herz des Allgäus« (2009) und »Faszination Adelegg. Fluchtpunkt im Allgäu. Erwin Bowien im Kreuzthal« (2013).

Beim ersten Titel war Manfred Thierer der Co-Autor, auch an dem neuen Buch ist der emeritierte Professor mit Schwerpunkt Geowissenschaften an der Pädagogischen Hochschule Weingarten, der seit vielen Jahren die Adelegg erforscht, federführend beteiligt. Am Ende des Vorworts wird die Zielgruppe beschrieben: „alle, die Freude an diesem Allgäuer Landstrich haben, die ihn entdecken, verstehen und bewahren wollen"; und es wird dort auch der besondere Reiz des Buches hervorgehoben, dem vorbehaltlos zuzustimmen ist, dass es nämlich durch seine grandiose Bebilderung durch den Fotojournalisten Roland Rasemann besticht, „die jede Facette dieses reizvollen Landstrichs einfängt".

Das erste größere Kapitel ist „Grenzland" betitelt, stießen im Alten Reich in der Adelegg doch mehrere Herrschaften aufeinander: Vorderösterreich, die Grafschaft Waldburg-Trauchburg, das Kloster Isny und das Fürststift Kempten. Zahlreiche Grenzsteine zeugen davon. Heute verläuft die bayerisch-württembergische Grenze mitten durch das zweigeteilte Dorf Kreuzthal-Eisenbach. Konnte man im 19. Jahrhundert für einen illegalen Grenzübertritt noch arretiert werden, gibt es inzwischen eine enge Zusammenarbeit zwischen den beiden Bundesländern und den Kommunen vor Ort, etwa beim „Glasmacherweg". Das zweite und einige weitere Kapitel informieren über die außergewöhnliche Flora und Fauna sowie geologische Besonderheiten wie etwa die Quarzgerölle in den Bächen und Tobeln der Adelegg. Quarzvorkommen waren der eine Grund für die Ansiedelung von „Glasmachern", denen ein eigenes umfangreiches Kapitel gewidmet ist. Der zweite sind die großen Holzvorkommen in diesem größten zusammenhängenden Waldgebiet im bayerisch-schwäbischen Alpenvorland, mit denen die Schmelzöfen betrieben wurden. Ein Teil des Holzes wurde allerdings an die Städte Ulm und Memmingen verkauft, um Einnahmen für die lokalen Herrschaften zu generieren. Seit der Mitte des 17. Jahrhunderts begann die Rodung und Ansiedlung von Glashütten über die gesamte Adelegg verstreut mit erfahrenen Glasmachern aus dem Schwarzwald und Bayerischen Wald. Nicht zuletzt wurden hier Glasscheiben für den auch im Allgäu beginnenden Bauboom der Barockzeit hergestellt. Kurz vor 1900 endete die Glasherstellung, weil sie nicht mehr rentabel war. Seit 2003 brennt jedoch wieder ein Schmelzofen – im Glasmacherdorf Schmidsfelden mit vielfältigen, auch musealen Angeboten. Das Kapitel zu den Glashütten behandelt neben technischen Fragen auch sozialgeschichtliche, kulturelle und religiöse Aspekte, die mit der Glasmacherei zusammenhängen, sodass sich ein vielschichtiges Bild ergibt. Die „Verwurzelung im Religiösen" wird als typisch für das Allgäu bezeichnet und in dem „Gottvertrauen" betitelten umfangreichsten Kapitel des Buches bezüglich der Adelegg entfaltet. In der Adelegg stößt man vielfach auf religiöse Zeugnisse, Kirchen und Kapellen, Feldkreuze und Bildstöcke, Schutzpatrone an Häusern und Brücken – weniger in ihrem dünnbesiedelten Zentrum, aber wie in einem Kranz in ihren Randgebieten. Als kunstgeschichtliche Perlen werden unter anderem die Wiggensbacher und Rohrdorfer Pfarrkirchen sowie der Hohentanner und Maggmannshofer Altar vorgestellt, wobei die beiden gotischen Schnitzaltäre heute in Kempten stehen und nur einer öffentlich zugänglich ist.

Die wilde Natur der Adelegg hat auch Unikate wie den Ethnobotaniker und Kulturanthropologen Wolf-Dieter Storl oder den Künstler Friedrich Hechelmann angezogen. Storl lebt und wirkt seit Jahrzehnten in der Abgeschiedenheit des Herrenbergs, Hechelmann hat sich auf dem Schiedelhof oberhalb von Großholzleute und in seiner Residenz im ehemaligen Kloster und Schloss Isny eine eigene Kunstwelt geschaffen. Nicht zuletzt war die

Adelegg dem in Isny geborenen und 2024 verstorbenen Hechelmann seit Jugendtagen eine Inspirationsquelle für seine fantastischen Tier- und Pflanzendarstellungen. Die beiden Portraits von Storl und Hechelmann sind herausragende Beispiele für ein Grundanliegen des Buches, das darin besteht, die Charakteristika der Gegend durch charakteristische Persönlichkeiten, die in ihr leben, zu veranschaulichen. Der bayerisch-württembergische Ranger der Adelegg (seit 2018), der im Kapitel „Freizeit und Erholung“ vorgestellt wird, steht dabei für die Einsicht, dass es bei aller touristischen Erschließung und Vermarktung – etwa mit dem Schwarzen Grat als höchster Erhebung Württembergs – heute darum gehen muss, „die vorhandenen natürlichen Schutzgüter in der Adelegg zu bewahren“.

Ein Blick auf die die Adelegg umschließenden und tief in sie hineinragenden Gemeinden beschließt dieses an eine breite Leserschaft gerichtete gut lesbare, erkenntnisreiche und gediegen gestaltete Buch.

Markus Naumann

Melanie Thierbach/Thomas Groll (Hg.): Ulrich. genial – sozial – loyal – memorial (= Ausstellungskatalog des Diözesanmuseums St. Afra). *Weißenhorn 2024 (Anton H. Konrad Verlag); 400 Seiten (mit 177 Abb.), 39,80 Euro.*

Ausstellungstiteln gelingt es nicht immer, den Spagat zwischen modischer Anbiederung („Ulrichs Leben ist genial.“) und seriöser Information auszuhalten. Ob dies auch für die vom 5. April bis zum 14. Juli 2024 im Diözesanmuseum St. Afra in Augsburg geöffnete Sonderausstellung über den Bistumsheiligen zutrifft, sei dahingestellt. Der schwergewichtige Katalog zu dieser Schau ist auf jeden Fall eine Publikation, die über den Tag hinauswirken will. Sie beschränkt sich auch nicht auf Abbildung und Erläuterung der 88 Ausstellungsexponate, sondern bietet im ersten Teil neun Aufsätze, die grundlegende Aspekte von Person und Wirken, der Zeit und ihren Konflikten sowie von Ulrichs Nachleben behandeln. Sie führen uns in eine Epoche, die nicht nur fern der Gegenwart ist, sondern über die wir auch sehr wenig wissen: das quellenarme 10. Jahrhundert, die frühe ottonische Zeit, in der nach Meinung vieler Historiker das Deutsche Reich des Mittelalters und der frühen Neuzeit überhaupt erst entstanden ist.

Lässt man sich auf diese These ein, gewinnt das auf den ersten Blick vielleicht eher regional anmutende Thema europäische Dimensionen: Ulrich und die Reichspolitik, Ulrichs Anteil an der Abwehr der Ungarn im Zusammenhang mit der Schlacht auf dem Lechfeld (955), Ulrich als der erste „amtliche“ Kirchenheilige, kanonisiert vom Papst in Rom schon zwanzig Jahre nach seinem 973 erfolgten Tod. Thomas Groll akzentuiert diese Aspekte in seinem einleitenden Aufsatz.

Thomas Krüger ordnet Ulrich in die adeligen Familiennetzwerke des 10. Jahrhunderts ein und diskutiert die Stationen seines Wegs auf den Augsburger Bischofssitz. Hinweisen auf die persönliche wie auch zeittypische Frömmigkeitspraxis Ulrichs, die sich in seinen Lebensbeschreibungen finden, geht Jörg Bölling nach.

Mit drei Ulrichsviten, die bald nach dem Tod des Bischofs entstanden, setzt sich Christof Paulus vergleichend auseinander und fragt dabei nicht nur nach Unterschieden und nach den Absichten der Verfasser, sondern untersucht auch das Spannungsfeld von Ideal und historischer Realität. Interessant erscheint, dass auch die nüchterne Geschichtsforschung bereit ist, Ulrich so etwas wie ein besonderes „Charisma" zuzubilligen, das schon die Zeitgenossen beeindruckt haben muss.

Die Beiträge zu Ulrichs Nachleben von Berthold Kreß und Walter Pötzl setzen den geographischen Schwerpunkt auf Augsburg und dessen Umland – etwas unterrepräsentiert ist hier das Allgäu, wo beispielsweise das Deckenfresko der Pfarrkirche von Seeg (mit einer Darstellung der Lechfeldschlacht) Ulrichs Wirken verherrlicht. Abgebildet sind immerhin Tafeln zur Ulrichslegende aus der Kaufbeurer Blasiuskapelle, die das von Bernhard Schneider aufgegriffene Thema der Ulrich zugeschriebenen Armenfürsorge beleuchten.

Mit den wiederholten Einfällen der Ungarn und den gegen sie errichteten Befestigungen befasst sich Birgit Kata, Mitarbeiterin am Stadtarchiv Kempten, in ihrem Beitrag »Ein Bischof im Krieg – Ulrich von Augsburg als Burgenbauer und Militärstratege«. Betroffen waren von den Zerstörungen, der Klosterchronistik zufolge, auch Kempten und Ottobeuren, deren Wiederaufbau von Ulrich in seiner Funktion als Abt dieser Konvente geleitet wurde. In Zusammenhang mit Ulrich gebracht werden in der Tradition auch eine Reihe von Befestigungsanlagen des Lechrains, von denen die Haldenburg bei Schwabegg am bekanntesten ist. Diese Fluchtburgen besaßen, wie Kata (auch auf der Grundlage von Rekonstruktionen von Roger Mayrock) darlegt, völlig andere fortifikatorische Strukturen als die Adelsburgen des Hochmittelalters. Der Rezensent erlaubt sich an dieser Stelle einen Hinweis auf die Wallanlagen auf dem Falken bei Ittelsburg, die gleichfalls als eine im Kern ältere, aber ungarnzeitlich überformte Befestigung gedeutet werden. Katas Ausführungen schließen mit einer ausführlichen Behandlung der jüngsten Bodenfunde zur Lechfeldschlacht und zum veränderten Blick auf die Genese des ungarischen und des deutschen Reiches in der aktuellen Geschichtsforschung.

Wer eine facettenreiche Einführung in das Wirken und Nachwirken Ulrichs sucht, ist mit diesem Band gut bedient. Er wird sich auch über die exzellenten Abbildungen freuen, mit denen er reich ausgestattet ist. Dass ein Register für die Benutzung des Werkes hilfreich gewesen wäre, sei aber angemerkt.

Wolfgang Petz

Stefan Fischer: Aufruhr im Allgäu. Kleine Geschichte des Bauernkriegs 1525. *Regensburg 2024 (Verlag Friedrich Pustet); 144 Seiten, 39 (z. T. Farb-)Abbildungen, 16,95 Euro.*

Die Geschichte des Bauernkriegs 1525, der einen seiner Brennpunkte im Allgäu und hier wiederum im Fürststift Kempten hatte, ist Gegenstand der älteren, jüngeren und angesichts seines 500. Gedenkens 2025 auch aktuellen historischen Forschung. Die Herausgabe von Quellen zum Bauernkrieg verbinden wir besonders mit Franz Ludwig von Baumann

(1846–1915), bayerischer Staatsarchivar und „Geschichtsschreiber des Allgäus", die maßgeblichen Werke einer längst uferlosen Literatur vor allem mit den Historikern Günther Franz (1902–1992) und Peter Blickle (1938–2017). Umfangreich ist auch die Literatur der DDR-Geschichtsforschung, die den Bauernkrieg als „Frühbürgerliche Revolution" interpretiert. Die „Zwölf Artikel" als zentrales Verfassungsdokument des Allgäuer Bauernkrieges und weit darüber hinaus gelten heute als frühe Erklärung von Freiheits- und Menschenrechten. Nun ist es primäre Aufgabe der Geschichtsforschung, faktenbasiert darzustellen „wie es denn gewesen" (Leopold von Ranke), doch ohne ein gewisses Maß an Auslegung, Diskussion und Einordnung der Fakten kann der Historiker geschichtliche Zusammenhänge nicht erklären und verständlich machen – Geschichte ist sozusagen stets aktuell! –, „korrigieren" darf er die Tatsachen freilich nicht. Deshalb ist auch die Verwendung und Übertragung heutiger Begriffe auf historische Sachverhalte und Erscheinungsformen mit Vorsicht zu genießen.

Stefan Fischer, von 1987 bis 2018 Stadtarchivar und Kulturreferent von Kaufbeuren, bietet in seiner „Kleinen Geschichte des Bauernkriegs" weit mehr an als „nur" einen Überblick oder eine Zusammenfassung der bisherigen Forschung, sondern er geht in die historische Tiefe, ohne seine Leserschaft fachwissenschaftlich zu überfrachten. Gleichwohl gibt das Buch auch Impulse für weitere Fragen an die Geschichtswissenschaft, die so teilweise noch nicht gestellt worden sind. Fischer nimmt die Leserinnen und Leser in didaktisch hervorragend gegliederten Kapiteln an die Hand und begleitet sie auf eine geschichtliche Reise, die auf eine Weise persönlich anspricht und einbezieht, als ob man selbst Zeuge der Geschehnisse sei. Der Autor scheut sich nicht, Wertungen vorzunehmen und Dinge beim Namen zu nennen, wodurch die Geschichte des Bauernkriegs sehr präsent, lebendig und unmittelbar wird.

Da es sich allgemein gesagt um eine Auseinandersetzung zwischen Herrschaften und Untertanen handelt, wirft Fischer vor der chronologischen Schilderung der Ereignisse einen Blick auf die Herrschaftsträger im Allgäu und die Situation der Bauern am Vorabend des Bauernkriegs. Aus der Fülle und Dichte der diplomatischen Bemühungen, Verhandlungen und Kriegsgeschehnisse wird alles Wesentliche in seinen Zusammenhängen und Auswirkungen dargestellt, ohne den geschichtlichen Ablauf in eine womöglich ermüdende Erzählung von Einzelheiten ausufern zu lassen. Wesentliche Begriffe und Organisationen (Leibeigenschaft, Bundschuh, Schwäbischer Bund, Göttliches Recht, Großer Kauf, Verträge von Martinszell und Memmingen) sowie Protagonisten und Gegenspieler (Fürstabt Sebastian von Breitenstein, Georg Truchsess von Waldburg, Jörg Schmid von Leubas, Sebastian Lotzer, Gordian Seuter) werden unter dem Stichwort „Hintergrund" in einzelnen Artikeln vorgestellt – so bleibt der Lesefluss erhalten und man kann gezielt nachschlagen (den „Zwölf Artikeln" als zentralem Manifest der bäuerlichen Forderungen bleibt freilich ein eigenes Kapitel vorbehalten). Die Motive der Handelnden werden ausgeleuchtet, ihre „guten" und „schlechten" Seiten kommen zur Sprache, wobei Fischer nicht einer „Schwarz-Weiß-Analyse" auf den Leim geht, sondern manchen früheren Stand der Forschung korrigiert und die Bedeutung einzelner Akteure neu sieht:

Georg Truchsess von Waldburg, der „Bauernjörg", war nicht nur ein im Bauernkrieg erfolgreicher Truppenführer, sondern auch brutal und grausam, was gerade nicht durch die übliche Floskel „Kriege haben ihre eigenen Gesetze" relativiert oder gar entschuldigt werden kann. Grausamkeit und Brutalität lassen sich auch Fürstabt Sebastian von Breitenstein nachsagen, in seinem Fall kommt noch Feigheit hinzu. Allerdings überstrapaziert Fischer bei den geistlichen Territorialherrschaften deren zutiefst unchristliches Verhalten (was in der Sache jedoch völlig richtig ist!), doch war z.B. ein Fürstabt Breitenstein alles, nur kein Seelsorger; es ist ein Unterschied zwischen dem weit mehr weltlichen Selbstverständnis einer geistlichen Fürstenherrschaft und einer in christlicher Nächstenliebe praktizierten Pfarrseelsorge gegenüber den Untertanen. Umstritten bleibt weiter die Persönlichkeit des Jörg Schmid „Knopf" von Leubas: Jähzornig und uneinsichtig, als die Sache der Bauern schon verloren war, oder von Anfang bis Ende verhandlungsbereit? Am Schluss wohl sicher nicht, aber hätte ein früheres Einlenken, Zurückweichen, ja Aufgeben manches Blutbad verhindern können?

Welche besondere Bedeutung kommt dem Bauernkrieg über die militärischen Auseinandersetzungen im Gebiet des Fürststifts Kempten hinaus für Kempten insgesamt zu? Der Autor skizziert die Position der Reichsstadt Memmingen als Zentrum für die Entstehung der Verfassungsdokumente; der Memminger Vertrag brachte aber auch einen gewissen Abschluss in den Auseinandersetzungen zwischen dem Fürststift Kempten und seinen Bauern. Bauernkrieg und Reformation waren Wegbereiter dafür, dass sich die Reichsstadt Kempten, die in dieser Zeit evangelisch wurde, endgültig vom Fürstabt emanzipieren und Freie Reichsstadt werden konnte: War Kempten bisher eine „unfreie Reichsstadt", so nutzte sie unter ihrem Bürgermeister Gordian Seuter die bedrängte Lage des in ihre Mauern geflüchteten Fürstabtes aus und löste im „Großen Kauf" dessen letzte Rechte in der Bürgerstadt ab.

Nachdenklich stimmt die Schlussbetrachtung: Der Autor macht deutlich, dass der Krieg für die Bauern alles andere als auch nur ansatzweise erfolgreich gewesen ist, wie es in der Literatur gelegentlich anklingt. Dass die Bauernhaufen in Organisation, Geschlossenheit, Zusammenhalt und nicht zuletzt Ausrüstung den Heeren des Schwäbischen Bundes unterlegen waren, ist das eine. Hinzu kommen allerdings eine besondere Brutalität und Rachsucht (besonders der bayerische Hofrat Leonhard von Eck hetzte den Schwäbischen Bund auf, während Erzherzog Ferdinand von Österreich auf Ausgleich bedacht war) in der Niederschlagung der Aufstände, was nicht heißt, dass die Bauern ihrerseits nicht blutig zuschlugen. Wenn auch nicht erfolgreich, so war die Sache der Bauern nicht gänzlich erfolglos und umsonst: Ein gutes Stück mehr vertraglich vereinbarter Rechtssicherheit war für die künftige Entwicklung ein nicht zu unterschätzender Fortschritt.

Stefan Fischer hat mehr geschrieben und geleistet als eine „Kleine Geschichte" des Bauernkriegs: Er hat Fakten, Hintergründe und Motive auf dem aktuellen Stand der Forschung anschaulich und verständlich erklärt und für ein breites Publikum lesbar gemacht, er verliert sich nicht in einer fachwissenschaftlichen Diskussion für professionelle Historiker, gibt der weiteren Forschung aber „Hausaufgaben" mit auf den Weg. Das Buch sei allen ans Herz gelegt, die sich für Zusammenhänge und Hintergründe des „Aufruhrs im Allgäu" interessieren.

Franz Rasso Böck

Wolfgang Petz: Zuflucht auf Zeit. Lageralltag in Kempten 1945–1949 aus der Sicht des litauischen Fotografen Kazys Daugėla (= Kataloge und Schriften der Museen der Stadt Kempten (Allgäu), Band 29). *Friedberg (Likias Verlag) 2023; 128 Seiten, 24 Euro.*

Wieder einmal ist es dem Kemptener Historiker Wolfgang Petz gelungen, auf ein bisher nicht beachtetes Kapitel der Kemptener Geschichte aufmerksam zu machen. In einer Ausstellung im Kempten-Museum im Zumsteinhaus vom 21. Januar bis zum 7. Mai 2023, begleitet von einem aufwendig gestalteten Katalogband, stellte er die Fotografien des Litauers Kazys Daugėla (1912–1999) erstmals an dem Ort vor, an dem sie entstanden sind. Daugėla dokumentierte von 1945 bis 1949 den Alltag der aus Litauen stammenden Displaced Persons in der Stadt und ab 1946 in der Kemptener Residenz.

Nach dem Ende des II. Weltkriegs waren mehrere tausend Displaced Persons, abgekürzt DPs, in Kempten untergebracht. Aus Gebäuden wie der Oberrealschule an der Salzstraße und der Prinz-Franz-Kaserne an der Rottachstraße wurden provisorische Massenunterkünfte. Zu diesen Menschen verschiedenster Nationalitäten kamen zahlreiche Evakuierte aus zerbombten Regionen und Vertriebene aus ehemals deutschen Siedlungsgebieten. Dadurch war die Bevölkerungszahl von 27.655 im Jahr 1939 auf fast 37.000 im Herbst 1946 angewachsen. Die Angehörigen der amerikanischen Militärregierung und der Truppen benötigten ebenfalls Wohnraum.

Durch einen litauischen Bildband, in dem auch einige Fotos aus Kempten abgedruckt waren, wurde Wolfgang Petz auf das Werk von Kazys Daugėla aufmerksam. Im Frühjahr 2020 nahm er mit Antanas Skaisgiris, dem Neffen und Nachlassverwalter Daugėlas, in Vilnius Kontakt auf. Daraus entwickelte sich eine Korrespondenz mit Rūta Daugėlienė, der Tochter von Kazys Daugėla, die in den USA lebt und auf etlichen Fotos ihres Vaters aus der Zeit in Kempten zu sehen ist. Schließlich besuchte Petz die Familie des Fotografen, der von Beruf eigentlich Vermessungstechniker war, sogar in Vilnius, um eine Auswahl für die Ausstellung zu treffen.

Daugėla war bereits in Litauen seit 1937 als Fotograf erfolgreich gewesen; er hatte an Wettbewerben und Ausstellungen teilgenommen und einige Preise gewonnen. Als die sowjetischen Truppen sich seinem Wohnort Kaunas näherten, beschloss er im Juli 1944 mit seiner damals schwangeren Frau Stasė die Flucht in Richtung Westen. Über Ostpreußen gelangte das Paar mit anderen Litauern, die Deutsch sprachen, nach Wien. Die Stadt kannte er bereits von seinem Studium; dorthin war er im Frühjahr 1931 seinem Bruder gefolgt und bis 1936 geblieben. Mitten in den Kriegswirren kam in Wien die Tochter Rūta zur Welt. Wiederum vor den sowjetischen Soldaten floh die kleine Familie in der Hoffnung, auf amerikanische Truppen zu treffen, nach Süddeutschland. In München überstanden sie einen Bombenangriff. Kurz nach Kriegsende kamen sie schließlich in das Litauerlager nach Kempten. Daugėla arbeitete als Englischlehrer und begann bald mit der fotografischen Dokumentation seines Alltags.

Der Katalogband bietet drei Aufsätze, um den Hintergrund der Fotografien verständlich zu machen: Ein umfangreicher Aufsatz von Wolfgang Petz erläutert kundig, material- und facettenreich die Hintergründe. Fallbeispiele zeigen, wie unterschiedlich und dramatisch die biografischen Wege waren, die Menschen aus Litauen in den Kriegsjahren ab 1939 und in der Nachkriegszeit nach Kempten geführt haben. Viele Details des Lagerlebens, vor allem seine kulturelle Qualität mit Theateraufführungen, Konzerten, Schachturnieren und der Arbeit an eigenen Lagerzeitungen beeindrucken. Ein Artikel von Anatas Skaisgiris erläutert die Biografie seines Onkels Kazys Daugėla, der in einem Text zu seiner Kemptener Zeit selbst zu Wort kommt.

Wolfgang Petz spannt in seinem facettenreichen Aufsatz den Bogen weit: Er fasst die Geschichte Litauens zwischen 1930 und 1945 zusammen, schildert die komplexe Situation der DPs in Kempten, das Lagerleben und die alltäglichen Herausforderungen, mit der schwierigen Versorgungslage fertig zu werden. Die Hauptverantwortung für die DPs lag in der Hand der amerikanischen Militärbehörden und der UNRRA (United Nations Relief and Rehabilitation Administration), der 1943 gegründeten Welthilfsorganisation, die 1945 von der UNO übernommen wurde. Dennoch hatten auch die städtischen Ämter ihren Anteil an der Versorgung; die Belieferung mit Nahrungsmitteln in der direkten Nachkriegszeit musste sogar allein von der Stadt bewältigt werden, bevor die UNRRA dies übernahm. Im Juli 1947 folgte nach der UNRRA die Internationale Flüchtlingsorganisation IRO (International Refugee Organisation); sie hatte ihren Sitz in der Orangerie und damit mitten in den letzten als DP-Lager genutzten Gebäuden der Kaserne und der Residenz.

Eine Fülle von zeitgenössischen Fotos und Dokumenten hat der Autor zusammengetragen, um diesen zeitlich sehr kurzen, aber eindrücklichen Abschnitt der Kemptener Geschichte anschaulich zu machen. Einzelne Biografien führt er mit Details zu der Zeit in Kempten und nach der Auswanderung genauer aus. Der überwiegende Teil der Litauer, die in Kempten gestrandet waren, gehörte der akademisch gebildeten Schicht an, die von der stalinistischen Verfolgung am stärksten betroffen war. International bekannt war der Hydrologe Steponas Kolupaila (1892–1964), der vor seiner Flucht 1944 an der Universität Kaunas einen Lehrstuhl innehatte. In Kempten bekam er einen Arbeitsplatz bei der renommierten Feinmechanikfabrik von Albert Ott, bei dem er auch nach Kriegsende weiter tätig war. Der sprachbegabte Wissenschaftler veröffentlichte eine zweibändige deutschsprachige Ausgabe eines Werks über Hydrometrie und 1947 eine umfangreiche Arbeit über Hydraulik. Im Lager der Litauer in der Residenz engagierte sich Kolupaila bei der Organisation des Bildungswesens, zum Teil auf Universitätsniveau. Seine wissenschaftliche Laufbahn setzte er ab 1949 in den USA an der Notre Dame University in Indiana fort.

Der Maler und Grafiker Mykolas Paškevičius (1907–2003) fand in Kempten einen Freund im Arzt und Kunstsammler Dr. Wilhelm Maul (1901–1973), der ihn unterstützte und seine Arbeit förderte. Paškevičius zeichnete Karikaturen für die Ausgabe der Lagerzeitschrift »Dypukas«. Seine Frau Ona Dokalskaitė (1912–2007), ebenfalls Künstlerin, illustrierte ein Kinderbuch für einen Nördlinger Verlag. Leider ist in Petz' Aufsatz zu wenig Raum, weitere Schicksale, auch der Folgegeneration, genauer zu beleuchten (Die Tochter Alyja des Künstlerpaares wurde Kostümdesignerin in Disney World). Eine gewisse Uneinheitlichkeit hat zur Folge, dass nur bei wenigen Personen Lebensdaten oder weiterführende Literatur genannt sind. Auch bleiben manche Namen ohne Erläuterung, wie z.B. Dr. Vincas Kurdika (1858–1899), nach dem in Kempten die litauische Grundschule benannt war. Kurdika war Arzt, Journalist, Übersetzer und Schriftsteller; besonders verehrt wurde er als Verfasser und Komponist der litauischen Nationalhymne, die seit 1988 wieder verwendet wird. Der Chemiker Adolfas Damušis (1908–2003) war in Kempten der erste Direktor des litauischen Gymnasiums und veranstaltete Vorträge zu aktuellen naturwissenschaftlichen Themen wie der Atombombe. Nicht erwähnt wird, dass er Inhaber von 24 Patenten in den USA, Kanada, England und Frankreich war, sich an der Junirevolte 1941 in Kaunas beteiligt hatte, danach Minister der provisorischen Regierung und bis 1944 im Widerstand gegen die deutsche Besatzung war. Deshalb geriet er in Bayreuth in Gestapohaft, woraus er im April 1945 von den Amerikanern befreit wurde. Mit seiner Familie kam er in das Lager nach Kempten. 1947 wanderte Damušis in die USA aus und engagierte sich dort in verschiedenen litauischen Vereinigungen. Aus dem Exil nahm er Einfluss auf die Freiheitsbewegung in Litauen und kehrte 1997 mit seiner Frau in die alte Heimat zurück. Sein Lebenswerk wurde mit zahlreichen Auszeichnungen gewürdigt. Zu seinem 110. Geburtstag veranstaltete die Kaunas University of Technology (KTU) eine umfangreiche virtuelle Ausstellung über Leben und Werk, in der auch seine Kemptener Zeit erwähnt wurde.

Der Namensgeber des litauischen Gymnasiums in Kempten ist ebenfalls eine Berühmtheit: Der Nationaldichter und katholische Theologe Maironis, eigentlich Jonas Mačiulis (1862–1932), war Professor an der Universität in Kaunas und Mitglied der litauischen Nationalbewegung. Er ist auf dem 20-Litas-Schein abgebildet; sein Grabmal an der Südfassade der Kathedrale von Kaunas ist eine nationale Gedenkstätte.

Vielleicht ergibt sich die Gelegenheit, die Lebenswege der vielen Menschen, die namentlich in den Bildunterschriften der Fotografien genannt sind, weiter zu verfolgen. Dank des Zusammenhalts der Litauer auch in der neuen Heimat stehen einige Quellen zur Verfügung.

Der Katalogband „Zuflucht auf Zeit" ist ein Glücksfall für Kempten. Es ist zu hoffen, dass es einmal zu einer ergänzten Neuauflage kommt, in der auch Raum ist, die künstlerische Qualität der Fotografien eingehender zu würdigen. Zwar wirken viele davon spontan wie Schnappschüsse, so lassen sich doch bei genauerer Betrachtung die kompositorische Raffinesse und die Inszenierung der Lichtführung erkennen. Ein Beispiel ist das Foto auf Seite 77, das den Geschichtslehrer am Maironis-Gymnasium Edvardas Stanulis bei der Zeitungslektüre zeigt. Durch einen Beleuchtungstrick scheint das Licht direkt aus der Zeitung in das Gesicht des Lesenden zu scheinen.

Birgit Kata

Jahresbericht 2024

Vorträge

Die Geschichte des Islam in Bayern
Dr. Nina Nowar, 11. Januar 2024 im Zumsteinhaus sowie als Online-Stream
(in Kooperation mit dem Kulturamt, dem Integrationsbeirat und dem
Amt für Integration der Stadt sowie dem Sozialdienst muslimischer Frauen
in der Reihe »Bewegter Donnerstag« im Kempten-Museum)

»Eiszeit Safari Allgäu« – Führung durch die Ausstellung
Dr. Kerstin Batzel, 23. Januar 2024 im Marstall

Das Funkenfeuer: Woher kommt's? Wohin geht's? – Ein Podiumsgespräch
Dr. Veronika Heilmannseder, Wolfgang Sutter, Dr. Manfred Tschaikner,
Simone Zehnpfennig, 1. Februar 2024 im Zumsteinhaus sowie als Online-Stream
(in Kooperation mit dem Kulturamt und dem Heimatbund Allgäu e.V.
in der Reihe »Bewegter Donnerstag«)

Napoleon und Bayern
Thomas Schuler, 19. März 2024 im Altstadthaus

Das neue Museumsdepot
Monika Lingg, Ilka Knöpfel und Dr. Christine Müller Horn, 9. April 2024
im Depot in Ursulasried

Das Franziskanerkloster in Heiligkreuz
Franz Abele und Bertilia Dorn, 23. April 2024 im Altstadthaus

Niederlage oder Befreiung. Der 8. Mai 1945 in der deutschen Erinnerung
Prof. Dr. Wolfgang Benz, 2. Mai 2024 im »Schönen Saal« der Sing- und Musikschule
(in Kooperation mit dem Kulturamt in der Reihe »Bewegter Donnerstag«)

Quo vadis Hofgarten? Der Kemptener Hofgarten in Vergangenheit und Zukunft
Tilman Ritter und Therese Waldmann, 11. Juni 2024 im Pfarrsaal von St. Lorenz
und im Hofgarten

Neue Perspektiven auf die Stadtgeschichte durch das Familienbuch der Reichsstadt Kempten
Birgit Kata M. A., 9. Juli 2024 im Altstadthaus

Praxis Erinnerungskultur
Dr. Veronika Heilmannseder, 11. Juli 2024 im Zumsteinhaus
(in Kooperation mit dem Kulturamt in der Reihe »Bewegter Donnerstag« im Kempten-Museum)

Neue Erkenntnisse zur Siedlungsgeschichte von Cambodunum
(Die jüngsten Grabungen in der Insula 1)
Dr. Maike Sieler, 1. Oktober 2024 im Altstadthaus

Otto Merkt und der Nationalsozialismus
Katrin Holly M. A., 24. Oktober 2024 im Margaretha- und Josephinen-Stift
(in Kooperation mit dem Kulturamt in der Reihe »Bewegter Donnerstag«)

Die Kemptener »Harmonie«-Gesellschaft
Dr. Franz Rasso Böck, 12. November 2024 im Altstadthaus

Nach Rom! Aus dem Allgäu in die »Ewige Stadt«
Dr. Wolfgang Petz, 3. Dezember 2024 im Altstadthaus

Die Bründl-Krippe in der Krypta von St. Lorenz, Führung mit anschließender Adventsfeier im Gasthaus »Zur Traube«
Annelie Wollmann, 21. Dezember 2024 in St. Lorenz

Fahrten

»Zwischen Baiern und Schwaben. Das Lechtal im frühen Mittelalter« – Ausstellung im Wittelsbacher-Schloss Friedberg mit anschließendem Besuch der Wallfahrtskirche Herrgottsruh
Volker Babucke M. A., Dr. Ursula Ibler und Markus Naumann, 10. Februar 2024

Ravensburg – Stadt der Türme
Hans-Georg Fink, 8. Mai 2024

Zwischen Bad Ragaz und Rapperswil. Ein altes Bad, ein Allgäuer Barockmaler und die Stadt der Rosen
Ingrid Müller, 25. Mai 2024

Mit der Bahn in die Goldschlägerstadt Schwabach
Dr. Werner Scharrer, 22. Juni 2024

Während des Mai-Ausflugs in die Schweiz besuchten Mitglieder des Heimatvereins unter Leitung von Ingrid Müller auch die Kirche St. Laurentius und St. Gallus in St. Gallenkappel bei Rapperswil. Die Kirche wurde einst von dem Allgäuer Barockmaler Joseph Ignaz Weiß ausgemalt. Weiß wurde 1722 in Altusried als Sohn eines Rotgerbers geboren. Er wohnte vermutlich überwiegend in Rapperswil und hat zahlreiche Kirchen in der Schweiz ausgemalt. Im Allgäu ist nur ein ehemaliges Altarbild in der Kirche von Muthmannshofen bekannt. Im Alter lebte Weiß mit seiner Frau in (Bad) Grönenbach und dürfte wohl dort nach 1800 gestorben sein. Foto: Ingrid Müller, Altusried.

Ausstellung »Schatz und Schatzsuche in Recht und Geschichte«
im Mittelalterlichen Kriminalmuseum in Rothenburg ob der Tauber
Birgit Kata M. A., 20. Juli 2024

Augsburg
Hans-Georg Fink, 11. September 2024

Stiege zum Himmel: Zwischen Heiligenkreuztal und Untermarchtal
Ingrid Müller, 21./22. September 2024

Unter den fünf gemeinsam mit dem Kulturamt geplanten Veranstaltungen stießen die Vorträge des renommierten Berliner Zeithistorikers Prof. Dr. Wolfgang Benz zum 8. Mai und von Katrin Holly zu Dr. Otto Merkt auf das größte Publikumsinteresse. Die Biografie des langjährigen (1919–1942) und bis heute prägenden Oberbürgermeisters Merkt wird nun auch erstmals differenziert und wissenschaftlich fundiert im vorliegenden Allgäuer Geschichtsfreund präsentiert. Katrin Holly legt den Schwerpunkt auf Merkts Rolle und Haltung während der Zeit des Nationalsozialismus, die zurzeit – nicht zuletzt in der Kommission für Erinnerungskultur der Stadt Kempten, in deren Auftrag Holly ihr Gutachten zu Merkt erstellte – kontrovers diskutiert wird. Deutlich wird bei Hollys Bestandsaufnahme des aktuellen Wissens zu Otto Merkt, dass es noch viele offene Fragen gibt – also Forschungsbedarf besteht.

Die Veranstaltung zu Otto Merkt war ursprünglich als Doppelvortrag von Frau Holly und Dr. Herbert Müller geplant. Müller verstarb völlig unerwartet Ende September. Der Abend zu Merkt war daher auch seinem Andenken gewidmet. Die lokale Zeitgeschichtsforschung verdankt Dr. Herber Müller sehr viel, war er doch in den 1980er-Jahren der erste, der sich wissenschaftlich mit der NS-Zeit in Kempten und Otto Merkt beschäftigte und mit seinen Arbeiten wichtige Impulse gesetzt hat. Zu nennen sind vor allem seine Dissertation »Parteien- oder Verwaltungsvorherrschaft? Die Kommunalpolitik der Stadt Kempten (Allgäu) zwischen 1929 und 1953« (1988 veröffentlicht) sowie die beiden Kapitel zur Zeit der Weimarer Republik und des Nationalsozialismus' in der von der Stadt in Auftrag gegebenen, vornehmlich von Historikern der Universität Augsburg geschriebenen und 1989 erschienenen »Geschichte der Stadt Kempten«.

Das Programm des Heimatvereins wurde über die Vorträge mit besonderer Strahlkraft hinaus gut angenommen. Die von Ingrid Müller für den Heimatverein organisierten Führungen durch die Prunkräume der Residenz erfreuen sich großen Zuspruchs. Ebenso waren die beim »Tag des offenen Denkmals« vom Heimatverein angebotenen Führungen auf den Dachboden und die Türme der Basilika St. Lorenz mit Hugo und Markus Naumann ein Publikumsmagnet. Einen der Öffentlichkeit ansonsten ebenfalls verborgenen Ort, den Versammlungsraum der »Schlaraffia« in der Gaststätte »Zum Stift«, öffnete Stadtheimatpfleger Tilman Ritter, verbunden mit einer kleinen Ausstellung zum Architekten Andor Ákos. Mit Stadtplanungsamt und Evangelischer St.-Mang-Gemeinde wurde vereinbart, die Grabdenkmäler auf dem Evangelischen Friedhof unter der Burghalde zu dokumentieren.

Der Vorsitzende vertritt den Heimatverein als Beisitzer im Vorstand der freunde der kemptener museen, als Beirat bei den Altstadtfreunden und im Kemptener Kunstkabinett sowie als Mitglied des pädagogischen Beirats des Kempten-Museums. Zudem ist er in die Kommission für Erinnerungskultur der Stadt Kempten berufen und sitzt dieser vor. Weiters gehört er auch dem wissenschaftlichen Beirat für das Forschungsvorhaben des Instituts für Zeitgeschichte zum Nationalsozialismus in Kempten sowie der Arbeitsgruppe, die sich Gedanken über die Zukunft des Allgäuhallengeländes macht, an. Der stellvertretende Vorsitzende wirkt bei der Vorbereitung des Bauernkriegsgedenkjahres 2025 in Kempten maßgeblich mit.

Vom Vorsitzenden werden monatlich E-Mail-Rundschreiben (Newsletter) an einen stetig wachsenden Teilnehmerkreis versendet. Die Anmeldung dafür ist umstandslos über die Homepage des Vereins (www.heimatverein-kempten.de) möglich. Beibehalten werden im Heimatverein allerdings auch die traditionellen Kommunikationsmittel der Weihnachtspost in Briefform und des jährlich erscheinenden Veranstaltungsflyers. In diesem Jahr erhalten die Mitglieder mit der Weihnachtspost neue Mitgliedsausweise. Diese gewähren freien Zutritt zu den Prunkräumen in der Residenz, zum Archäologischen Park Cambodunum (APC) sowie in die Erasmuskapelle (das Kempten-Museum im Zumsteinhaus ist – nicht zuletzt auf Drängen des Heimatvereins hin – seit 2019 für alle Besucher frei); bei den Seminartagen der »Allgäuer Heimatakademie« des Heimatbundes Allgäu e.V., unseres Dachverbandes, zahlen Heimatvereinsmitglieder 40 statt 60 Euro.

Die Mitgliederzahl beträgt 412 (Stichtag Jahreshauptversammlung am 23. März 2024) und bleibt damit erfreulich stabil. Bei der Jahreshauptversammlung fanden in diesem Jahr keine Wahlen statt. Die Mitglieder bestätigen allerdings die Ersatzwahl von Therese Waldmann (Architektin und Mitarbeiterin der unteren Denkmalbehörde im Stadtplanungsamt) bei der Vorstandssitzung vom 27. Februar 2024 zur Schriftführerin, nachdem Joram von Below aus persönlichen Gründen von diesem Amt zurückgetreten ist. Außerdem beschließen die anwesenden Mitglieder mit nur zwei Gegenstimmen eine Erhöhung des Mitgliedsbeitrags ab dem kommenden Jahr. Es ist die erste Beitragserhöhung seit genau 25 Jahren. Deutliche Kostensteigerungen bei den Publikationen und das Engagement des Vereins für die Erinnerungskultur in der Stadt machen dies erforderlich. Künftig zahlen Einzelmitglieder und Körperschaften 30 Euro jährlich, Familienmitglieder 35 Euro.

Dritte Bürgermeisterin Erna-Kathrein Groll dankte dem Verein bei der Mitgliederversammlung für sein Engagement, mit dem er die Geschichte der Stadt wachhalte, von der Antike bis in die neueste Zeit. Besonders wichtig sei bei allen Schwierigkeiten die laufende Auseinandersetzung zur NS-Zeit. Man müsse sich als Stadtgesellschaft der eigenen Geschichte stellen. Es gehe dabei nicht zuletzt um die Stärkung eines demokratischen Bewusstseins.

Kempten (Allgäu), im Oktober 2024

Markus Naumann
Erster Vorsitzender

Verstorbene Mitglieder

Oktober 2023 bis September 2024

Max Fackler
Gertrud Deschler
Ulla Rupp
Lydia Schugg
Erich Übelhör
Willi Frasch
Siegfried Huber
Annemarie Engeßer
Dr. Herbert Müller

Autorinnen und Autoren

Dr. Franz Rasso Böck
Stadtarchivar i. R.
Aurikelweg 33
87439 Kempten

Manfred Heerdegen
Historiker
Miesenbacher Straße 24
87437 Kempten

Katrin Holly M. A.
Historikerin
Buchinger Straße 3
86159 Augsburg

Birgit Kata M. A.
Historikerin
Burghalde
87435 Kempten

Dr. Ernst T. Mader
An der Säge 2
87654 Blöcktach

Ingrid Müller
Kreisheimatpflegerin
Am Rain 23
87452 Altusried

Markus Naumann
Studiendirektor
Elisabeth-Selbert-Straße 51
87437 Kempten (Allgäu)

Dr. Wolfgang Petz
Historiker, Studiendirektor i. R.
Lenzfrieder Straße 53
87437 Kempten (Allgäu)

Thomas Pfundner
Pfarrer
St.-Georg-Straße 14
89233 Neu-Ulm OT Holzschwang

Dr. Thomas Schader
Historiker
Vogelweide 37b
22081 Hamburg

Dr. Anke Sczesny
Wissenschaftliche Mitarbeiterin
Schwäbische Forschungsstelle Augsburg
Eichleitnerstraße 30
86159 Augsburg

Tilman Ritter
Ministerialrat a. D., Stadtheimatpfleger
Serrostraße 16
87435 Kempten (Allgäu)

Prof. em. Dr. Wolfgang Wüst
Historiker
Beim Grönacker 34
90480 Nürnberg

Vom Heimatverein Kempten e.V. herausgegebene Publikationen

Allgäuer Geschichtsfreund (AGF)
Zeitschrift für historische Forschung und Heimatpflege; erscheint seit 1888
Jahresgabe für die Vereinsmitglieder; auch erhältlich in der Geschäftsstelle, im Kempten-Museum sowie über den Likias Verlag, Friedberg
18,00 Euro

Allgäuer Forschungen zur Archäologie und Geschichte (AFAG)
im Auftrag des Heimatvereins herausgegeben von Franz-Rasso Böck und Gerhard Weber; erscheint im Likias Verlag, Friedberg

Band 1
„Mehr als 1000 Jahre..."
Das Stift Kempten zwischen Gründung und Auflassung 752 bis 1802
hrsg. von Birgit Kata, Volker Laube, Markus Naumann und Wolfgang Petz
2006, 457 Seiten, 96 Abbildungen, vergriffen

Band 2
Harald Derschka, Fundmünzen aus Kempten
Katalog und Auswertung der in Kempten (Allgäu) gefundenen Münzen und münzähnlichen Objekte aus dem Mittelalter und der Neuzeit
2007, 434 Seiten, 1556 Abbildungen, 22 Tabellen, 8 Diagramme, 7 Karten, 24,80 Euro

Band 3
Markus Naumann, Spuren im Wald
Messerschmitt/Werkzeugbau Kottern und das KZ-Außenlager in Fischen. Ein Beitrag zur Rüstungsindustrie und Zwangsarbeit im oberen Allgäu während des Zweiten Weltkriegs
2017, 2. ergänzte Auflage 2020, 272 Seiten, 61 Abbildungen, 7 Tabellen, 24,80 Euro

Band 4
Brigitte Klingmann, Die Porträtgalerie der Fürstäbte des Fürststiftes Kempten
2019, 304 Seiten, 116 Abbildungen, 24,80 Euro

Band 5
Rolf Nagel, Familienbuch der Reichsstadt Kempten 1596–1825
2023, 3 Bände, 1820 Seiten, 17 Abbildungen, 140,00 Euro

Die Leo-Bücher zur Stadtgeschichte (nicht nur!) für Kinder
erschienen im Kunstverlag Josef Fink, Lindenberg im Allgäu

Ilse Roßmanith-Mitterer, Reise nach Cambodunum
Ein Besuch im römischen Kempten. Mit Illustrationen von Roger Mayrock
2012 (^{2}2019), 80 Seiten, 80 Abbildungen, 9,80 Euro

Ilse Roßmanith-Mitterer und Birgit Kata, Mit Leo ins Mittelalter
Auf Besuch im alten Kempten. Mit Illustrationen von Roger Mayrock
2014, 144 Seiten, 150 Abbildungen, 14,80 Euro

Einzelveröffentlichungen der letzten Jahre

Ingrid Müller, „Die Post kommt"
500 Jahre Post Kimratshofen. 100 Jahre Motorlinie Kempten–Kimratshofen
2014

Maximilian Schwägerl, Das Gewicht muss stimmen
Die Geschichte des Mess- und Eichwesens in Kempten
2015

Wolfgang Petz, Zuflucht auf Zeit
Lageralltag in Kempten 1945 bis 1949 aus der Sicht des litauischen Fotografen Kazys Daugėla
Kataloge und Schriften der Museen der Stadt Kempten (Allgäu) Band 29
Friedberg 2023 (Likias Verlag), 128 Seiten, 91 Abbildungen, 24,00 Euro

Rolf Nagel, Familienbuch der Reichsstadt Kempten 1596–1825
Allgäuer Forschungen zur Archäologie und Geschichte 5
Friedberg 2023 (Likias Verlag), 3 Bände, 1820 Seiten, 17 Abbildungen, 140,00 Euro

Vorhang auf! 400 Jahre Theater in Kempten
herausgegeben von der Stadt Kempten (Allgäu), Texte Birgit Kata
Friedberg 2007 (Likias Verlag), 256 Seiten, 455 Abbildungen, 19,90 Euro

Souvenirs de captivité
Zeichnungen aus dem KZ-Außenlager Kempten
eingeleitet und kommentiert von Markus Naumann
Kataloge und Schriften der Museen der Stadt Kempten (Allgäu) Band 27
Friedberg 2020 (Likias Verlag), 124 Seiten, 76 Abbildungen, 18,00 Euro